资俊 著

天津体育讲稿

TIANJIN TIYU JIANGGAO

南开大学出版社
天津社会科学院出版社

图书在版编目（C I P）数据

天津体育讲稿 / 资俊著. -- 天津 : 南开大学出版社 : 天津社会科学院出版社, 2022.12
ISBN 978-7-310-06393-2

Ⅰ. ①天… Ⅱ. ①资… Ⅲ. ①体育运动史－研究－天津 Ⅳ. ①G812.721

中国国家版本馆CIP数据核字(2023)第002199号

天津体育讲稿
TIANJIN TIYU JIANGGAO

南开大学出版社
天津社会科学院出版社 出版发行

出版人：陈 敬
地址：天津市南开区卫津路94号 邮政编码：300071
营销部电话：(022)23508339 营销部传真：(022)23508542
https://nkup.nankai.edu.cn

北京建宏印刷有限公司印刷 全国各地新华书店经销
2022年12月第1版 2022年12月第1次印刷
787毫米×1092毫米 16开本 15印张 215千字
定价：68.00元

如遇图书印装质量问题，请与本社营销部联系调换，电话（022）23508339

总 序

说起“天津”地名的来源，在古籍里多有记录。有所指天上、所指地上，有所指经济，也有所指军事。这一特殊的名词正如历史所赋予的奇能，让现在“天津”这个城市历史深厚，功能齐全。屈原在《离骚》里提到“朝发轫于天津”，指的是天上的银河。地上所指的“天津”，也总与河流有关。历史上的天津，也确实与运河的开通、南北航运的发达密切相关。天津开埠，形成“南有上海，北有天津”的中国经济大格局。从明朝永乐年间建天津卫所开始，已经有600多年的历史，天津就成为军事重镇。再谈到富有人文历史情怀的“天津”，有“教五子，名俱扬”的窦燕山，“半部《论语》治天下”的赵普，都是天津蓟州人。清人修《天津府志》，说：“隽、鲍腾声于天汉，贾、高扬烈于有唐，降自元明，怀文被质者，史不绝笔。彬彬乎邦家之光矣。”近代人所著《天津志略》则说：“历代之文存诗稿，多如恒河沙数。”民国时天津修志局曾征书，据说所得颇丰。所以从史学的角度上来看，天津历史文化悠久，史料颇丰。

1860年开埠以来，天津很快由华北地区“九河下梢”的码头城市，崛起为北方最大的工商城市。河运码头的便利带来了天津发展的速度，也中和了天津的文化，使这座拥有厚重传统文化的城市，增添了许多跃动、进取的元素。1907年至1948年这段时间，更是在张伯苓“强国必先强种，强种必先强身”等体育思想的提出后，给天津体育发展带来了新的思考和启迪。20 世纪初,张伯苓向中国人大力宣传“奥运”的魅力,他是最早将奥运概念带入中国的先驱人物。基于当时张伯苓在学界和体育界的威望,他的热情得到社会各界的回应,在天津乃至全国范围内掀起了一场关于奥林匹克运动的大宣传,1949 年 1 月 15 日天津解放。1949 年 2 月 11 日,军管会及天津市临时人民政府接管“中华全国体育协进会天津分会”及各公共体育场地,进行保护修整,妥善安置原有人员。1949 年 11 月召开全市第一届人民体育大会。1950 年 2 月,青年团天津市工委在全国率先筹备成立“中华全国体育总会天津分会”。新中国成立后,天津体育事业在发展中涌现出一批优秀的工作者,他们用智慧和汗血推动着天津体育事业的蓬勃,用自己奋斗的历程积攒着天津体育精神的厚重。体育运动的性质、地位随之发生了根本性的转变与开创性的发展,迎来了天津体育快速发展的新时代。

编者序

天津体育底蕴深厚,史料浩瀚,丰富多彩。天津体育以深厚的历史积淀和东西方文化的兼容并蓄,构成包容开放的体育沃土,培育出天津体育文化的根、历史的魂,使天津成为近代以来见证中国体育变化发展的主要城市。1860 年以来,随着天津开埠、西方入侵所带来的文化渗透,一些外来体育项目从天津"登陆"推向全国。大量史料证实,体育在天津近代史中占有重要位置,是中国近代体育的发祥地;现代奥林匹克运动兴起后,天津的有识之士,积极倡导奥林匹克精神,提出"奥运三问",新中国成立前三位国际奥林匹克委员会(简称国际奥委会)委员中有两位与天津有关,天津是近代中国奥运第一城、中国奥林匹克运动的发源地;新中国成立后,以其优越的区域位置和体育基础,成为新中国体育先行先试的一个开拓地;改革开放以来,以其广泛的群众基础和经济条件,成为新时期中国体育跨越式发展的一个践行地。随着率先建成小康社会宏伟目标的实现,又以其建立现代生活方式的需求,成为中国体育发展模式由"强国体育"向"惠民体育"转变的一个创新地。

本书紧贴天津城市发展的历史脉络,从浩瀚的体育史料中,以求实、求真的精神,梳理出一条明晰的文脉,沿着"爱国爱民,强国强种,振兴中华,为国争光,惠民为民"的主线,从"东亚病夫"到体育大国的艰难历程中,穿挂起古往今来特别是近代重要历史事件、著名人物,显示出"民族魂、爱国心,家乡情、英雄志”。以“全国影响,影响全国”的事件和人物凸显天津体育变化发展的特点。充分展示天津体育的发展历程和辉煌,展示天津体育人的努力和奋进,铭记人民群众和体育工作者的热情与奉献,从中受到激励和鼓舞,使更多的市民热爱体育、支持体育、投身体育。

目录

一、承载天津记忆的历史名址

天津是中国近代史上独树一帜的代表性城市，同时也是我国历史文化名城，拥有丰富的历史文化旅游资源。1860 年 10 月，清政府与英法签订《北京条约》，划定天津部分地区为英法租界，开启了西方列强在中国北方辟设“国中之国”的时代。接着在 1901 年《辛丑条约》签订后，天津的租界国，增至“九国”，号称“九国租界”。租界内体育运动开展得丰富多彩，例如“五大道”风景区地标之一的民园体育场，原身为“德璀琳大院”的赛马场；1895 年中国第一个城市青年会天津基督教青年会；尝试体育教育的新华书院及其创建的“辫子足球队”；中西女中的女子排球队；南开中学的南开篮球队，1911 年成立的北方最大的民间武术组织——中华武术会等。以上也仅是近代天津体育的一个缩影，笔者选取了 10 项代表性建筑，对其中的历史作详细的讲述。

（一）天津民园体育场

位于天津市和平区重庆道 83 号的“五大道”地区，地处和平区重庆道与大理道之间，是当下天津市著名的国际性人文旅游景点之一。这里充斥着 19 世纪初的西欧建筑风格的花园式建筑，被誉为“万国建筑博览会”。

图 1　旧时的民园体育场

1914 年,英国工部局为达到向外扩张其租界的目的,强占原墙子河以北,南到马场道一带的大片土地。这一大片土地本为低洼盐碱地,后来在疏通海河航道时,用挖出来的淤泥填平。英租界当局将这片新侵占的地段分片划区转卖给旧军阀及洋行买办建造楼房,中间留有一块约 3.3 万平方米的空地,于 1918 年形成现在的民园体育场场地。民园体育场的设计者是苏格兰奥运冠军埃里克·利迪尔,1925 年,为帮助中国,他在天津进行传教的同时,也担任新学中学老师。凭借在当时世界体坛上的盛名,1925 年埃里克·利迪尔被英租界工部局邀请参与民园体育场的设计和改造工程。1926 年初,英工部局在此修建了铁柱栅栏围墙。场内西侧建有不足百米的木质和水泥看台,看台前修了 6 条 200 米直线跑道,并开辟 6 条 500 米跑道的田径场地和两个足球场。利迪尔参考世界田径赛场的赛事标准,根据自己多年的参赛经验,对体育场的跑道结构、看台层次和灯光设备等方面的优化提出了一些建设性意见,这些构想在当时是极具前瞻性和独创性的。在利迪尔的规划与监督下,改造后的民园体育场以全新的姿态成为当时亚洲首屈一指的体育场。起初的民园体育场仅仅是纯粹的比赛场所,经过一番改造,变成了集体育、娱乐、餐饮于一体的新式综合型体育建筑。

图 2　旧时的民园体育场

改造后的民园体育场承办过不少国际赛事。当时万国足球比赛和万国田径比赛都是在这里举行。在 1929 年民园体育场举办的万国田径运动会上，利迪尔一举击败当时被称为“田径 500 米跑世界纪录保持者”的德国选手获得田径 400 米跑金牌，举世震惊的同时也为他的运动生涯画上了句号。日本帝国主义侵华期间，日本侵略军将民园体育场周围铁栅栏全部掠走制造军火。后来，伪“新民会”、伪“教育局”曾拨款在周围砌上砖围墙。体育场的纵轴也由南北向改为东西向。主席台设在北面，用砖砌成台阶，场周围的看台是用炉灰及沙土堆成斜坡，田径场改为 400 米跑道。1943 年冬，场名改为“天津市第二体育场”。

新中国成立后，民园体育场在天津体育史上也扮演着重要角色，作为足球主场，它曾经协助天津足球队在全运会、甲级联赛和锦标赛上荣获过五次冠军、五次亚军、五次第三名，成为当时中国足坛的“王者之师”，直至条件更为完善的泰达足球场和天津体育中心“大水滴”建成，民园体育场才正式退出历史舞台。

图 3　20 世纪 50 年代在民园举行的全市秋季运动会

1949 年 1 月 15 日天津解放后，天津市人民政府对民园体育场进行多次整修和改建。1950 年为迎接苏联篮球队来访，在西看台前曾搭起大型席棚供观众看比赛。1953 年全国四项球类比赛和全国首届民族形式体育表演大会，都是在这里举行的。1956 年，正式恢复民园体育场原名称，时任市长李耕涛亲笔题写“天津民园体育场”场名。此后进行了大规模改造。

（二）天津基督教青年会

1896 年，天津中华基督教青年会（简称：“天津青年会”）最早开展了篮球运动，从此篮球运动在中国得到迅速发展。中华基督教青年会发轫于天津，天津青年会将体育活动开展得有声有色，不但致力于学校体育的发展，对社会体育也极力提倡，多次组织“天津学校联合运动会”，以及举办各种球类比赛，对 20 世纪早期天津运动会的发展贡献颇多。可以说青年体育会在西方体育的引进、体育竞赛的组织以及社会体育的提倡等方面影响是全方位的，也是深远的。

图4　1900年位于大沽路上的旧基督教青年会大楼，
现为袁世凯家族的住宅
图片来源:《天津租界史(插图本)》。

(三)天津英中学院(新学书院)

天津新学书院由英国人赫立德博士于1902年创办,坐落于当时法租界的海大道(今和平区大沽北路与赤峰道交口原天津市第十七中学校址)。是外国教会在天津创办的最早的学院,该校初为大学学制。虽然没正式设立体育课,但课外体育活动很活跃,足球运动最为普及。教师中的足球好手亲自传授,并经常临时组队与英兵营球队交手。这是一座仿英国牛津大学青灰色古堡式校舍建筑。著名外交家王正廷于1902年至1904年曾在天津新学书院(今天津市第九十中学前身)任英文科主任。

每到下午放学后,总有几个学生在操场上踢球,当时他们身穿长袍马褂,脚穿高筒长靴,头上盘着辫子,每踢到尽兴时,就脱掉长袍马褂,头上

图5　天津新学书院古堡式校舍

的辫子滑落下来拖在脖子后，这就是天津最早的足球队——辫子足球队，这个球队是该院学生自发组织起来的。由于该校开展足球活动好，曾连续六年获“天津学校联合足球赛”冠军。

（四）天津赛马场

天津最老的运动俱乐部是天津赛马俱乐部，该俱乐部在1863年举行第一次赛马。天津赛马俱乐部最早的赛马场设在土围墙外的海光寺一带。在这个有2011.68米（1.25英里）赛道的圆形赛马场上，曾经有过几次非凡的马赛，而且据记载，在1865年举行过一次具有挑战性的4828.032米（3英里）赛马，第一次用中国马跑出了7分40秒的成绩。天津海关税务总司、德裔英国人德璀琳于1886年通过时任直隶总督的李鸿章得到佟楼以南的2公顷多的土地，并在此修建了他的私人别墅——“德璀琳大院”，后又在附近建了一处赛马场。赛马场曾于义和团运动期间被焚毁，八国联军侵占天津后又将其重建。1901年赛马场竣工，整体呈椭圆形，并命名为“天津英商赛马会”。赛马场初期以“锻炼身体、改良马种、繁荣市场”为名，后来则沦为博彩业工具。在赛马场西侧还有一座乡谊俱乐部，建于1925年，内设室内游泳池、地球、台球以及弹簧地板的舞厅等设施。当时，从赛马场经佟楼，沿英租界直到小营门修建了一条通往赛马场的道路，取名马场道。时至今日，赛马场虽然已不复存在，但马场道却成为天津市旅游名胜“五大道”之一，而乡谊俱乐部也几经扩建，成为今天的天津市干部俱乐部。

图6　天津赛马场看台

（五）津门首驿

位于天津市武清区东北15公里、北运河西岸的河西务镇，素有“京东第一镇”之称。这里地处京东水陆要途，为元、明、清三代的漕运咽喉。“两岸旅店丛集，居积百货”（《长安客话》），“商民攒集聚，舟航辐辏”（《方舆纪要》），每到夏秋时节，各种大小船只，往来如织。镇上设置有一“极冲”的大型驿站（古代驿站，根据其规模和所处的地理位置，有极冲、稍冲、僻地之别），这就是被称为“津门首驿”的河西驿。清代初年至雍乾时期，河西驿设夫役一百五十二名，驿马三十三匹，每年经费银三千四百五十两，并设驿丞一人，负责驿务管理（《畿辅通志》卷一二五《兵制》）。但是到了十九世纪中叶，经过两次鸦片战争，河西务镇失去了昔日的繁华而日趋衰落，河西驿的规模也逐渐缩小。到清朝光绪年间，只剩下夫役三十名，驿马二十四匹，连驿丞都撤销了。“津门首驿”已日薄西山。

图7 “津门首驿”碑

（六）北少林寺

北少林寺自古有之，地处天津市蓟州境内的盘山东南麓。在元、明、清三代尤其是元朝时期，由于确立盘山北少林寺地位的雪庭福裕大和尚被元朝皇帝封为国师，北少林寺影响日隆；同时，由于元、明、清三朝的首都都在北京，而北少林寺距离北京很近，地理、政治地位极高。进入清代，皇帝朝拜东陵，必经盘山，在北少林寺下建起了行宫——静寄山庄，皇帝还亲自下旨经营盘山，整修寺院，所以，最后创下了康熙皇帝两次幸临，乾隆皇帝三十二次常住的记录。当时，甚至出现了“南少林寺在嵩山，北少林寺在蓟州”的说法。然而，就是这么一座有着悠久历史的寺院，在全面抗日战争时期，被日本侵略者烧毁，如今只留下一些遗迹。

图8 北少林寺原貌

蓟州盘山“北少林寺”是少林寺祖庭外历史记载最为清晰的少林寺分院，而且，在历史上，“北少林寺”的政治影响巨大；今天，少林寺又是中国对外交往的一张名片，在国际上具有很高知名度，如果由少林寺祖庭来恢复重建“北少林寺”，可以扩大“北少林寺”的影响，也有利于少林文化的传播，为更多的人提供精神食粮。

（七）霍元甲故居

精武元祖霍元甲，是中国近代著名爱国武术家。天津西青区小南河村的一座农舍便是依照霍元甲当年的生活用具及当时情况所建造的，重新翻修成青砖形制坐南朝北、明三暗五的小四合院式建筑。堂屋内霍元甲的遗像是1909年在津拍摄的，两侧的唁联“一生侠义、盖世英雄”是他的次子霍东阁所写。

图 9(1)　霍元甲故居(霍元甲玄孙 霍乃荣拍摄)

图 9(2)　霍元甲故居内景(霍元甲玄孙 霍乃荣拍摄)

霍元甲以其精湛的武术技艺和强烈的爱国精神享誉中外,他所倡导的精武精神得以流传和发扬。目前,精武体育会已遍布国内外。为了纪念这位精武元祖,家乡人民为他修建起陵园,在墓前的汉白玉排放上有孙中山曾为之题写了“尚武精神”四个金字，霍元甲的半身塑像屹立于陵园的花木丛中。

（八）义和团吕祖堂坛口遗址

义和团吕祖堂坛口遗址位于红桥区如意庵大街何家胡同 18 号。始建于明宣德八年（1433 年），1719 年改建为吕祖堂，成为津门道教名观，因供奉“纯阳吕祖”（吕洞宾）而得名，后经多次重修，主要有山门、前殿、后殿、五仙堂等。

图 10　吕祖堂原址

1900 年义和团反帝爱国运动爆发，1900 年 5 月义和团首领曹福田率领数千人进入天津，选择吕祖堂作为义和团的活动基地，建立总坛口，抗击八国联军。之后，刘呈祥、林黑儿义和团首领和独流镇“天下第一团”首领张德成等人，经常到此处拜坛、聚会，商议抗击八国联军，指挥义和团作战。在义和团和帝国主义侵略军奋战的数月期间，吕祖堂坛口成为当时天津义和团活动的中心之一。

（九）北洋大学旧址

北洋大学堂是中国近代史上的第一所大学，它诞生于中国历史上不寻常的1895年。中日甲午战争的惨败，宣告了洋务运动的破产。一时间，资产阶级改良派要求维新变法的思潮日益高涨。

图11　北洋大学堂（团城）

我国大学，开先河于清末的天津。1895年，经光绪皇帝批准，在天津建立了我国第一所现代大学——北洋大学堂。当时的天津为洋务运动的重心，开西学风气之先，早在开办之初的课程计划中就按照西方大学做法安排了体育课程。因此可以说，我国的大学体育也发源于天津。

当时的总教习是毕业于美国达特茅斯学院的美国学者丁家立，该学院以丰富的体育活动和室外活动著称。丁家立将这一做法引入北洋大学，开启了西式体育教育的先河。1897年11月，北洋大学召开第一次田径运动会，由于是我国有史以来的第一次大学运动会，因此引起社会轰动,当时的《萃报》报道:“初四日为北洋大学堂赛跑之期。计有头等学堂、二等学堂学生170余人,于9点钟,齐集于学堂围墙之内跑场,演赛各种奔跃之法。查赛跑一法,欧美各国学堂均有之,亦体操中之一端也。故本届始有此举。”可见当时国人对于田径运动会还鲜为人知。这次运动会为史料记载的第一次高校运动会,也是中国高校运动会的发端。

翌年,北洋大学堂又主办了天津学堂联合运动会,邀请北洋水师学堂、北洋武备学堂、北洋电报学堂参加。这是天津,也是中国首次校际体育运动会。运动会的举办极大地调动了学生们体育锻炼的积极性,各类体育社团应运而生。篮球是北洋大学最盛行的项目,如爱克斯队、哈哈队都是与南开五虎齐名的篮球队。网球也是学生们喜欢的运动,根据1935年的资料显示,当时北洋大学在校生有357人,参加网球运动者达312人。国术也是北洋大学学生喜爱的运动,太极名家陈泮岭曾回忆道:“该校原有武术会。一次我在会中表演后,颇受重视,而该武术会,亦由我之加入而更形发达。”

由于北洋大学重视体育活动,学生体育社团活跃,运动成绩突出。1932年北洋大学派出代表队参加天津体育促进会举办的篮球、足球、网球、排球、田径五项比赛,除足球外全获冠军。

1951年9月,北洋大学与河北工学院合并,定名为天津大学。

(十)小站练兵

小站是一个地名,位于天津津南咸水沽南约10公里。“小站”的名字来源于1872年李鸿章命淮军将领周盛传、周盛博率部镇守大沽要塞,盛字军在此修筑了一条长约70公里的公路,公路每5公里设置一小站,10公里设置一大站,大小共计15个。1875年,盛字军在天津南新城附近的潘永安坟地的小站以北安营扎寨，“小站”就这样被叫了起来。1894 年甲午中日战争之后，清政府决定改革旧军，募练新军，袁世凯自荐得到李鸿藻等人保荐，得光绪皇帝准奏督办新建陆军。袁世凯在天津小站以德国军制为蓝本，除了北洋武备学堂的一些军人外，聘请德国教官，制订了一套近代陆军的组织编制、军官任用和培养制度、训练和教育制度、招募制度、粮饷制度等为内容的建军方案。新建陆军的一系列改革揭开了中国军队编制近代化的序幕。从 1895 年开始，袁世凯在小站练兵十多年，培养了自己的党羽，形成了北洋军事政治集团。

图 12　袁世凯练兵图

二、见证天津体育发展“活的历史”

天津体育砥砺奋进，在新中国体育史册上留下了浓墨重彩的印迹。天津是中国近代体育的发祥地，是中国百年奥运梦想的发源地，天津体育人创造了新中国体育史上的多项“第一”。70年间，一代又一代人的天津体育人倾注青春和热血、共同书写了体育事业不断发展的新篇章。那些定格在历史长河中的天津体育精彩瞬间，标记着天津体育人追求卓越的梦想和艰苦探索，记载着天津体育人向“更快、更高、更强”目标顽强攀登的身影，凝结着天津体育人付出的汗水、血水和泪水。他们用自己的奋斗造就了天津体育从无到有、再到辉煌的成绩，同时也见证了新中国体育事业由弱到强的成长历程。在不同的历史时期，一代代天津体育人用自己的经历和故事演绎着拼搏奋进的主旋律，他们是天津体育事业的奠基者、开拓者、奋斗者和奉献者。他们中有在管理岗位上描绘蓝图的领导者，有在赛场上冲锋陷阵、屡创佳绩的运动员，有运筹帷幄、带领团队突破的教练员，有扎根基层、默默奉献的业余训练教练员，有身残志坚、顽强拼搏的残疾人选手，有甘当幕后支持者的体育教育科研人员，有积极推广全民健身事业的群众体育工作者，有秉公执法、独树一帜的权威裁判员，有全身心投入体育产业开发的经营人员和管理者，有全情投入、大力宣传体育事业的新闻工作者。不同领域体育人共同为了天津的体育事业贡献了自己的力量，铸就了天津体育的辉煌，他们是全体天津体育人的缩影和代表。

选取的这三十五位天津体育逐梦者,他们是中华人民共和国成立以来天津体育事业的亲历者、见证者、推动者,也是天津体育事业的观察者、记录者和思考者。既有生于20世纪二三十年代的业界前辈,也有生于20世纪八九十年代的体育精英;既有司局级干部,也有常年奋战在一线的体育运动员。是一部群体记忆构建的天津体育"活的历史"。

(一)奠定天津体育事业发展基础的推动者

1."精武元祖"霍元甲

图13 霍元甲

清末著名爱国武术家,霍元甲,字俊卿,生于天津市静海县小南河村。霍元甲出身镖师家庭,继承了家传"迷踪拳"绝技。他幼年时体弱多病,27岁之前一直蛰伏在家,时常担柴到天津去卖。28岁后便跑到天津码头去当装卸工人,后来有幸在怀庆药栈当帮工,在那里逐渐升任掌柜。1909年,41岁的霍元甲由农劲荪介绍赴往上海,受邀在陈铁生、陈公哲创办"精武体操会"中主教武术。被评为"沧州十大武术名人"。

孙中山曾对霍元甲"以武保国强种"的精神和胆识给予过很高的评价。在精武会成立十周年之际,他亲临大会,题写了"尚武精神"四个大字,以示对霍元甲的纪念。

"张园比武"后,霍元甲师徒又与日本人"以不损伤为原则"进行"研究",自此"沪人多知元甲之武技功能,若不为之流传,殊为可惜"。为发扬精武精神,精武体操学校于1909年建立,由刘振声先生担任助教。霍家迷踪拳作为“精武精神”的代表，开始毫无保留地向社会大规模传播，因此奠定了后来我国民间体育组织——精武体育会的基础。1910 年 7 月 7 日，“精武体操学校”更名为“中国精武体操会”。1910 年 9 月 14 日，霍元甲在比武中受日本人陷害中毒身亡。次年，迁葬小南河。

1916 年 4 月 6 日，“中国精武体育会”易名为“上海精武体育会”。意欲“运用武术以为国民体育”。一则寓拳术于体育，一则移搏击术于养生，武术前途方能伟大。

图 14　1920 年周恩来赴法勤工俭学前与韩慕侠及弟子的合影

2. 韩慕侠

韩慕侠(1877—1947)，出生在天津市津南区大韩庄的一个贫苦农民家庭，原名韩金镛。原非武术世家，其父韩长恩、祖父韩良模，皆是“日出而作，日落而息”的忠厚农民。

韩慕侠是当年和霍元甲同乡并齐名的大师，武林大师张占魁(1865—1939 年，字兆东)弟子，解放前任黄埔军校首席国术教官，击败无数外籍高手，打败天津擂台俄国大力士。电影《武林志》里东方旭的角色原形就是他(北京的六国饭店与一位俄国大力士康泰尔交手)；张占魁是八卦掌宗师董海川的得力弟子，名震京津，有“闪电手”之称。在名师指点下,韩慕侠的武术技艺迅速提高,不久就有了“玉面虎”的绰号。在跟随张占魁学习八卦掌技法的同时,还向刘奇兰和郭云深门下弟子、号称“单刀李”的李存义请教形意拳。之后为进一步学习中华传统武术,韩慕侠开始游历祖国山川拜师求教,最终得到形意拳家车毅斋、宋约斋、李广亭、武术名家戴拜陵后人及八卦掌家应文天的指点。应文天,人称“应侠”,据说与董川海是师兄弟,是八卦掌的另一个流派的代表人物。因此武术界有“北有董海川,南有应天文”的说法。韩金镛不仅深得八卦绝技真传,而且“韩慕侠”这个名字也是由应天文所取。自此,韩慕侠这一称呼广为人知。其八卦掌、八卦刀、八卦剑、八卦枪,皆甚精熟,为北方八卦门后起之一绝。

1915 年,南开学校校董严范孙和校长张伯苓聘请韩慕侠为武术教员,教授南开学子学习武术。借此机会,韩慕侠广收门徒。其门徒中不乏近代知名人物,周恩来、于文志、梁镜尧、何树新、岳润东,北洋女师的刘清扬,直隶女师的乔咏菊、乔咏荷姐妹等都曾跟随韩慕侠习武。

周恩来在天津南开中学读书的时候便投身革命事业,期间为强身健体,曾拜韩慕侠为师,学拳练武。韩慕侠当时以教习武术为主,擅长“形意八卦”之术,除在南开中学任教外,在家中还设有武馆收徒传艺。周恩来学习之余,经常去韩慕侠武馆中练习武术。在此期间,周恩来与韩慕侠建立了深厚的师徒情谊。周恩来曾为韩慕侠武馆提过“韩九师堂”四个大字。1917 年周恩来东渡日本后,还将他学拳期间与韩慕侠等人的合影寄回国内,以表达他对老师的思念之情。韩慕侠曾感慨地说:“翔宇(周恩来)年少志高,深谋远虑——我教他怎样强身,他却教我怎样做人。”

1919 年,韩慕侠上《万言书》给当时的大总统冯国璋,恳请冯协助他开办武备学堂。然当时军阀纷争,冯国璋被徐世昌赶下台后,韩慕侠的梦想未能实现。1925 年夏,“东北王”张作霖之子张学良来天津看望其母徐氏而结识韩慕侠,并对韩慕侠“尚武报国”的志向表达认同。1927 年,张学良组建1000名士兵的“武术团”，邀请韩慕侠担任团长，团部就设在韩慕侠的武馆内，训练地点则在杨柳青。

民国十大武术家：孙禄堂、李景林、李书文、尚云祥、张策、杜心武、刘百川、李尧臣、韩慕侠、王子平，韩慕侠为“民国十大武术家”之一。民国十大武术家，是根据近代武术史，参照武林中的相关文献记载，依据武术家自身各方面的综合实力，包括武功造诣、技击实战、武术理论、武德修为、武林声望、社会地位、个人成就和对武术界的贡献成绩排名。不仅仅是以武功高低而排名。

3. 张伯苓

图15　张伯苓

张伯苓（1876年4月5日至1951年2月23日），字寿春，出生于天津，在北洋水师学堂毕业，中国现代职业教育家，南开大学创建人、校长，上海圣约翰大学、美国哥伦比亚大学名誉博士。中国著名教育家，中国奥运先驱，毕生从事教育工作。

张伯苓青年时期当过清朝海军，参加过甲午海战，1898年受严修之聘执教家馆，当过私塾教师，他是著名西南联合大学的主要缔造者之一，是中国现代体育运动的先驱；周恩来是他的学生，张学良是他的朋友。

他在天津创办了南开大学、南开中学和南开女中，又在重庆创办新的南开中学，始终坚持"德、智、体"三育并重的办学方针，使南开各级学校的教育质量长期保持优势，包括体育在内，人才辈出。张伯苓倡导体育的远见卓识及其成就深受体育界的敬重。他一生致力于教育救国，他为南开中学发展献言献策，积极推进南开大学成立，还成为了清华大学初创时期的重要人物。担任南开大学校长四十余年，为南开培养了不少杰出的人才，从革命伟人到科学巨子，从文苑大师到体坛虎将，为中华民族的振兴作出了巨大贡献。他的教育思想对中国的文化教育事业是有一定影响的。张伯苓在南开推行的体育教育是奥林匹克精神在东方的早期实践。顾拜旦先生倡导奥林匹克精神，就是希望达到教育人的目标。

张伯苓对奥运精神的理解可谓灵犀相通。他很早就在南开开展了奥林匹克教育，并于20世纪20年代把奥林匹克运动列入体育教学大纲，明确规定了要讲授"西洋体育史概要""世界，远东，全国，华北运动会之历史及组织法"等。他还把第八届奥运会400米跑冠军埃里克·亨利·利迪尔（中文名李爱锐）和800米、1500米中长跑世界著名选手步起等人请到南开大学作田径方法的演讲，并作个人技术的示范表演和现场辅导，让广大同学和运动员亲身感受奥运健儿的风采。

孙海麟在《中国奥运先驱张伯苓》书中写道："南开学校自成立以来，即以重视体育，为国人倡，以期个学生有坚强之体魄及健全之精神。故对于体育设备、运动场地，力求完善；体育组织、运动比赛，力求普遍。学生先后参加华北、全国及远东运动会者，均有良好之成绩表现。最要者，学校体育不仅在技术之专长,尤重在体德之兼进,体与育并重,庶不致发生流弊。故体育道德及运动精神,尤三致意焉。"

20 世纪二、三十年代张伯苓曾屡任全国和华北运动会的总裁判长并屡率中国体育代表团参加远东运动会,被推举为全国"体协""体联"副主席、董事、常委等职务。1927 年为加强天津体育工作的组织、指导,倡议并主持成立了"天津体育协进会",邀请诸多体育名家任职。从此天津体育步入蓬勃发展的新时期。

20 世纪初,张伯苓向中国人大力宣传"奥运"的魅力,是最早将奥运概念带入中国的先驱人物。基于当时张伯苓在学界和体育界的威望,他的热情得到社会各界的回应,在天津乃至全国范围内掀起了一场关于奥林匹克运动的大宣传,力促刘长春首个参赛奥运的主导人物,张伯苓也因此被誉为"中国奥运第一人"。1945 年抗战胜利,他组织召开体育协进会会议,申办第 15 届奥运会,这是中国历史上第一次申奥活动。当时张伯苓曾预言:"奥运举办之日,就是我中华腾飞之时!"

4. 献身中国的奥运冠军、教育家李爱锐

图 16　李爱锐

埃里克·亨利·利迪尔(英文名:Eric. H. Liddell),苏格兰人,中文名:李爱锐。1902 年 1 月 16 日出生于中国天津(清光绪二十八年),1907 年随父母回国上小学,进入苏格兰史达灵郡伦敦中学,后毕业于英国爱丁堡大学,获化学专业学士学位。他不但在世界奥运史上创造过多个奇迹,且其所展现出的竞技风格和刚正人品,可以说是用生命之火,照亮了黑暗中摸索前行的人们。1945 年 2

月 21 日,李爱锐在日本集中营病逝,离日本无条件投降仅差 5 个月零 24 天,年仅 43 岁。

伦敦会为李爱锐结婚而购买的新婚住所:天津市剑桥路 70 号(现重庆道 38 号)。这所别墅的门口立有黑色大理石雕刻的标志牌,用金色中英文字刻注这所李爱锐生前的故居,已列为天津市重点保护文物建筑之一。

1920 年,李爱锐成为爱丁堡大学出色的橄榄球运动员,在三分翼位。英国体育界知名教练汤姆·麦格查(Tom McKercher)发现了他,并引领其走上田径之路。自此,在田径跑道上,他一次又一次斩获佳绩。1923 年,在对抗英格兰比赛中,李爱锐赢得 440 码冠军。目击者称,那是历届比赛中最伟大的一次,那是 20 世纪一场无与伦比的赛跑。在此之后,他便作为年轻后备军开始在英国国家田径队接受训练,人们期待他在奥运会上大放异彩。

1924 年 7 月 9 日,第八届巴黎奥运会 200 米决赛上,李爱锐凭借 21 秒 9 的成绩获得季军。同月 11 日 400 米小组赛中,来自美国的霍·菲奇凭借 47 秒 8 的优异成绩打破了奥运会历史纪录,李爱锐凭借 48 秒 2 的成绩荣获另一小组赛的第一名,两个小时后的决赛场上,枪声响起,位于第 6 赛道的李爱锐如离弦之箭奔向终点,奇特的跑姿,摆起的双臂,高高抬起的膝盖,始终后仰的头,就这样他超水平发挥,最终以 47 秒 6 的成绩成功打破奥运会男子 400 米纪录和世界纪录。

自李爱锐获得金牌并打破世界纪录后,便以超人的天赋与渊博的学识,被世人所熟知。1928 年,英国政府主办"国际万国运动会",会场选在租借地天津民园体育场。英国政府对此次活动予以高度重视,特派高级官员到场并让租借地工部局直接配合。这场比赛对李爱锐来说有极具重要的意义,是其体育生涯中的最后一次拼搏,当时他 27 岁。在这次盛大的比赛中,英国当局还特邀当年天津市的高级军官傅作义将军(天津市警备司令部的司令)到场参观。据后来得知,傅作义以及随行官员看到李爱锐在比赛中的表现,惊为天人。他们一致认为,在军队中大力开展体育活动,确有必要。当时的比赛场地是比较完美的赛场,也就是现今和平区民园体育场,在其修建过程中,李爱锐提出许多宝贵意见,如跑道结构、灯光设备、看台层次等,在他的建议下,民园体育场达到世界先进水平。李爱锐为中国体育事业做出了永不磨灭的贡献。

图 17　李爱锐在最后终点线冲刺时头往后仰的雄姿

5. "篮球之父"董守义

董守义,1895 年生于河北省保定市蠡县郑村一个贫苦家庭。学生时代便酷爱篮球运动,大学期间曾担任校篮球队队长、中锋以及学生体育会会长队长,参加过全国运动会、华北运动会等,并取得不俗成绩。1916 年毕业后,到天津青年会体育部当实习生,主要开展学校与社会篮球运动。1917 年,董守义任中国篮球队长、前锋,作为主力参加第三届远东运动会篮球比赛。

1923 年,被推荐到美国麻省斯普林菲尔德市春田学院留学,专攻篮球项目。留学期间,成绩突出、学业优秀,赢得老师与同学们的一致认可。两年的进修期结束后,他毅然放弃优越的条件和待遇,坚持回国发展中华体育事业。

图 18　董守义

1925 年,董守义归国,担任天津青年会体育部主任,任教于南开大学。1927 年,开始训练并打造出闻名全国的"南开五虎"篮球队,同年被选为天津体育协进会理事、第八届远东运动会中国篮球队教练。

1930年任北平(今北京)师范大学体育系教授兼民国大学体育主任,第九届和第十届远东运动会中国篮球队教练。1935年任全国体协理事、国民政府教育部国民体育委员会委员。1936年任中国篮球队教练,参加柏林第十一届奥运会和国际篮球会议,被选为国际篮球裁判会会员。1938年,任教于国立西北联合大学,兼任中华全国体育协进会副总干事、代总干事、总干事及国民政府教育部国民体育委员会委员、专任委员、常务委员等职。1947年被选为国际奥委会委员,同年6月到瑞典参加第四十届国际奥委会。1948年参加在伦敦举行的第十四届奥运会,任中国代表团总干事。同年,任浙江体专教授兼浙江大学篮球队教练。

中华人民共和国成立后,他被选为中国篮球协会主席、中华全国体育总会委员、副主席。先后担任国家体育运动委员会技术委员会主任运动司副司长等职。1954年,加入中国民主促进会,被选为中央委员。同年又被选为全国政协委员。

1956年,国际奥委会会议在墨尔本举行。董守义为维护国家利益与试图分裂中国的阴谋分子进行了势不两立的"斗争",向与会人员坚定阐述并高度明确中国奥委会的原则与立场,表明坚决反对少数人执意制造的"两个中国"局面的态度,同时在会议上向众人介绍当下中国体育事业发展蒸蒸日上的新形势。

1978年6月13日,董守义先生因患癌与世长辞,终年83岁。几十年如一日地从事体育工作的他,把毕生精力献给了国家,为我国培养出大批体育家、体育教师、体育工作者和优秀运动员,并根据实践经验撰写《篮球术》《田径赛术》《最新篮球术》《篮球训练法》《足球术》《国际奥林匹克》等体育著作,为我国篮球事业乃至体育事业的发展立下了汗马功劳,被人民亲切称为"篮球之父",其超前的体育思想和崇高的爱国主义精神将是后人永远传承和践行的标榜。

6. 南开五虎

沿南开大学大中路西行至新开湖西岸，有一条通往日本研究院和体育馆的路，它叫“五虎路”，南开中学每年也有命名为“五虎杯”的传统篮球赛事，这些均是为纪念20世纪二三十年代在中国篮坛占据突出席位、享誉全国、威震远东的南开篮球队的五位主力队员。他们分别是唐宝堃、王锡良、魏蓬云、李国琛、刘健常。

南开学校自成立之日起，便十分重视对学生的体育教育，是国内较早推广篮球运动、组建篮球队的学校之一。1924年南开校队与清华校队在北京举行友谊比赛，南开败北。受球赛后清华所放映电影中出现的幻灯片“篓子”（北方俗语，多用于嘲笑他人拙劣、技术不佳）误会影响，南开校内热爱篮球的学生，下定决心要发奋图强，一洗前耻。于是，1925年南开中学王锡良、魏蓬云、李国琛等学生发起组建篮球队的号召，后刘健常加入其中。他们刻苦训练，球技日渐精进，在校内声名鹊起，“南开五虎队”初见雏形。1926年王锡良、魏蓬云、李国琛、刘健常加上学校少年队的唐宝堃等五位同学被选为南开篮球队主力队员，至此“南开五虎队”正式成立。经体育教师齐守愚指导，在天津市篮球赛中斩获冠军。

图19　20世纪20年代著名的南开篮球队队员（南开五虎）

1928年南开篮球队参加华北地区男子篮球比赛，由南开大学任教教师董守义做临场指导，一改往日作战战术，变守为攻，改硬为巧，通过快速、机智、灵活、善变等形式压制敌队，连克燕京大学、北京师大、新学同门三队，于1929年4月一举夺取华北篮球锦标赛冠军。后应上海南开校友会邀请，同年，6月前往上海与华东联赛冠军队沪江大学队进行比拼，险胜四分；与当时驻上海外国人联队“西青队”竞技，比分36:24，大胜；与美国海军陆战队的“匹兹堡”队比赛，比分35:20，大胜。应连年获得远东运动会冠军的菲律宾圣托马斯大学队挑战，最终以37比33再度赢得胜利；回津路上，“秒杀”青岛的日本中学队。1930年在天津万国篮球赛、杭州第四届全国运动会篮球冠军中，“南开五虎队”不负众望，屡获冠军。不久后又作为主力队员加入中国篮球代表队，赴日本参加第九届远东运动会为国效力。

一时间，五虎在国内名声大噪，他们已不仅是为南开、为天津增彩，更是为国家争光。五虎毕业后，继续从事篮球事业的仅有唐宝堃（1910—1989）一人，时任南京国立体育专科学校作体育教员，1951年受聘为中国八一男篮主教练，多次率队以中国国家队的名义出国比赛，1989年病逝，1999年被评为“中国篮球50杰”之一。

王锡良（1908—1989），攻读辅仁大学经济系，毕业后到河北省井陉煤矿工作，后调入华北煤管局，和单位一起转入河北省煤炭工业厅。“文革”时期，河北省与天津市分制，当时他已被下放到汉沽农场劳动，没有和煤炭厅一起迁走，及至退休，才得平反。1976年唐山大地震被波及受伤，1989年病逝于天津。魏蓬云（1908—1942），从南开中学毕业后，考入北京辅仁大学化学系。毕业后回到家乡于北洋大学任教，随后又调回辅仁大学。1941年患肠结核，几经治疗无效后，1942年12月底病逝，年仅34岁。

“南开五虎”或升入大学继续深造，或离校他就，但他们的美名却永远地留在了南开校史和中国篮坛史册。

7. 傅长荣

图 20　傅长荣

傅长荣，字剑秋，今天津市宁河区芦台街曹庄村人。家里无田自耕，转为商贩。1899 年随父外贸路上，遭劫匪拦路，幸得“燕赵拳师”尚汇川相救，遂拜之其门下，学习少林武术宗法。1903 年又拜“御国术馆”教习申万林为师，学习形意拳。申先生对傅长荣极为器重，赐名剑秋，后推荐其向刘凤春学习八卦掌艺，1913 年，经申介绍，傅长荣和唐维禄前往中华武士会投拜武师“天津单刀李”李存义学艺。

傅长荣巧集众名师之长，活取各路武林豪杰之精粹，数年苦练，终成名家。在国家遭受列强入侵的灰暗年月里，他满怀男儿血性，牢记恩师李存义所赐“侠农”之名，走南闯北，浪迹天涯，将毕生所学武艺传至后秀，发扬光大。

8. 张汇兰

图 21　张汇兰

张汇兰，我国著名的女体育教育家、第一位女体育博士，河北省立女子师范学院体育系创始人之一。

张汇兰 1898 年 1 月生于江苏南京，早年就读于南京培珍女中，1917 年考入上海基督教女青年会体育学校，后留校任教，受到当时在沪讲学施教的美国体育家麦克乐的赏识。并于 1920 年由资助她赴美留学，入密尔斯大学和威斯康星大学体育系学习。1923 年 8 月回校工作，后随校并入南京金陵女子大学体育系。为取得执教“金大”执教的资格，1925 年，她再度赴美到威斯康星大学体育系攻读学士学位。1926 年回金陵女子大学体育系任教。1927 年秋，她被聘为金陵女子大学体育系主任，成为金陵女子大学体育系第一位担任系主任的中国人。1928 年 8 月到中央大学（在南京）体育系任讲师。1931 年，在津的河北省立女子师范学院成立体育系，张汇兰被聘为系主任，培养出诸如杜隆元、罗爱华等一批女体育活动家。这是她首次出任该系主任。这时的张汇兰在全国体育界已有相当影响，当年 9 月 21 日天津的《体育周报》就已经称她为“女体育专家”了。10 月，她又当选为国民政府教育部体育委员会 18 名委员之一，也是为数极少的女委员之一。作为河北省立女子师范学院体育系的主要创建人、负责人之一，她对女子体育的贡献已超越了天津的地理范围辐射至华北。

1924 年中华全国体育协进会成立后，地方性质的体育协进会相继建立。天津体育协进会成立于 1927 年 9 月，张汇兰两度当选天津体育协进会副会长，显示出张汇兰在天津体育界的地位。

1936 年，中国第二次参加奥运会，与 1932 年首次参加奥运会只有刘长春 1 人单刀赴会不同，中国此次除派出一个 60 余人的体育代表团，还派出一个 30 余人的体育考察团赴柏林参观第 11 届夏季奥运会，并对丹麦、瑞典、德国、捷克、奥地利、匈牙利、意大利等 7 个体育发达国家的体育工作进行了考察。考察团仅有女团员 9 名，即副指导高梓，团员崔亚兰、杜宇飞、陈咏声、黄丽明、杜隆元、张汇兰、黄蕴之、谢文秋，她们堪称中国官方组织的、最早观摩奥运会的中国女性。张汇兰和杜隆元也是天津历史上首次观摩奥运会的女性。

1938 年又赴美考察，1945 年抗战胜利后执教于南京金陵女子大学，曾应邀来河北省立女子师范学院讲学，深受敬仰。

1947 年,张汇兰担任南京金陵女子文理学院体育系主任、教授,曾应邀来河北省立女子师范学院体育系讲学。1948 年暑期已在南京任职的张汇兰应系主任罗爱华之邀,北上河北女师学院讲学两月,并就我国女子体育问题接受访问,访谈发表在《华北日报》上。她在讲学时特别强调女体育工作者在社会上的重要性,鼓励女生树立为体育工作献身的事业心。在封建思想重重束缚的时代,张汇兰的贡献不仅在于亲身实践女子体育教育,还在于对女子体育的大力宣传和推动。

1952 年起,张汇兰担任上海体育学院教务长、教授,兼运动解剖学教研室主任。著作有《运动解剖学》《缓和运动》等,是中国体育运动解剖学的创始人之一,为创立和发展我国体育基础理论学科作出重要贡献。她是第二届、第三届全国人大代表,第五届全国政协委员,曾任中华全国体育总会副主席、中国奥林匹克委员会副主席等职务。

1984 年 9 月,她获得国家体委颁发的国家体育运动荣誉奖章;1987 年 6 月,她获联合国教科文组织颁发的"体育教育和运动荣誉奖",她的名字也被载入世界体育名人史册。

9. 王正廷

王正廷(1882—1961),原名王正庭,字儒堂,号子白,生于浙江奉化。曾长期在南方政府中任职,是民国时期著名的外交官,思想上奉行"革命外交"。九一八事变爆发后因外长身份遭学生痛打而辞职。他热心体育事业,并致力奥林匹克运动在中国的开展,是近代中国著名的体育领导人之一,因其对中国体育事业的贡献,被誉为"中国奥运之父"。

图 22　王正廷

王正廷出生于一个信仰基督教的家庭，很早便接受了西式教育，10岁便进入上海中英中学学习，1896年考上北洋西学学堂（现天津大学）。在天津王正廷接触到了西方传进来的体育运动，受此影响，天津也成为他参加体育运动，推动发展中国奥林匹克事业的起点。王正廷除了热爱游泳、网球等体育运动，更身体力行地参与并组织体育活动。如1898年王正廷在天津担任基督教青年会队长时，就组织了一次天津学堂联合运动会。王正廷相信体育关乎国家的未来和发展，即"有强健之体质，然后有勇毅之精神，有勇毅之精神，然后有伟大之建树。个人体质之强弱，关乎民族之兴衰"。在他后来担任了民国外交部长兼国际奥委会委员之后，更加致力于促进近代中国的体育事业的发展，尤其是在近代中国宣传奥林匹克运动上作出了巨大的贡献。

10. 李存义

图23　李存义

李存义（1847—1921），原名存毅，字肃堂，后改名存义，字忠元。出生于河北省深县南小营村，先跟随刘奇兰学习形意拳，后又拜郭云深、董海川为师习武。学成之后便在河北保定开设万通镖局，兼收徒传艺。李存义于1898年来到天津刘快庄传授形意拳，之后形意拳便在天津流传开来。1900年义和团运动爆发，李存义亲率弟子加入张德成、刘十九、曹福田等人为首的队伍，在夜袭天津老龙头火车站的战斗中痛杀沙俄驻军，一战成名，"单刀李"一时间名扬天下。

1910年,李存义与张占魁、李瑞东等志士在天津发起民间组织“中华武士会”,但此时中国时局动荡,该组织未能得到清政府的认可。随着中国同盟会革命力量的壮大,“天津中华武士会”的筹建逐渐得到了同盟会成员叶云表和马凤图的参与和支持。最终“天津中华武士会”于1912年9月8日在天津劝业会场(今中山公园)正式成立,创建之初“天津中华武士会”一度受到革命党人的重视和支持,叶云表还被官方委任为第一任会长。1912年3月,辛亥革命的果实被袁世凯窃取,革命党遭受排挤和打压,叶云表、马凤图等革命党人被迫离开天津中华武士会,后由李存义担任会长主持大局。李存义还曾在上海精武体育会、南洋公学院(交通大学前身)等地任教,毕生服务中国武术界,在中国尤其是北方武术界有着极高的威望。

李存义弟子众多,最著名的有郝恩光、尚云祥以及“定兴三杰”(李彩亭、李跃亭、李耀厅)等。

(二)为天津体育事业出谋献策的驱动者

1. 吴寿章

吴寿章,河北省故城县人,1939年10月出生,1981年至1983年,任共青团天津市委副书记,1983年至1987年,任天津市体委主任兼党委书记,天津体育学院党委书记。1987年至2002年,国家体委训竞二司司长,综合司司长,专职委员。国家体育总局竞技体育司司长,历任中国奥委会副主席,中华全国体育总会荣誉委员、中华全国体育总会副主席。2002年5月退休。

吴寿章1964年毕业于天津师范大学中文系,1983年任天津市体委

(现为天津市体育局)主任后,才发现自己专业上的储备还需进一步的累积,这样才能更好地将体育事业做大做好。当时由于“文化大革命”、省市分家和唐山大地震等原因,天津体育停滞了很长一段时间。改革开放后,经过天津体育人的艰苦奋斗,运动竞技水平得到一定程度的恢复,但整体实力不高。1983 年天津体委新的领导班子成立后,大家深感责任重大,吴寿章韬光养晦、深入基层、虚心请教,不断完善自身的专业知识,了解目前天津体育发展的困境和短板,采取了一系列改革和促进发展的措施,为天津体育添上了浓墨重彩的一笔。

当时以吴寿章为首的领导班子深入调研,对下一步天津体育的发展做了精心的设计和全面规划。

第一,抓好群众体育这根主线不放松,动员和协助市教委、市总工会、共青团、妇联和部队,依靠各县级政府和体委抓好群众体育的工作。坚持竞技体育和群众体育协调发展。

第二,基于天津实际,竞技体育项目抓提高,统筹布局体育项目。吴寿章在体委期间,大刀阔斧,将一些有群众基础及地域特点、短期内有上升空间的项目增加至比赛项目,当时总共增加了 23 项运动,例如跳水、摔跤等。另外优势项目不放松,像足球、游泳、乒乓球、手球等在全国比赛中成绩比较突出的作为重点发展项目,保证其成绩优势。确保一线的优势项目,扶持二线、三线等潜力项目,建立了层层衔接的人才梯队。

第三,完善后勤保障体系,为了落实各项政策发挥最大效用,采取了一系列保障措施,为运动员们搭建良好的训练平台及奖励政策。首先,不仅拓展了一批训练场地,还加强了场馆建设。体委于建委和财政局积极沟通,两年来争取了一大笔基建费,建成了游泳馆、网球馆,改善了足球、棒垒球场地,兴建宿舍楼。其次,为运动员提供了许多生活方面的便利条件,包括住房、餐饮、出入方便等问题。另外,体委为重点发展的体育项目增加资金投入。

第四，发挥教练的主导作用，实行教练负责制。吴寿章在体委期间积极调动教练员的积极性，给予充分的权力发挥其在训练岗位的作用。其中几位著名教练员走向领导岗位后，强化了训练和比赛为中心的任务理念，加强了各大队体育训练的目的性、任务性，大大提高了竞技水平。除了爱惜本土教练员人才，同时适当引进外地教练人才，发展天津当时的潜力项目，例如体操、柔道等。

这一系列政策，为天津体育的进步奠定了良好的基础，使得天津在"文化大革命"后体育事业，出现了一个崭新的局面。在 1985 年的第一届全国青少年运动会上，天津代表团取得了第一名的好成绩。时代在进步，改革不可避免，正是在吴寿章在体委工作的 2 年 8 个月中，勇于创新，主动作为，为天津体育开创了一个新时代。

2. 仇涌

仇涌(1935—2021)，1986 年至 1997 年任天津市体委党校书记、主任(享受正局级待遇)。仇涌同志在天津体委的十年正值中国体育大发展的黄金时间。

1995 年，国家体委相继颁布《全民健身计划纲要》和《奥运争光计划纲要》，同年，国家体委下发了《体育产业发展纲要》，1995 年 8 月 29 日，第八届全国人大常委会第十五次全体会议上通过了《中华人民共和国体育法》，这一系列政策的实施，标志着我国体育实现了法制化管理，中国体育的性质就被定义为"全民健身"和"奥运争光"两个部分，也为我国体育产业的兴起和发展起了不可低估的重要作用。

天津体委领导班子抓住时代机遇，紧跟时代节奏，大刀阔斧实施了一系列有助于天津体育发展的政策。积极推进依法治体，努力完善以群众体育为基础、竞技体育为龙头、体育产业为后盾的工作格局，在市委、市政府的正确领导下，通过体育系统广大职工几年锲而不舍的艰苦努力，全市体育场地和体育设施建设得到较大改善，各项体育事业取得了长足进步，有力地促进了全市经济和社会的全面发展。

第一，努力实现举办体育赛事国际化，促进天津社会经济水平的发展。仇涌同志在天津市体委的十年间，最有力的举措就是积极申报第43届世界乒乓球锦标赛。为了达到促进天津经济政治发展、提高城市知名度，调动群众体育参与意识的目的。当时市体委领导班子决定和国家体委一起申办第43届世界乒乓球锦标赛，并最终申办成功。于1995年5月1日正式在天津举办，来自110多个国家和地区的运动员参加，同时也是当时我国承办的一次规模最大、水平最高、盛况空前的体坛盛会。中国队获得本届赛事全部七项冠军，天津成为中国乒乓球队的“福地”。世界乒乓球锦标赛的举办，是天津第一次承担国际赛事，深深地影响了天津人民对乒乓球体育运动的归属感及认同感，中国队在比赛中囊括了七项冠军，全国人民的爱国热情空前高涨。大大提高了人们的体育意识、扩大了天津的城市影响。

第二，继续完善和发展天津经济体育水平，依然是这一时期的重中之重，仇涌在体委的十年，加强对竞技体育发展理论、训练理念、技战术、组织管理等方面的研究和总结，在现有竞技体育的水平上，秉承原吴寿章主任的打基础、建新地的思想，不断累积天津体育发展的资粮。对天津市省市改制、十年动乱、1978年地震所造成的影响一一研究对策，积蓄力量，抓稳定，保增长，在这段积蓄力量，搭建稳定基础的日子里，仇涌主任做了大量的工作。

首先，保住天津体育的优势项目，例如是足球、篮球、乒乓球、体操、举重、游泳等项目的竞技水平在全国处于较高水平。

其次，以《全民健身计划纲要》和《奥运争光计划纲要》为指导纲领，全体委统一认识，必须突出奥运项目，拿成绩。那时候各地方体育主管部门发展竞技体育的主要目的是为国家培养优秀的竞技人才，为国家荣誉而战。仇涌等体委领导班子统筹规划体育战略布局,对各区县的优势发展项目进行布局,确定了体操、田径、女排、柔道、跳水等为重点发展项目,并给予了一定的政策倾斜。

再次,改革体育管理体制,成立了各项目的管理中心。例如,游泳、网球、田径等。管理中心的建立,有利于人才的培养和项目统筹,为人才的输入及力量的集中有重要的意义。

最后,继续做好教练员的选拔培养工作,发现了一批为天津体育发展作出巨大贡献的教练员,为天津竞技体育的发展起到了不可估量的作用。实现天津奥运会金牌“零”的突破的体操教练王敏;带领天津女排由乙级队打到甲级队,由甲级队打到前三,并夺取全运会亚军的天津女排主教练赵雪琪;培养柔道奥运冠军佟文的柔道教练吴卫凤等优秀教练员。

十年寒窗奋斗路,仇涌用他的心血为天津体育筑起了一堵坚强的堡垒,为天津体育的发展注入了新鲜的血液,这一段不断尝试、不断创新的体育工作史也见证了天津体育十年的奋斗史。

3. 韩振铎

韩振铎,天津人,1948 年生。1997 年 12 月,由于 1997 年上海第八届全运会结束之后,天津成绩不理想,排名靠后,韩振铎临危受命,从天津市委调任天津体委党委书记、主任。2000 年 5 月任天津市体育局党委书记、局长。2009 年 5 月任天津市体育局党委书记。

韩振铎在天津体育局奋斗的年,正是天津体育一蹶不振,寻找突破口的几年。在这几年里,“金牌战略”“奥运争光计划”影响下的如何促进竞技体育的提升作为天津体育的重中之重。韩振铎任职以来,着力抓天津体育成绩。体育战线坚持“拼第一、要最好”的发展理念、发展思路,创新干事,以加快建设体育强市为目标,推动群众体育、竞技体育、体育产业全面、持续、协调发展。

一是抓天津传统项目，增强民族自信。足球作为天津人民的情缘项目，一定程度代表天津的体育自信。刚到体育局的第一年，时任市委书记张立昌指示，要求当年足球必须重回中国足球甲级 A 组联赛（简称甲 A）。由天津市政府牵头，泰达集团整合了天津足球资源，将天津三星与天津万科两队合并，成立了泰达足球俱乐部。当年天津泰达队凭借绝对优势以不败的战绩取得了甲 B 联赛冠军，并提前三轮冲回甲 A。2004 年中超元年，泰达队获得了中超开幕式举办权，并启用了泰达足球场，这也是国内第一座按照国际标准设计建造的球场。

二是抓奥运项目，出成绩。经过对天津体育现状的分析、总结，发现天津体育需要寻找一些标志性成果，最终确定取得奥运会成绩来振奋天津健儿的精神。第一个抓手就是实现天津选手参与奥运会金牌零的突破。韩振铎积极与国家各个项目管理中心沟通，调研后发现跳水、体操、射击几个项目具有一定的实力。要求天津本土教练着重从这几个项目下手，培养一些优秀的苗子送往国家队更高的平台去训练，最直接的成果就是在 1999 年董震获得天津世界体操锦标赛的冠军。在 2008 年奥运会备战期间，韩振铎提出要完成“三个超历届”。即参加项目、参加人数要超历届，为国家备战奥运服务要超历届，夺取奥运金牌总数要超历届，为国家做出更大贡献、为天津争得更大荣誉。其次要办好两大赛事。即高标准、高质量、高水平地抓好 2007 年女足世界杯赛和 2008 年奥运会足球预赛的组织接待和各项筹备工作，积极做好申办 2013 年第六届东亚运动会的各项工作。最后，把加快提高运动队的综合实力作为训练工作的重点，强化苦练铸金牌，认真搞好新时期竞技体育的战略性调整和项目布局。下大力培植奥运和全运金牌新的增长点，提升本市竞技体育在全国的位置，走出一条竞技体育超常、加快发展的新路。

三是坚持开发开放，加大体育对外交流的力度，加快与世界体育接轨，实施“走出去，引进来”战略，促成体育发展思路的变革。“筑巢引凤”

的发展战略也取得了明显的成效。天津市先后接待了国家男女排球队、体操队和跳水队等一批王牌之师，同时也迎来了来自日本、挪威等国家高水平运动队。这样的交流不仅大大促进了我市竞技运动水平的提高，而且大大提升了天津的城市地位和影响。2006年，天津市体育局与国家游泳运动管理中心正式签约，共同组建国家女子水球队，为体育“举国体制”发展战略的深化开辟了新的发展道路。而天津体育局从大局出发给予来津训练的各国家队真诚无私帮助和支持行动也多次受到国家体育总局的高度赞扬。

四是大力发展全民健身活动，争当体育强市。1999年11月2日，天津作为北方第一个、全国第九个省市上市发行了电脑体育彩票，告别了“庙会”式的规模销售方式，这在资金上的保障了天津体育的发展。开展以“全民健身与奥运同行”为主题的群众健身活动，包括组织百万职工、百万妇女、百万青少年、百万老年人迎奥运活动。建设一批与城市居民建设发展相配套的全民健身工程、健身广场，规划建设好海河健身长廊。尤其要落实农村体育“五个一工程”，争取到2012年，使天津市每个自然村达到具有一片场地、一名社体指导员、有一支运动队、开展一项活动、每个人喜爱一项运动的指标。同步抓好社会单位、学校体育场馆设施的开放工作，使天津市人均体育用地保持全国领先水平。天津市体育局还与天津市教育委员会、中国共产主义青年团天津市委员会密切配合，全面启动“天津市百万学生阳光体育运动”的活动，为增强学生体质，推进素质教育，培养体育后备人才做出了贡献。韩振铎时常鼓励大家要在体育战线以大干一场的精神状态提升竞技体育水平，活跃人民群众文化生活，使体育真正成为天津这个国际港口大都市、中国北方经济中心的一张亮丽名片。

韩振铎在天津体育局任职的几年时间，正是临危受命，着力抓天津竞技体育成绩的几年。这几年天津体育飞速发展，一洗之前的尘霾，主抓奥运金牌计划的时代呼声，让中国乃至世界记住了天津的名字，为天津体育的腾飞做了不可或缺的贡献。就在竞技体育不断收获成果的同时，韩振铎等领导班子成员，不断累积经验，抓住群众体育这个坚强的后盾，大力发展，使天津体育呈现一片生机勃勃的大势。

（三）为天津体育事业浓妆艳抹的领跑者

1. 第一个体操冠军马燕红的教练周济川

周济川，1938 年 10 月出生于河北秦皇岛。中国体操教练员、中国国家体操队原副总教练。1965 年毕业于天津体育学院。1974 年参加中国人民解放军。历任中国男子体操队、中国女子体操队教练。1975 年加入中国共产党。曾获国家体育运动荣誉奖章，并立一等功。1988 年逝世。1989 年被评为新中国成立 40 年以来杰出教练员。曾培养出一批优秀选手，其中有体操项目夺得第一个世界冠军的马燕红。

1976 年起周继川一直负责带培马燕红。当时，马燕红的身体条件并不出色。周济川没有按照运动员固有的培养程式来训练，而是针对马燕红腿太细、力量弱等身体特点，刻意让她主攻对腿部力量要求较低的高低杠，以达到扬长避短、另辟溪径的效果。他为她的高低杠自选动作选用了“腹回环绷杠转体 180 度抓高杠”“分腿后摆倒立转体 180 度腹弹低杠”“腹回环绷杠转体 180 度前空翻下”“腾身回环倒立转体 360 度”“正掏回环成倒立”这五个创新难度作为全套的重点，其中以前三项为核心，严格要求，刻苦训练。唐山大地震后，周济川带着马燕红在室外继续训练，他在室外的大树上绑上滑车，让马燕红在树底下练绷杠转体 180 度和 360 度，从而练就了马燕红在杠上扎实的基本功、过硬的倒立法、协调的大回环、轻飘的飞燕术和“以直臂、直体大摆落下”等技术为特点的崭新动作，更练就了她良好的直觉、优美的身姿和勇敢的精神。

1979 年，周济川带领中国女子体操队参加在美国沃斯堡举行的第 20 届世界体操锦标赛。马燕红以 19.825 分的成绩获得高低杠冠军，成为中国第一个获得体操世界冠军的运动员，被外电誉为“中国体操走向世界高峰的报春花”。

在周济川指导下，马燕红先后获得 1980 年国际体操邀请赛平衡木冠军、1984 年第 23 届美国洛杉矶夏季奥运会女子高低杠的冠军。后来，由马燕红完成的两个体操动作，被国际体联认可并命名为“马燕红下”，这是第一个以中国人的名字命名的体操动作。

周济川在马燕红获得奥运金牌后，也获国家体育运动荣誉奖章，并立一等功。1988 年，周济川逝世，享年 51 岁。2006 年，周济川早逝后其家人落户于总政体育局，并获得国家第五批国家队老运动员、老教练员关怀基金五万元的资助。周济川被封为中华奥运殿堂名师堂女子体操总名师。

2. 设计 R3726 的标准 400 米跑道的马瑜

马瑜，1936 年毕业于南京中大教育学院体育系。历任天津南开中学、武汉大学、湖北教育学院、天津国立体专、河北女师、石家庄师院、天津体院等校体育教师、教授、系主任等。从事体育教学的同时还致力于有关体育项目的科研工作，撰有《体育设备》《田径运动场建筑设计》《体育行政》《体育统计》《体育建筑》等专著。1956 年发明“跑道放射量法”。年逾古稀后还设计出 R3726 的标准 400 米跑道。在体育建筑领域享有盛誉。他曾被推举为中国体育建筑专业委员会委员和体育科学学会理事等。

3. 田径教练张豹

张豹，1947年出生于天津，天津市第五届政协委员，国家级教练员和国家级裁判员，曾任天津田径队男子标枪组教练，兼任田径队领队。1964年调入河北省田径队任队员，1970年调国家田径队，1976年任天津田径队标签教练。1990年代表中国队（教练）参加了在北京举行的第11届亚运会，1994年代表中国队（教练）参加了在伦敦举行的世界杯田径赛。曾获得“七五”立功奖章；1989年被评为全国十佳教练员；中华人民共和国国务院授予其终身津贴奖；中国田径协会授予特殊贡献奖；天津市政府授予特殊贡献立功奖并授予体育运动荣誉奖章。

张豹培养的运动员张丽在1987年第六届全运会上获得女子标枪第三名，1989年第五届世界杯赛亚军，1990年第11届亚运会冠军，1990年获全国冠军赛冠军并打破亚洲女子标枪纪录，1993年第七届全运会亚军、同年获得第七届亚洲锦标赛冠军，1994年第七届世界杯第五名，1993年、1994年全国田径锦标赛冠军；运动员张柱1984年全国冠军赛男子标枪亚军；运动员马建山1988年全国冠军赛亚军；运动员孙富海1994年、1996年获全国锦标赛亚军。

4. 足球教练严德俊

严德俊（1935—2017），生于四川省资阳市的一个知识分子家庭。少年时代的严德俊是一名游泳健将。

严德俊他和足球的接触是从给哥哥背球靴开始的。从此开启了他足球生涯的辉煌历程。1953年18岁的严德俊，作为西南联队的队员参加全国足球比赛，入选国家队。严德俊在足球场上担任右后卫，踢起球来拼抢凶猛、作风顽强，当时和王金丰、邓雪昌并称“三大后卫”。1956年，中国奥委会为备战第16届奥运会，将原有的国家队和中国青年队混合调整，在北京成立了国家红队和国家白队，在随后的奥运选拔赛上，白队遗憾败北失去了参加奥运会的资格。天津市副市长李耕涛亲赴北京，希望白队落户天津，促进天津足球运动的长足发展。随后，国家体委将国家白队落户天津。1957 年，国家白队落户天津，严德俊随白队在天津迎来了人生新篇章。

1957 年 4 月 28 日，国家白队在领队王伯青、教练邵先凯的带领下来到津门。从此，天津有了一支自己的足球队——天津市足球队。严德俊在队中的职责是卫线，主要负责抢断和铲球。这支球队以顽强的作风拼杀于球场一跃成为全国甲级球队。1958 年，适逢全国足球甲级联赛第一阶段比赛在天津举行。这是国家白队第一次代表天津进行比赛，在新华路体育场对战武汉队，虽然那时的武汉队是国内的一支强队，但白队最终以 2：0 的成绩取胜。1959 年，严德俊和球员们与原苏联甲级联赛第三名泽尼特队进行比赛，值得一提的是，和他们的比赛之前，泽尼特队访华的几场比赛全部取得了胜利，因此大多数球迷并不看好他们，但最终双方 1：1 战成了平手。从此，这些白队队员才被天津球迷真正接受，把他们看作了天津人，天津的足球运动掀起了高潮。严德俊和球员们凭借全面的技术、泼辣的攻势打法以及硬朗的作风取得了许多喜人的战绩。

1959 年 9 月，新中国第一届全运会足球比赛在北京、天津进行，河北队、天津队和吉林队在第一阶段的小组循环赛中相遇。严德俊是天津队主力中后卫，任务是盯死李光洙，李光洙身体壮，速度快，冲力强，有着"重型坦克"的美誉，是吉林队最有威胁的主力前锋。整场比赛，他们的"直接对话"就达 20 多次。

天津队最终以 3：0 战胜了吉林队，顺利进入了第二阶段，并夺得首届全运会男足的亚军。1965 年，天津足球队夺得了第二届全运会足球冠军。在全运会、全国甲级联赛和全国足球锦标赛上共获五次冠军、五次亚军、五次季军。

驰骋绿茵十几载后,31 岁的严德俊正式挂靴,退役后在天津开始了他的执教生涯。在 1974 年到 1977 年间,他因为到毛里塔尼亚支援足球训练,错过了第三届全运会。当时他担任过毛里塔尼亚的国家队主帅,还担任过布隆迪国家队主教练。1980 年,严德俊率领天津队在全国足球甲级联赛中一举夺魁,1983 年,第五届全运会,严德俊担任了天津足球队主教练。当时为了全运会能获得优异的成绩,为了展示天津人民的风貌和积极向上的精神,1980 年甲级联赛虽刚刚结束,他毅然带队登上云贵高原,进驻昆明海埂训练基地进行强化性训练。1983 年 9 月中旬,队伍离开云贵高原,奔赴上海,参加第五届全运会,顺利摘取了第五届全运会的铜牌。之后的全运会,严德俊继续担任主教练,带过男队也带过女队,每一场比赛对他来说都是一笔财富,对他的运动员来说都是一次磨练。在天津足球队执教的 10 多年间,严德俊是中国足球界出访最多也是成绩最好的教练之一。在国内比赛中率队屡创佳绩,为津门球迷留下了无数难以忘怀的精彩瞬间。

5. 武术教练刘宝玉

刘宝玉,1950 年出生于天津北辰区双街镇汉沟村。刘宝玉受父辈影响,他八岁开始在老家习武,拜天津武术名家刘德明为师。1973 年刘宝玉考入北京体育学院武术班,开始系统地学习武术理论,这为他日后的执教打下坚实的基础。毕业回来后到人民体育馆当教练,从学生转成教练员。天津武术队总教练,全国十佳武术教练,全国体育先进工作者,五一劳动奖章获得者,八五、九五、十五、十一五全国劳动奖章获得者,享受国务院特殊津贴专家,天津市武术协会常务副主席。天津武术多年辉煌战绩的缔造者,在其率队参加的多届全运会中,共夺得 10 枚金牌。20 多年来,他的弟子获得 5 个世界冠军、10 个亚洲冠军、230 多个全国重大比赛冠军。

大学毕业后的刘宝玉被分配到天津市人民体育馆业余体校负责天津体育武术集训队的训练。豪情万丈的刘宝玉以为理想征途即将开始，却抵不过现实的残酷，临时组建的队伍，比赛结束就解散了。也正是在这一时期刘宝玉结识了日后工作中的“黄金搭档”吴锦雄，两人配合默契，为天津武术队立下了汗马功劳。

1991 年天津武术队成立以后，训练条件非常差，场地只有十几平方米，设备也很简陋。他俩主动写信自荐去队里执教，立了“军令状”。不到半年时间，天津武术队便从原先的乙级队升至甲级队。在 1992 年全国武术冠军赛上，队员侯冬媚获得女子地趟拳冠军，实现了天津武术史上金牌零的突破，天津市体育局也为武术队建了崭新的训练馆。

第十三届全运会，刘宝玉是天津体育代表团年龄最大的参赛队教练。最终刘宝玉带领天津武术团队在全运会上获得十枚金牌，同时获得团体金牌。

1991 年出任天津武术队主教练以来，为人低调、好胜心强的刘宝玉将自己毕生的心血都倾注于此。他率领天津武术队一步一个脚印前进，成为全国武术界的一支劲旅。谈起自己的执教生涯，刘宝玉表示自己虽然抛家舍业，但无怨无悔。“我始终在一线，对得起队员，也对得起家人。全国武术套路的比赛，除了男子太极拳太极剑这一个项目我的弟子没获得过冠军，其他各个项目的冠军，我的弟子都拿过。”

6. 手球教练王明亚

王明亚，1937 年出生于天津，后由于成绩优异被保送到北京体育学院（今北京体育大学）读书。在校的五年里，王明亚坚持“一专多能”的原则，主修手球，辅修篮球。他年少时投入大部分精力在手球和篮球运动上，同时也不放弃其他运动、文化学习以及社交。在校期间他曾担任过学生会副主席、团委宣传部副部长，还代表学校夺得了大学生手球比赛的冠军。1963年,他从北京体育大学毕业,因思念母亲回到天津工作。

他从1958年入学北京体育学院开始做手球裁判,担任过全国手球比赛的裁判长。1959年,第一届在北京举办的全运会,王明亚担任手球项目裁判。

1964年,王明亚作为中国安徽队和罗马尼亚队手球比赛的裁判员,受到贺龙、陈毅同志接见。1965年,作为中国解放军队和德意志民主共和国队手球比赛裁判员的王明亚,受到邓小平同志的接见。王明亚被领导称为"无级别高级裁判员"。1968年,王明亚担任过一段时间天津市女篮的教练员。

1972年,王明亚正式担任手球教练,当时天津有男、女两支手球集训队,只要有一个队能够拿到全国冠军,男女两支手球集训队就都可以转正成为专业队。1973年天津手球女子队在广西第一次全国比赛成绩不理想,得了倒数第一,手球男子队打了个倒数第二。他们毫不气馁,总结原因、吸取教训,加倍努力地投入到训练中。1974年10月,天津女子手球队在安徽马鞍山全国手球锦标赛上得了第一,男子手球队也取得了第六的好成绩,一年时间男女手球队伍就打了个翻身仗,震惊了当时的手球界。由于种种原因,1975年9月全运会前夕,他被调离了手球队。但他当时带的队员们在1975年的第三届全运会上拿到了全国冠军。

1976年之后,王明亚在机车车辆机械厂当主管,业余时间也组织厂内职工开展体育活动。1977年4月,他带领的女子篮球队参加全国女子工人篮球比赛,在12个单位中拿了冠军。1977年底,王明亚调回了女子手球队,继续做教练。

1978年,他带领天津女子手球队又拿到了全国手球锦标赛冠军,天津女子手球队因此荣获集体一等功。1982年,他带领天津女子手球队获得全国亚军。1985年,他带天津女子手球队到上海比赛,赢得了全国联赛的冠军。

1987 年他被调到广西全国手球冬训基地，担任全国手球冬训办公室主任。1988 年天津女子手球队转到了天津理工大学，同年年底他接到任务，让他把当时在全国排名落后的天津女子手球队带进 1993 年全运会的决赛。理工大学的学生队员要上课，只有半天训练时间，全体教练员、运动员团结一致，最终在 1993 年挺进了全运会决赛。业余队能打进全国决赛，这是王明亚做过的最值得骄傲的一件事。

1997 年退休后，王明亚在中国手球协会一直工作到 2010 年。担任仲裁主任、技术代表、技术监督等职务，一直坚持工作到 2001 年第九届全运会。

王明亚把他的运动员训练方法写入《手球训练教程》和《手球技战术训练》两本书中，重点介绍了如何掌握运动员不受创伤的训练方法以及如何掌握女队员的训练方法。他在 2012 年出版的《现代手球教程》中，把执教经历编辑在教材里，将他的心血结晶造福更多热爱手球运动的人们。

7. 跳水教练王敏

王敏，1953 年 12 月生，山东省招远人，国家级教练。1965 年 12 岁进入河北省跳水队，成为"文革"前最后一批运动员。1970 年至 1974 年为国家跳水队运动员。1981 年 2 月起，任天津市游泳运动中心跳水队教练员，1996 年至 2001 年任国家跳水队教练员。2001 年 12 月，任天津市游泳运动中心副主任。2006 年 9 月，任天津市体育局党委常委、副局长，2013 年退休。

在执教的 27 年中，她共挑选了三批运动员，每批都有世界冠军，从李艺花到朱金红，再到桑雪。最终桑雪和李娜配对获得了悉尼奥运会女子 10 米双人跳台跳水奥运冠军。王敏是 50 年来天津第一位培养出奥运冠军的教练，被誉为天津市体育发展史上的里程碑。荣获了天津市一级劳动模范，三八红旗手。20 世纪五六十年代的天津，适合游泳的外界条件非常简陋，跳台的高度也不标准。当时王敏在天津市和平区第三游泳池上体育课被做基础跳水教学的教练选中。继而河北队的跳水队教练过来招生，王敏进入了河北省跳水队。

1972 年 4 月，中国跳水队应邀到美国进行了访问。访问期间，两国运动员进行友好的比赛，交流经验，这次访美是参加哥伦布城俄亥俄州大学水上中心的中美跳水对抗赛。

在中美建交之前，中国体育与国际体育交流很少。1972 年中美关系开始走向正常化，当时周总理亲自去北京首都机场迎接时任美国总统尼克松，王敏代表中国跳水队的运动员参加欢迎仪式，同去的还有李富荣、徐寅生、庄则栋、张燮林等。中美建交后，中国的跳水开始走向世界。

在 1973 年武汉全国跳水比赛中，王敏获得三项全国冠军，分别是 3 米跳板全国冠军、10 米跳台单人跳水全国冠军、她与河北省的魏敏和李薇薇搭档获得女子团体冠军。经过十几年的努力，她在国内比赛中获得了较满意的成绩，但遗憾的是没有在国际上展示自己跳水技术的机会。王敏带着她的遗憾开始走上教练岗位。2000 年悉尼奥运会上桑雪获得冠军，为作为教练的王敏弥补了遗憾，也为王敏的教练生涯画上完满的句号。在桑雪获得奥运会冠军后，王敏转岗做了游泳中心副主任，主要负责跳水项目，并找到谭良德和李清两人作为新的教练。

2009 年，天津跳水队终于拿到了一个足以证明实力的金牌“大满贯”。天津跳水队拥有奥运会金牌、世锦赛金牌、世界杯金牌，终于在 2009 年第十一届全运会上收获了天津跳水唯一缺少一枚的全运会金牌。

回首天津跳水队从人员匮乏到屡创佳绩所走过的道路，时任主管跳水项目的天津市体育局副局长王敏表示，最应感谢的是时任天津跳水队教练谭良德、李清夫妇。“谭良德当年被称为跳水天才，做教练后又培养出了一批世界冠军、奥运冠军，李清同样视跳水为生命，工作执着、兢兢业业。他们当年来到天津时,还是一个空池子,而短短几年中在这个'空池子'中培养出多位国内国际大赛冠军。优秀教练选材好、训练好、管理好,才使天津跳水走出了一条快速发展的捷径",王敏同时表示,国家队多年来的培养也有助于天津跳水苗子的快速成长,使新人在大赛中经受历练,更快走向成熟。

8. 棒球教练焦毅

焦毅,1964 年出生于天津。最初练习田径,专项为标枪。1980 年时参加为期三个月左右的棒球集训,经过选拔后,1981 年 17 岁的焦毅正式进入了天津棒球队,那时他 16 岁,由此开始了 10 多年的棒球运动员生涯。

1993 年之后,焦毅经历了从运动员到教练员的身份转变,边当教练边当队员,干了三年多的助理教练。1997 年上海第八届全运会结束后,他从王瑞教练的手中接过教练的担子,到现在带领棒球队已经近 20 年。

从 1981 年进入天津棒球队,到 1997 年焦毅正式担任天津棒球队主教练,天津体工大队的棒球训练场见证了天津雄狮棒球队刻苦训练、顽强拼搏的精神以及教练和队员们洒下的无数辛勤的汗水。而这块训练场也是天津这片历史悠久、积淀丰厚的棒球沃土的一个缩影。在这片沃土上,天津雄狮佳绩频传。焦毅曾带领天津雄狮队多次获得中国棒球联赛冠军,并在 2002 年被评为优秀教练,在 2005 年第十届全运会中,带领天津棒球队以绝对优势获得冠军。多年来培养出了一批又一批优秀的棒球运动员,为国家棒球事业作出了重要的贡献。作为教练,焦毅要管的事情有很多,比如队员的平日生活、思想活动、伤病的康复,等等,一切都要从头开始学。刚开始,他靠的是自己当棒球运动员时积攒的经验以及老教练的传承。那时候他什么都学、什么都看、什么都干,先听完老教练讲,自己再慢慢去摸索、规划和领悟,包括如何写训练计划、比赛计划,如何制订长期计划、中期计划和短期计划等。从较为简单的训练到复杂的训练，整个过程并非一蹴而就，要想培养出冠军是漫长且艰难的。

在执教生涯中，焦毅接触过很多性格、生活环境和成长背景都不同的运动员，每个队员都有不同的特点。他喜欢心态好、素质好、敢打敢拼的队员，但这种队员可遇不可求。需要通过细腻的思想工作，让队员们摆正心态。他不断和队员们沟通，和其他教练一起讨论，反复试验，摸索出正确的训练方法，以此来保证有时效性的训练，做到既重视细节，又要对技术要求有超前的预判。在训练队员们的过程中会碰到许多问题，比如如何预测训练量，如何帮助队员解决问题、压制对手等，均被教练团队一一攻克。

2011 年，焦毅从日本学习归来后，担任指导天津棒球队的训练任务，率领天津雄狮棒球队获得全国棒球联赛冠军。

9. 柔道教练吴卫凤

吴卫凤，1966 年出生于安徽省。曾多次在国内外女子柔道比赛中取得佳绩，1994 年北京体育大学毕业后，先后出任天津柔道队教练、中国柔道队教练，带出过佟文、沈君等一大批优秀柔道运动员，为天津和中国的体育事业发展作出了突出的贡献。曾荣获市级劳动模范、北京奥运会突出个人贡献奖、全国先进工作者等荣誉称号。多年来，吴卫凤多次拒绝了外省市的高薪聘请，坚定不移地带领着天津女子柔道队不断向更高的目标前进。

吴卫凤初中毕业后，她凭借过人的运动天赋被合肥体工队录取。起初她练习铁饼，在体工队一段时间的训练后，成绩提高很快。1983 年，国家开始组建女子柔道队，1985 年，她从田径队转去柔道队，从此踏上了柔道之路。进入柔道队后，每天的大强度训练让她有些吃不消，但她还是咬牙坚持下来。一年后她进入国家队，很快就获得全国冠军的好成绩。

1990 年北京亚运会，她听从教练建议降级别，开始了痛苦的减重过程。由于在减重过程中身体过度缺水，神经系统、身体机能反应不够迅速，最终输给了日本选手，拿了第二名。至此，她的运动生涯告一段落。1994 年，吴卫凤从北京体育大学毕业，和赵治山结婚后来到天津，开始着手组建天津柔道队。

当时的天津女子柔道处在起步阶段，吴卫凤凭着强烈的事业心，克服了当时的许多困难，不顾身怀有孕，亲自到外地选拔队员。吴卫凤在自己工作的岗位上兢兢业业，从白手起家到创立天津柔道至今，吴卫凤在第二故乡天津打拼了数十个年头。这些日子里，她和她培养的运动员一齐摸爬滚打，为天津柔道事业呕心沥血。在她的不懈努力下，天津女子柔道队屡创佳绩，1997 年的第八届全运会上，预赛第九名的沈君顶住压力，拼尽全力取得了柔道金牌，实现了天津柔道队金牌零的突破；2001 年第九届全运会沈君又为天津柔道军团蝉联了金牌；第十届全运会，窦淑梅迎难而上帮天津队赢得了金牌；之后的第十一届山东全运会，天津队取得了一金一银的好成绩；十二届全运会佟文再次获得金牌。

20 世纪 80 年代，为解决当时体育系统遇到的难题，促进体育事业的持续发展，体育界提出“体教结合”这一概念。为了解决运动员学习和训练之间的矛盾，教育部门开始执行“体教结合”，加强学校体育工作、推动素质教育，为国家造就高素质劳动者和优秀体育后备人才储蓄力量。2002 年，在申办奥运成功的新的历史发展期，中共中央 8 号文件提出“青少年体育以学校为重点”，在 2010 年前，初步形成体教结合共同培养高水平后备人才体系。

为响应国家号召，中国民航大学和吴卫凤共同带领的天津柔道队实行体教结合，与天津市体育局签署共建天津（中国民航大学）柔道队合作协议。这一时期的合作非常成功，成果丰硕。在世界大学生运动会柔道比赛中，佟文、秦茜、张杰、窦淑梅作为为数不多的取得过世界冠军的大学生运动员，为国家和学校带回多枚金牌与多项荣誉。谈起这项改革，吴卫凤说："我希望天津柔道队和中国民航大学进一步深度合作，把柔道项目做强做大，让一流的大学配上一流的运动队，相互促进，成为全国的体教融合的楷模。"在这一种体制训练成果下，2020 年全国柔道大师杯赛中天津柔道队参加了全部 14 个级别的比赛，并取得 1 金、4 银、5 铜共 10 块奖牌和 3 个第 7 名的佳绩。我们也借此希望，天津柔道队在一流教练的带领下，在先进训练理念的引领下，取得更加优异的成绩。

10. 游泳巨匠穆成宽

穆成宽（1908—1987），号振鹏，回族，天津市北辰区天穆镇天穆村人，中国游泳运动员、高级教练员，贺龙元帅曾赞扬过"古有杨家将，今有穆家军"。曾历任天津市游泳池负责人、天津市少年儿童游泳业余体育学校校长、天津体育学院水上系主任、天津市水上协会副主席；河北省游泳队主教练、游泳协会副主席、体委副主任、体育协会分会副主席；中国游泳运动员高级教练员、中国游泳协会委员、中华全国体育总会委员、中国民革中央监察委员会委员。曾先后当选天津市人大代表、政协委员，河北省人大代表、政协委员、民革委员、民委委员，第三、四、六届全国政协委员，全国政协体育组副组长等。

1930 年，穆成宽组织本村村民建立了一支农民业余游泳队。1941 年，他参加了天津英租界西人俱乐部举办的"万国游泳赛"，并夺得两项冠军。打破 400 米自由泳全国纪录。1933 年至 1943 年，曾多次获得天津市游泳比赛男子成年组 100 米、200 米、400 米自由泳和 100 米、200 米仰泳冠军。1956 年，穆成宽在天津创建了中国第一所游泳学校。1981 年，他出任河北省体委副主任，兼河北省游泳队名誉总教练，到保定主管河北游泳队，使河北省的游泳成绩大幅度提高。河北游泳三杰——钱红、王大力、夏福杰，都是经穆成宽亲自选定的，并为他们的训练倾注了大量心血。

后来队员们都取得了不凡的成绩，特别是钱红在1992年第25届奥运会上取得百米蝶泳金牌，成为享誉国内外的泳坛“五朵金花”之一，连续三届被评为全国“十佳”运动员。

此外穆成宽编写了《气功练习对消除游泳运动员疲劳的作用》《游泳》等专著，他认真研究教学理论，结合天津地区的环境条件，形成了一套完整的教学方法。他巧妙地把气功、武术、陆地训练和游泳结合起来；把育人、育才和为国争光结合起来，先后为国家培养和输送了一大批优秀运动员和教练员，其中包括他的儿女侄辈：穆祥英、穆祥雄、穆祥豪、穆祥杰等，在国内外享有很高的声誉。以“穆家军”威震国内外泳坛。

1958年，为备战1959年中华人民共和国第一届全国体育运动会，同时加强对华北地区体育师资和竞技体育人才的培养，在天津市体育学校和正在为第一届全运会集训的天津市和河北省运动员的基础上，同时调入石家庄师范学院体育系，共三部分人员，组建天津体育学院。穆成宽任水上系主任，兼任河北游泳队教练。由于游泳队只是隶属关系改变，训练基地还是在天津，所以河北队参赛既代表河北省又代表天津市。天津体育学院水上系主任穆成宽既是天津市游泳队教练又是河北省游泳队教练。为此，河北省体委将组织河北游泳队参赛首届全运会的任务就交给了穆成宽。由穆成宽带队从北京游泳训练基地游泳馆集体撤回天津体院集训，虽然当时天津体育学院没有游泳池，但是时任天津体育学院水上系主任穆成宽带领运动员们在水上系宿舍楼后利用土坑、鱼塘挖了一个50米标准规格的土游泳池，建成了6米深、30米见方跳台池，在养鱼池的基础上改建了水球场。在这样的训练条件下，穆成宽培养了后世一批批让人铭记的优秀运动员们。

1958年北京游泳赛中，穆祥雄以1分11秒4的成绩创造新规实施后的100米蛙泳世界纪录；1959年8月以1分11秒3刷新了自己保持的100米蛙泳世界纪录；1959年9月第一届全运会100米蛙泳决赛中，又以

1分11秒1的成绩第三次打破自己创造的世界纪录。柳立森刷新全国女子100米、200米蛙泳最高纪录,河北队团体总分获第三名。在穆成宽科学、勤奋的训练下,穆家军为祖国、为家乡争了光。

在那个困难时期,穆成宽没有在任何专科学校进修过,完全是在实践中自学总结出了一套成功的训练经验。他将其武艺、技艺毫无保留地传授给他的所有学生,并将他们输送到国家队和其他各个省市队伍,体现了他那宽广无私的博大胸怀。从穆成宽身上,也让我们看到了"相互理解,友谊长久、团结一致和公平竞争"的奥林匹克精神。他那努力建造世界大同的雄心壮志的确令人肃然起敬。穆成宽的事迹被拍成电影《水上春秋》,作为新中国成立十年大庆的献礼片,在全国上映。此外,还有以穆成宽的学生为原型的电影《女跳水队员》。1996年,由天津人民出版社出版纪实文学《泳王》,讲述了穆成宽、穆祥雄两代泳王的故事。2013年5月9日至5月12日,在美国佛罗里达州劳德代尔堡国际泳联举办的第四十九届年会上,穆成宽及他的次子穆祥雄被授予"荣誉先锋游泳运动员奖",并载入国际游泳名人堂。这是国家的荣耀,是中国游泳界的荣耀,也是天津市的荣耀。穆成宽是中国游泳界泰斗级的人物,作为穆家军的主帅,他为中国的游泳事业作出了不可磨灭的杰出贡献。

11. 体操健将鲍乃健

鲍乃健(1936—1998),祖籍广东珠海,1936年出生于天津,毕业于天津津沽附中。自幼随父习武学习形意太极拳,11岁时在天津六区国术研究社拜师张松龄学习梅花螳螂拳。1951年初中的鲍乃健改练体操并进入天津市学联体操队,开始在国内、国际体操比赛中显露头角,囊括了全国体操比赛各个项目的全能冠军,成为我国第一批运动健将。1953年入选国家体操集训队,1954年他在北京体院时又跟随张文广教授学习练过查拳。武术训练给鲍乃健从事体操后不断取得优异成绩打下了很好的基础，在刘竞存和张春霈等人的训练下，天津的体操开始在全国处于领先地位。在此引导下，经过刻苦训练，鲍乃健成为20世纪50年代很有影响的男子体操运动员之一，是国内第一个在吊环上做"直臂直体慢翻上成直角十字支撑压上成直角支撑"的运动员。1956年，他在全国体操单项冠军赛中，获双杠、吊环、自由体操3项冠军；随后访问民主德国，获得个人全能铜牌、单杠和吊环金牌、自由体操和双杠银牌。在第16届奥运会选拔赛中，获得自由体操、双杠、吊环三项的第一名。在1959年全国健将级体操锦标赛上，完成了独创的双杠动作"后上直接向前分腿摆越成高角支撑"。

鲍乃健、杨健民、乔振英、郭可愚（女）这四位天津的体操运动员荣获我国第一批运动健将称号。时任国务院总理周恩来亲自为49名健将颁发证书，授予鲍乃健"运动健将"大红证书NO.00001号，杨建民获得第2号证书。荣获运动健将的还有郭可愚、马长路、穆祥雄、赵庆奎等天津优秀选手，天津在全国体育界声名大振。

1953年11月，中国国家体操队成立，鲍乃健成为首批队员。在国家队里，队员们的目标一致，就是努力训练。给队员陆恩淳留下很深印象的是，鲍乃健训练特别刻苦，并因此多次受伤。陆恩淳感叹："那时候，中国的体育事业还刚起步，缺少科学训练，受伤是经常的事情。而鲍乃健是队里受伤比较多的，有十几处'刀口'。不过，他从不叫苦，意志特别坚强。"

20世纪60年代，鲍乃健与夫人门晓敏走出国门，应邀在印尼、伊拉克、冰岛等国执掌教鞭，培养训练出众多体操人才，获得较高声誉。1984年冰岛体操协会授予他们男女最佳教练员称号和奖杯，在伊拉克甚至被称为伊拉克的"体操之父"。在英国，英国体操协会选择了英国王室成员求学的一所贵族学校，作为少年体操运动员训练基地，鲍乃健夫妇应邀担任教练，其中包括英国王室安妮公主的女儿。他们还帮助"波特·瑞吉斯（Port Regis）学校"设计、修建体操馆，落成之日，英女王亲临学校为新体操馆揭幕剪彩。

20 世纪 60 年代末，鲍乃健夫妇定居英国。他把中国武术、中医治疗带到了英国，并取得注册医师资格。鲍乃健由于身体受伤多，他学习了有关针灸、按摩等一些中医治疗方法。另外，鲍乃健还经常向队医请教，久而久之，也成了一名中医。

鲍乃健在英国行医也小有名气。1998 年他去世后，英国中医药协会会刊所发表的一段悼词中可见一斑："鲍乃健先生是我学会首批会员，十分关心学会工作，频出建议，慷慨解囊资助学会。他身怀绝技，对诊治运动外伤性疾病有独到之处，病逝前一天还为患者诊治，可谓医术高明，医德高尚。我们为失去这样一位同人感到十分惋惜。他在行医的同时还向英国人推广太极拳，很多人学习以后普遍反映生活质量得到了改善，并且更加了解和热爱中国，激发了到中国旅行的热情，成为中英体育文化的友好使者，英国女皇曾专门接见鲍乃健夫妇，感谢他们在英国工作取得的成绩，表彰他们为中英文化体育交流做出的贡献。"鲍乃健在英国病逝，全英各地及冰岛、瑞典的朋友们专程来参加鲍的葬礼。人们集资为他安放了一把纪念椅子，这个椅子归属地方政府，由政府财产看管并定期修缮。在鲍乃健先生为代表的体育工作者身上所体现的顽强拼搏、无私奉献、为国争光的中华体育精神，对当前我们建设体育强国，具有良好的示范和榜样作用。

12. 田径健将李会荣

李会荣，1965 年出生于天津。国际健将，天津市田径队优秀的跳远、三级跳远运动员。曾获得过女子三级跳远世界冠军，创造女子三级跳远的世界纪录。1980 年考入天津市体育运动技术学校，1983 年调入天津田径队、同年调入国家田径队，1984 年回天津田径队。1982 年被评为全国三好学生，1990 年天津市授予特等功一次，1993 年天津市体委授予三八红旗手的光荣称号并记大功一次、获得天津市总工会“八五”立功奖章。

李会荣练习田径与小时候的经历有关。她小时候体弱多病，妈妈鼓励她要多参加体育运动才能增强免疫力，增强体质。恰巧李会荣的母校拉萨道小学特别重视学生的体育锻炼，学校里有很多运动队。她一开始加入的是游泳队，后来参加校运动会，长跑、跳高、跳远的成绩突出，都拿到了冠军，在田径这方面比较有天赋。

当时李会荣的启蒙教练员王炳琴来学校挑人，一下就选中了她，带她去体校练田径。小学毕业那一年，李会荣以第3名的成绩考入了天津第十六中学。究竟是继续学习，还是专心练田径，困扰了她和她的家庭很久。最终在教练的鼓励下，她下定决心，要做一名专业田径运动员。

竞技体育中看重天赋。在平常训练中，教练稍加指导她就能明白，悟性很高。所以李会荣出成绩非常早，16岁的时候就成为全国成年组的跳远冠军。1982年正式进入国家队，练的项目是跳远。在国家队练了5年跳远后，虽然她的水平在全国甚至世界范围内都算得上顶尖，但由于伤病困扰，成绩没有大的进步与突破。

在这时候，李会荣遇到了生命中另一位贵人——时任日本国家体育总局局长小挂照二先生。他曾经是一位优秀三级跳远运动员，拿过世界冠军、破过世界纪录，退役后依旧心系三级跳远，在中国看过李会荣的跳远比赛后，认为她是一个三级跳远的好苗子，希望她可以改练三级跳远。1987年，李会荣开始训练三级跳远。这个项目确实很适合她，她的跨越和跳跃成绩和男子相差无几。一路走来，在王炳琴和小挂照二等人的帮助下，李会荣取得优异成绩。

李会荣在1981年获得全国田径锦标赛女子跳远冠军；1990年在日本获得世界纪录挑战赛运动会女子三级跳远冠军，并打破了女子三级跳远世界纪录，1992年获得世界杯赛女子三级跳远冠军。1992年9月25日，在古巴哈瓦那举行的第六届田径世界杯赛上，李会荣凭借第一跳13.

88 米的成绩获得女子三级跳远金牌,成为中国田径史上女子三级跳远的第一个世界冠军。在 1990 年 8 月 25 日这一天的“南部忠平纪念田径赛”上,李会荣以第一跳 13. 99 米,第二跳 14. 19 米,第三跳犯规,第四跳 14. 50 米(+1. 7m/s),第五跳犯规,第六跳 14. 54 米(+1. 1m/s)的成绩,最终夺得冠军,亚军成绩只有 12. 69 米,李会荣成为该项目第一个世界纪录创造者。在 1991 年世界室内田径锦标赛上,喜摘女子三级跳远银牌,成绩是 13. 98 米。这是女子三级跳远首次进入世界大赛。1992 年 7 月 19 日,李会荣在南部忠平纪念田径赛上跳了 14. 55 米(+0. 9m/s),夺冠并创造亚洲纪录。1992 年比赛后,李会荣的伤病仍在加重,可她没有退役,又坚持了两年。这两年里她以治疗为主,可到 1994 年,她还是没有办法奔跑。退役以后,小挂照二先生邀请李会荣去日本当田径队的教练,时任天津市主管体育的孙海麟副市长也非常支持她的决定,在他的鼓励和帮助下,李会荣拿到公派去日本的名额,到日本中京大学担任田径队的教练。1995 年退役后赴日本中京大学田径队执教两年,回国后进入天津市体育局工作。

13. 网球健将刘树华

刘树华,网球运动员,运动健将,山东掖县(今莱州)人,从小在天津长大。刘树华曾任天津市体育局党委委员、巡视员、副局长,是中共中央党校研究生、国家正高级二级教练员。其曾经主管的天津网球队培养了如今国内女子网球的中坚力量——张帅、王蔷等优秀球员,并在多届全运会中取得了不俗的成绩。他 1975 年于天津市业余体校学习,1977 年进入天津网球队。1977 年至 1990 年,他作为天津网球队运动员获得“世界青年锦标赛冠军”,创造了多个“中国网球第一人”的骄人成绩;曾获国家体育运动荣誉奖章。刘树华是中国网球的一面旗帜。在兼任天津网球中心主任和中心总教练期间,刘树华带领全中心各线队教练员和运动员创造出一个又一个中国竞技体育的新纪录——天津网球女队连续 15 年、16 次夺得全国网球团体锦标赛冠军(含全运会),并夺得亚运会女子网球项目的冠军,其中,王蔷蝉联两届亚运会女单冠军,彭帅和张帅获得过女子团体冠军,里约奥运会中国女网队员更是全部来自天津队。

刘树华 1975 年进入天津市业余体校接受网球训练,正式接触网球。1977 年,刘树华进入天津网球队;1979 年,在第四届全运会上获得男子双打亚军,作为主力队员获得团体第三名;1980 年,代表中国参加世界青少年冬季巡回赛,并获双打冠军;1982 年,天津网球队获全国甲级团体赛冠军;在同年获全国甲级单项赛的双打冠军;1983 年第五届全运会,天津队获男子团体冠军,刘树华获男子单打冠军。1983 年,刘树华参加亚洲加法尔杯赛,与马克勤(湖北)搭档双打击败日本打进决赛。中国队以 6:3 拿下决胜盘,首获亚洲团体冠军,初步实现冲出亚洲的愿望。1984 年澳大利亚总理霍克首次访华,时任副总理的万里同霍克在国际俱乐部网球馆举行了网球友谊赛,开创了国家领导人在网球场上通过友谊比赛开展外事活动的新形式。刘树华和陪同霍克总理访华的澳大利亚世界网球冠军进行较量并取得胜利,在世界舞台上展示中国力量。

1994 年天津市网球中心成立,天津网球队真正完善了市县队的梯队考制,彻底解决了运动队后备力量问题,刘树华担任教练并兼任网球中心主任,当时全国排名前 32 的选手里面,没有一个天津队员。如今 10 多年过去了,天津已经为国家队输送了孙鹏、张帅、彭帅、王蔷、刘南楠、郑赛赛、段莹莹、徐一幡、刘方舟等优秀的天津网球队员,多次参加国内外网球比赛。2017 年,第十三届全运会网球团体赛中,卫冕冠军天津队在女团决赛中 2:0 轻取浙江队,连续三届夺得该项目金牌。

在任期间,刘树华在运动员培养等方面积极改革,探讨中国网球的发展规律。他认为,中国网球的发展应该走职业化道路,将体制内和体制外有机结合。帮助运动员走上“单飞”的道路,是刘树华追求的目标。2017

年 3 月，天津网球队与金地集团签约，合力打造“四级金字塔梯队”模式：通过团队、资金资助国内女子一线球员建立第一梯队；引进培养 16 岁至 20 岁具有潜质的优秀运动员形成第二梯队；以 13 岁至 16 岁的潜力球员为第三梯队；广泛吸取对网球感兴趣、身体素质较高的少年儿童组建第四梯队，这样的培养模式全面覆盖了职业网球运动员的全年龄段。这也是天津网球队走向职业化的一个契机——实现体制内和体制外的结合，进行更有效的互补。

14. 乒乓球运动员马文革

马文革，天津人，1968 年出生，1985 年入选国家乒乓球集训队，1989 年底至 1993 年担任中国乒乓球队第一主力，是中国男乒处于最低谷时唯一一个在世界乒坛最高峰保有一席位置的中国运动员，同时也为后来中国乒乓球的崛起作出了极大的贡献。

马文革六岁半开始打乒乓球，最早开始接触乒乓球是因为其姐姐曾在天津市河西区十八街小学练乒乓球，他也能时常过去练习。当时还是小孩子的马文革手指与手腕的力量都比较弱，在打法上选择了方便好拿的横板握姿，不同于当时国内传统的直板快攻。横拍法也被他戏称作“大刀”。他在十八街小学练了一年后转到了天津市河西区福建路小学（今天的河西区湘江道小学）继续练球，后来进入河西体校。马文革在比赛上有着亮眼的成绩：1985 年获全国锦标赛男单冠军；1989 年获第 40 届世界杯赛男子单打冠军，这是中国乒乓球获得的第一个世界冠军，也让中国男乒的崛起出现一线曙光。1990 年获第 11 届亚运会乒乓球男单、男双两项冠军；1992 年获第 13 届世界杯乒乓球赛男单冠军；1995 年获得第 43 届世乒赛男团冠军。1996 年 2 月，马文革当选为全国十佳乒乓球运动员；2009 年回到天津队担任教练。

1995 年中国乒乓球男队重新夺回世界乒坛霸主，这时候马文革因为伤痛已经无法进行系统训练，难以回到巅峰状态，但他依然热爱乒乓球，想为中国乒乓球事业继续作贡献。1995 年，经过国家队的同意，马文革被公派去德国打球，一去就是 14 年。他刚到德国就代表奥森豪森俱乐部打了 3 年半的比赛；2000 年转到了格兰早俱乐部；2004 年又转到了菲根豪森俱乐部，一直到 2009 年返回中国。在德国期间他一直担任一号主力，他所在的俱乐部排名从未跌出过前三名，个人胜率排名也一直保持在前两名，期间共获得了三次联赛冠军。虽然他那段时间在德国生活，但仍代表天津队参加了 1997 年、2001 年以及 2005 年的三届全运会。在 2005 年江苏全运会上，还与天津男队一起获得了团体第五名。

退役之后的马文革最终选择回天津当教练，继续为中国、为天津的体育事业贡献自己的一份力量。2009 年，马文革正式担任天津乒乓球队主教练，开始了他的教练员生涯。身为教练员，他不仅要带着队员打比赛，而且还需要负责队员的日常训练与生活，了解所有的队员的情况并制订有针对性的训练计划。他在天津队担任教练员期间带出了一批优秀乒乓球运动员——郝帅、李平、马特、余心航都出自他的门下。

马文革的身上虽然没有奥运会和世锦赛冠军的光环，但是乒坛将永远留有马文革这精彩的一页，因为他不仅带领天津乒乓球队走向世界，更是为当时低迷的中国乒坛打了一剂强心针。

15. 武术健将郎荣标

郎荣标，1971 年 3 月出生于天津，运动健将，中国武术七段获得者。他自幼习武，1988 年入选国家武术队接受专业训练，成为天津武术队进入国家队第一人。郎荣标先后荣获“世界武术锦标赛棍术冠军”“亚运会南拳冠军”“全运会南拳、对练冠军”，多次蝉联“全国武术锦标赛男子个人全能冠军”及各单项南拳、南刀、南棍、刀术、棍术、地趟拳、猴棍、对练的冠军，共夺得金牌 46 枚，是中国武坛上继李连杰、赵长军之后的又一位

“大满贯”选手,在武术界有“南拳王”称号。郎荣标目前担任天津霍元甲文武学校董事长,天津尚武文化发展有限公司董事长,兼任天津武术队主教练,天津精武会会长。

郎荣标认为中国武术目前有四大发展方向:竞技武术(比赛)、民间武术(各门派)、散打、艺术类的表演武术(舞台、电影)。抱着振兴中华武术的理想,1999年郎荣标在天津创办了霍元甲文武学校,他一方面想通过创办武术学校为全国武警和解放军输送了优秀毕业生;另一方面是想通过举办活动获得奖项并推动武术文化在中国乃至全世界的传播。

郎荣标退役后以武术教练员和武术形象大使的身份出国,通过教学、讲座、表演等方式来介绍中国武术文化技艺。目前他已经在世界三十多个国家和地区宣传中国文化,为中国文化走向世界作出了卓越的贡献。

16. 射击运动员高静

高静,1975年9月18日生于天津。她1991年进入天津市第二体育运动学校;1994年进入天津射击队;1999年入选国家集训队,在著名射击运动员张秋萍门下受训。2000年悉尼奥运会射击比赛,她以497.2环的成绩获得女子10米气步枪铜牌,为中国代表团夺得该届奥运会首枚奖牌。2000年至2002年,她先后获得世界杯女子10米气步枪冠军、世界杯上海站女子10米气步枪冠军、世锦赛女子10米气步枪团体冠军。高静于2005年进入清华大学经管学院学习同时在国家队训练;2008年底竞聘国家队清华班教练,任教至今。

高静从1994年跟随教练赵俊民开始训练,教练说得最多的就是稳定性和专注力这两个词,不能把瞄准当作目标,关键在于稳住身心。除了心态之外,性格也是占主要因素的,高静爽朗率直、爱说爱笑,具有北方女孩的典型性格,心里存不住事儿,情绪都形于色。赵俊民教练说过:“这样性格的运动员和我们教练特别好沟通。”由此可见他对高静有着很高的评价。而高静也不辜负教练的期盼,在长期训练中她克服身体的不适,10年苦练练就了高静过硬的技术、成熟心理和乐观豁达的性格。实力最终体现在成绩上,在1999年举行的全国射击总决赛中,高静一举夺得3×20项目的冠军和气步枪40发比赛的亚军,为自己顺利入选国家队铺平了道路。1999年7月,她被选入国家集训队,在著名射击运动员张秋萍门下受训。

2000年悉尼奥运会气步枪决赛,高静以第八名的身份跻身决赛。决赛现场,她自我感觉不错,包括竞技状态和技术的准备都已经很到位了。但在第六发的时候,心理上产生了波动。扣动扳机后,弹头飞出去很远。但她保持镇定,后面四发打得很完美,两个10.8,一个10.9。最后一发10.6,则是全场总决赛最高环数。触底反弹,高静成功站上了领奖台。

高静在奥运赛场上的绝地反击,用射击界的一句行话"三分技术,七分心理"来形容特别贴切,在赛场上大家技术水平都差不多的情况下,心理素质就是决定因素了。在射击这一运动中,无论是远距离射击还是实用射击,心理状态无疑是最为重要的决定因素。一个好的射手必须有强大的心理建设能力,但是这并不是在比赛当下调节就可以做到的,必须在平时的练习中慢慢渗透,心理建设也是日常训练中积累的,是融入运动员射击技术里重要的一部分。高静心理素质整体不错,首先打比赛不畏惧,好了继续努力,不好从头再来。随着年龄的增长、思想的成熟、比赛经验的积累,她学会了如何在日常训练和比赛中及时调整自己,2000年悉尼奥运会的后来居上就是最好的证明。

2006年,高静进入清华大学读书,2011年从清华大学工商管理学院毕业。因为脱离校园时间长,年龄也比普通学生大,高静起初有点忐忑,但真正融入学校后,她感觉充实、丰富,学到了很多东西。

高静从运动员到教练员的转型非常顺畅。她在天津的时候做过教练助理,进入清华大学以后,一边上学一边训练,学习的同时先从做张秋萍教练的助理开始。由于她具有大赛经验、技战术丰富，平时就带一带小队员，最后竞聘到国家队，出国带队。高静现任清华附中的带队教练、清华大学射击队教练。虽然自己不在赛场上战斗，但她仍然继续为射击运动的后备力量服务。能够将自己的专业转化为战绩是一件特别有意义的事，做运动员是这样，作为教练员更是深有体会，高静从运动员到教练员身份的转变也让她感觉责任比以前重了很多。

17. 吊环王董震

董震，1977 年出生于天津。他 4 岁进入天津市业余体校，9 岁进入天津队，19 岁入选国家队，被称为津门“吊环王”，连续 6 年全国冠军，连续两届全运会冠军。董震是在 1999 年天津举行的世界锦标赛上出名的，他与队友合作获男团金牌，并获吊环金牌，时年 22 岁。

1993 年的全国少年锦标赛，董震获得跳马冠军和吊环亚军。但在后来的训练中，由于过于急进，导致脚腕严重受伤，不适合再练跳马和自由操，甚至有些项目的落地动作都不能进行。在这种情况下，董震没有轻易放弃体操事业，转而主攻鞍马、吊环这些以手部力量为主的项目。1996 年 12 月，董震第一次拿到吊环的全国冠军，这使他的自信心大增，战胜了之前所有的胆怯。因为董震的动作比较稳定，国家队的教练称他为“坦克”。

他在运动员生涯中获得很多荣誉：1997 年第八届全运会吊环冠军，1997 年洛桑体操世锦赛男子团体冠军，1998 年全国体操锦标赛和冠军赛吊环冠军，1998 年“中国杯”国际体操邀请赛吊环冠军，1999 年全国体操锦标赛吊环冠军，1999 年第 20 届世界大学生运动会体操比赛吊环亚军，1999 年全国体操冠军赛吊环冠军，1999 年天津世界体操锦标赛团体冠军、吊环冠军，2000 年全国体操锦标赛吊环冠军，2000 年“李宁杯”中国体操单项争霸赛吊环冠军，2001 年第九届全运会吊环冠军。2014 年初，董震成为一名国际级裁判。

2000 年悉尼奥运会前，董震的吊环水平在国内乃至世界都是数一数二的，他信心满满地以为自己能参加悉尼奥运会并夺得奥运会吊环冠军。然而在距离奥运会开赛的前三周，他被告知不能参加。这让他无法接受，之后的两个月，他无法投入到正常的训练中，并缺席了那一年的全国冠军赛，生活习惯也被打乱。后来在领导、父母、朋友的开导下，董震才慢慢恢复斗志。

2001 年，董震申请退役回到天津。2003 年由于体操规则的改变，国家队希望董震可以重新归队训练。经过慎重考虑，董震开始在天津恢复训练。时任国家体育总局体操运动管理中心的高健主任和总教练黄玉斌专门来天津看他训练，当即决定让他回北京。2003 年"非典"时期，他以运动员兼教练的身份回归国家队。后来董震参加了世界大学生运动会并夺得冠军，此后便一心一意备战 2004 年雅典奥运会。

2006 年 9 月，退役后的董震在中国运动员教育基金会的帮助下，踏上了赴澳大利亚留学之路，学成后回到天津体操队担任教练。2014 初，董震成为国际级裁判，并在当年南京青奥会上又尝试了一项全新的工作——裁判长秘书。这期间，他不仅要忙于自己的工作，甚至还要为女子项目的国内辅助裁判做体操术语方面的翻译工作。

18. 佩剑运动员谭雪

谭雪，1984 年出生，天津人。1998 年进入天津市体校体工大队分校，并在天津击剑队改练击剑，2001 年进入国家击剑队，师从茅祎勋教练。先后获得 2002 年里斯本世界锦标赛女子佩剑金牌，2004 年雅典奥运会女子佩剑银牌，2006 年多哈亚运会女子佩剑金牌，2007 年女子佩剑世界杯大奖赛个人决赛冠军，世界杯分站赛五连冠。2013 年 9 月 3 日，第十二届全国运动会击剑项目女子佩剑个人赛，谭雪无缘十六强，全运会后退役。

1984 年 1 月 30 日，谭雪出生在天津市塘沽区一个普通的家庭。1994 年，由于谭雪活泼好动，被张波教练选中，入选天津塘沽业余体校（现天津市滨海新区塘沽青少年业余体育学校），开始跨栏训练。1994 年，谭雪获得天津市级跨栏赛事第二名。1998 年，天津市体校体工大队为组建女子佩剑队，来到谭雪所在的田径队选拔击剑队员。谭雪报名参加，结果被选中，最终进入天津市体校体工大队分校，并在天津击剑队改练击剑，开始了自己的女子佩剑运动生涯。由于曾练习田径，谭雪的身体素质较好，在几位教练的指导下，很快就打出了成绩。1999 年，在全国击剑锦标赛上，谭雪取得了个人冠军和团体第三的好成绩。

2001 年她正式入选国家队，进入国家队的第二年，就在里斯本举行的世界锦标赛女子佩剑比赛中战胜了阿塞拜疆的爱玛伊娃，成为世界排名第一的女子佩剑运动员，为中国夺得了女子佩剑项目的首枚世界金牌。

优越的先天身体条件是谭雪取得成功的重要因素，但是太快走到冠军位置反而会让人迷失。2004 年的雅典奥运会上，个人战失利让她一下子感觉到梦想的破碎。从雅典回国之后，夺金失利的失落和累积的伤病让谭雪产生了退役的想法。所幸外籍教练鲍威尔让她渐渐走出了失败的阴影，恢复了正常的训练状态。2006 年，谭雪在多哈亚运会上为中国击剑队摘取了首枚金牌，同时收获了个人、团体两枚金牌。2007 年，谭雪实现了女子佩剑世界杯赛的分站五连冠。2008 年北京奥运会，谭雪与队友夺得团队银牌。

国家击剑队教练茅祎勋说过，虽然谭雪在场上有种虎虎生威的架势，但她的身体不是很好，在体质和抵抗力方面还是比较弱的；另外的问题在技术结构方面，比如在和对手对抗时，手上、腿上的发力还有欠缺，有时就会因为动作错误而受伤，应在平时训练时加强这方面的训练，提高技术，防止受伤情况的出现。谭雪的腿部肌肉曾拉伤过，在医院接受治疗时又发现她的腰部也有伤;在世界杯女子佩剑大奖赛天津站的比赛中,因为低头拾护具又意外扭到腰部,接连不断的伤病影响了她的职业生涯。

2013 年第十二届全运会之后,谭雪正式退役。退役后,她和丈夫王敬之开办了一家击剑俱乐部,从世界冠军变成普通的击剑运动推广者,她希望能让更多的人接触到这项运动。现如今,随着俱乐部的会员人数不断增加,俱乐部已经初具规模。谭雪作为土生土长的天津人,希望能在天津这片肥沃的土地上培养出更多的世界冠军、奥运冠军,她期待着收获更多的果实。

19. 体操全能冠军陈一冰

陈一冰,1984 年出生于天津一个普通的工人家庭。陈一冰年幼的时候身体素质不是很好,经常生病,出生未满 7 个月时就在保育箱里待了两个多月。他的父母出于让他强健体魄的考虑,1989 年,在他 5 岁的时候就把他送到了体操馆里学习体操。从此,他便与体操结下了不解之缘。

从 1989 年到 1994 年,陈一冰一直在天津业余体操队进行训练。那个时候的他就经常在国家级的体操比赛中崭露头角。1994 年底,陈一冰进入天津专业体操队,但六年中陈一冰屡次因为没有好的比赛成绩陷入自卑与痛苦之中,甚至想放弃体操。然而 2001 年 7 月,一次偶然的机会,陈一冰以替补运动员的身份意外地得到了进入国家队的机会。在国家队训练很艰苦,陈一冰为了控制体重,每天既要保证训练,又要控制食量,因为担心长肉,晚上甚至连口水都不敢喝。为了实现目标,他严格地自我要求、自我约束,每天比同龄队员早到训练馆一个小时,结束集体训练后晚走一个小时。坚持与努力终会带来回报。终于,在 2006 年,22 岁的陈一冰拿到了人生中第一块体操世锦赛金牌。

2006 年和 2007 年的体操世锦赛,陈一冰蝉联了吊环项目和体操团体项目的冠军。2008 年北京奥运会,他第一次站在了奥运会的赛场上,在这届奥运会上他与队友黄旭、李小鹏、肖钦、杨威、邹凯并肩作战，获得了男子体操团体冠军。同时，他也获得了男子单人吊环的冠军，为中国代表团赢得了北京奥运会上的第36块金牌。

2012年伦敦奥运会，陈一冰担任中国体操队的队长。他顶着巨大的压力，和队友们以近乎零失误的出色表现完成了决赛的全部动作，最终以275.997分成功逆转，继北京奥运会之后，又一次蝉联奥运会团体冠军。虽然在该届奥运会的男子吊环比赛中，他无奈摘得了银牌，但在每一位中国人心中他已经是冠军了。

2013年，退役后的陈一冰成为北京师范大学的一名体育教师，闲暇时间一直从事社会公益活动。陈一冰于2012年开始了以“做自己的冠军”为主题的“陈一冰百所高校公益交流论坛”活动。他走进了北京师范大学、清华大学、山东大学等众多国内高等院校，用自己的故事给更多的大学生带来勇气和信念，鼓励他们超越苦难，相信自己，创造奇迹。同时，他为多所大学带去梦想基金，以鼓励大学生自主创新，奋发图强。

2015年，他创立了“REFORM”运动康体健身管理公司，目的是将体育人才培训行业标准化，为体育市场注入源动力。他希望以25年的专业运动员经验，并结合康复治疗及系统的管理，为企业和个人提供完善的健康管理服务。现如今，“REFORM”已经形成了成熟的会所管理、健康教育及专业运动员康复体能训练服务体系。他的理念也得到了国家相关机构的认同，公司与国家体育总局人力资源开发中心、国家体育总局职业技能鉴定指导中心建立了独家合作，双方共同搭建体育从业人员服务平台，从线上线下两个维度共同进行国家职业资格培训。

20. 举重大满贯吕小军

吕小军，1984年，湖北省潜江市人。虽然他并非天津本地运动员，但是天津举重队成就了他，他从天津举重队到国家队举重队，一步一个脚印稳扎稳打，最后走出来一条光辉大道，是天津举重界的骄傲。

吕小军小时候因为短跑成绩好进入体校。1997 年，在潜江市举办的田径运动会上，他被举重教练邓明虎看中，开始了自己的举重之路。1998 年，吕小军到了湖北省举重队，但是在那里练了三年都没出成绩。2002 年，他接受了当时天津队王宝福教练的提议，来到了天津继续训练。2003 年底，吕小军跟着王宝福教练去了国家队练习 69 公斤级举重项目。2004 年，年仅 19 岁的吕小军在白俄罗斯首都明斯克举行的世界青年举重锦标赛中一举夺冠。不过之后的一年，由于伤病等原因导致状态不佳，再加上男举 69 公斤级这一项目人才济济，吕小军一直无缘代表中国参加成年组世界大赛。2005 年，吕小军开始升级到 77 公斤级，后再次进入国家队，并师从奥运冠军廖辉的教练于杰。克服伤病休整归来，吕小军迎来了自己职业生涯的大满贯之旅。

2009 年 11 月 24 日，在韩国高阳举行的第 77 届世界举重锦标赛男子 77 公斤级比赛中，吕小军以 174 公斤的成绩打破了哈萨克斯坦选手费里莫诺夫创造的 173 公斤世界纪录，获得了抓举金牌；在挺举比赛中，以 204 公斤成绩打破世界纪录，同时以 378 公斤打破总成绩世界纪录。

2010 年 5 月，《世界举重》杂志公布了 2009 年度世界最佳男女举重选手的评选结果，中国力士吕小军当选最佳举重男选手。同年 9 月，吕小军在土耳其进行的举重世锦赛中分别获得挺举冠军、抓举亚军和总成绩亚军。

2011 年 4 月 15 日，在安徽省铜陵市举行的举重亚锦赛男子 77 公斤级比赛中，吕小军包揽了抓举、挺举和总成绩三枚金牌；同年 11 月，在巴黎世界举重锦标赛 77 公斤级中，吕小军以抓举 170 公斤获得抓举冠军、205 公斤获得挺举亚军，同时以 375 公斤获得总成绩冠军。

2012 年，吕小军在全国男子举重锦标赛 77 公斤级比赛中获得抓举亚军、挺举冠军及总成绩亚军；同年 8 月 2 日，在伦敦奥运会举重男子 77

公斤级比赛中，以 175 公斤的成绩打破了抓举世界纪录，同时以 379 公斤的总成绩打破世界纪录夺得冠军。

2013 年，波兰弗罗茨瓦夫世界举重锦标赛男子 77 公斤级比赛，吕小军在抓举、挺举、总成绩三项中均获金牌；同年在亚洲举重锦标赛男子 77 公斤级比赛中，以抓举 160 公斤，挺举 192 公斤，总成绩 352 公斤获得三项冠军。

2014 年 9 月 23 日，吕小军在仁川亚运会举重男子 77 公斤级比赛中以 375 公斤总成绩获得冠军，其中抓举 200 公斤打破亚运会纪录。

2015 年，举重世锦赛在美国休斯敦进行，男子 77 公斤级，以 175 公斤拿到抓举金牌。

2016 年 8 月 11 日，里约奥运会举重男子 77 公斤级决赛中，吕小军最终取得抓举破世界纪录的 177 公斤、挺举 202 公斤、总成绩 379 公斤的成绩。由于他的体重比举起同重量的哈萨克斯坦选手重，遗憾获得亚军。

2017 年 9 月 3 日，在第十三届全运会举重比赛男子 77 公斤级争夺比赛中，三届世锦赛和伦敦奥运会冠军、天津选手吕小军，以 366 公斤（抓举 170 公斤、挺举 196 公斤）获得冠军，这也是他个人首次获得全运会冠军。

2018 年 11 月 5 日，2018 年举重世界锦标赛男子 81 公斤级别比赛中，吕小军以 374 公斤的成绩打破世界纪录并获得总成绩冠军、抓举亚军（172 公斤）和挺举亚军（202 公斤）。

2019 年 9 月 6 日，中国举重队公布参加泰国世锦赛的运动员名单，吕小军入选。9 月 22 日，在泰国芭提雅举行的 2019 年举重世界锦标赛男子 81 公斤级比赛中，吕小军最终以抓举 171 公斤、挺举 207 公斤，总成绩 378 公斤包揽三冠，同时创造了挺举和总成绩两项新世界纪录。

2020 年 10 月 23 日，“钱江源国家公园杯”2020 年全国男子举重锦标赛暨东京奥运会模拟赛中，吕小军以抓举 170 公斤、挺举 201 公斤，总成绩 371 公斤斩获抓举银牌以及挺举和总成绩两枚金牌。

2021 年 4 月 21 日,在乌兹别克斯坦首都塔什干进行的举重亚锦赛,吕小军抓举举起 174 公斤、挺举举起 199 公斤,以总成绩 373 公斤的成绩获得挺举和总成绩两枚金牌。

2021 年 6 月 12 日,中国举重队东京奥运会参赛名单正式公布,吕小军入选。同年 7 月 31 日,他夺得 2020 年东京奥运会举重男子 81 公斤级金牌。同年 12 月,他被评为 2021 年中国十佳运动员。

21. 跳水天才桑雪

桑雪,1984 年出生于天津。提起桑雪,年少成名的她拥有多项奥运冠军之"最"的头衔:在奥运冠军这个特殊群体中,瘦小的桑雪是天津的第一个奥运冠军,第一次代表国家队出国参赛就拿到金牌,同时她还是悉尼奥运会上年龄最小的参赛选手。

先天体质弱的桑雪 4 岁开始练习体操。8 岁时,天津市体操队教练建议她改练跳水,后来进入天津市业余跳水队,不久之后进入天津市专业队。进入少年宫学习体操本是父母为了增强她的体质的无奈之举,竟成就了一代跳水天才。

1998 年 3 月入选国家队后,不到半年的国家队训练时间,她第一次代表国家出国比赛,便在美国举行的友好运动会上与队友合作摘得女子十米台双人桂冠和单人季军。2000 年在悉尼奥运会上,她获得女子十米双人跳台跳水金牌,实现了天津体育奥运金牌零的突破。当时国内一家发行量和权威性居首的体育报纸撰文称赞她是"中国跳水界升起的一颗 2000 年奥运之星",那时候的桑雪只有 14 岁。从 1998 年到 2001 年,在女子十米跳台的单人跳水、双人跳水和团体跳水项目中,取得跳水世界杯、世锦赛和奥运会三大赛事的金牌大满贯,在美国友好运动会、加拿大杯国际跳水赛、悉尼世界杯、国际泳联跳水大奖赛暨总决赛等多项比赛中获得多个冠军。

由于先天体质柔弱,桑雪的运动生涯从一开始就伴随着没完没了的发烧,直到成为职业运动员也没有改善这种状况。其他人的成功模式无法借鉴,受制于先天体质弱的桑雪要想走向成功,首先要做的就是克服伤病,这也让桑雪起步就落后队友。超强训练量对别的运动员来说只需要用毅力去克服,而对桑雪而言,单有毅力远远不够。桑雪本人始终保持着清醒的认识,她曾说过:“了解我身体条件的人都知道我没天赋,练跳水我绝对是靠苦练出来的,训练局跳水馆的阿姨们可以为我作证,我天天都是最早进去、最晚出来的,而且不是一天两天,是年年如此!”正是这种坚持不懈,肯吃苦肯下力的努力训练,才得到人人称赞的“跳水天才”称号。

1999 年,桑雪获得了去新西兰参加世界杯的机会。赛前桑雪双脚脚后跟根骨粉碎性骨折,两个月的时间里每天绑着绷带、踮着脚尖训练。后来在新西兰第十一届世界杯上,她顶住压力,尽力把每一跳都做到最好,最终夺得了单人、双人、团体三个项目的金牌。

王敏教练对她的评价是:“非常能吃苦,而且永不服输。”正是桑雪这种不服输的性格支撑着她在伤病中坚持训练,并最终取得好成绩为国争光。

2001 年世锦赛后,桑雪选择了退役。在一个运动员事业如日中天的时候突然选择了退役,对于这个令旁人意外的决定,桑雪解释道:“那时候我的身体没法完成每天高负荷训练的要求。与此同时心理压力也日渐增大,这项运动不允许有间隔,每天的训练必须达到一定强度。我的抵抗力差,硬伤多,所以练起来比别人都要吃力,这让我的运动年限受到限制。”

退役之后,桑雪进入中国人民大学,就读新闻系广播电视专业,口齿伶俐的她被不少专业人士看好能成为一把做电视的好手。刚入校园的时候,她还是和在运动队时一样——教室、食堂、寝室三点一线。因为阔别校园太久,桑雪感觉到难以融入集体,于是在种种压力之下,她选择了中途休学。2006年,桑雪转型进入娱乐圈。

虽然已经退役,但桑雪说过自己绝不会离开体育事业,也愿意从事奥运宣传工作,希望以公益推广大使的身份参加公益活动,尽自己的微薄之力让更多人热爱体育、热爱生活。同时,她也真心希望天津的体育事业可以越来越强大。有越来越多的优秀的运动员给天津带来荣誉,为祖国争光。她也呼吁更多的外省籍运动员可以加入到天津体育队伍中来。

22. 残奥会冠军孙长亭

孙长亭,1966年出生于天津,16岁时他就成了天津市少年队主力左边锋,并且已被天津市队选拔为后备队选手。在他17岁时,南京部队在天津征招体育兵,孙长亭参军入伍。1984年,孙长亭因伤失去左腿,被授予"战斗英雄"的称号。他经过刻苦锻炼,成为一名出色的运动员。在第八届、第九届残奥会和远东及南太平洋地区残疾人运动会,简称远南运动会,他共夺得5枚金牌、破一项世界纪录。标枪THS3级52.26米打破世界纪录。1991年,孙长亭创办长亭假肢公司,为无数肢体残疾人带去福音。他也是全国劳动模范、五一劳动奖章获得者。

孙长亭从小喜爱踢足球,6岁多就进了体校,16岁时他就成了天津市少年队主力,17岁参加南京某部队的征兵入伍,在部队里,他在训练之余继续练习足球,组建部队足球队。

战争受伤退役之后,孙长亭经历了一段时间的低迷、困惑,坚韧的性格让他很快调整了心态,忘记残缺,融入社会,1986年孙长亭进入天津市南开区体委。在教练的支持下,孙长亭凭着一股不肯向现实低头的倔劲儿,重返心爱的运动场,成为一名残疾人运动员,并立志要用一条腿走出两条腿的路。夜以继日地训练对健全人已非易事,更何况身体残疾的孙长亭。当时就是一股力量支撑着他,他不信自己练不出来,说什么也要争口气。那时候孙长亭使用的是国产假肢,重量接近10千克且不合体,肉和铁相互摩擦声嘎吱嘎吱作响，几乎每天训练都要出血。最痛苦的就是练 100 米短跑，常常跑一半假肢就被甩出去了，人也摔得鼻青脸肿。即使在这样艰苦的训练条件下，孙长亭还是坚持下来了。

1988 年汉城残奥会，孙长亭报名参加了跳远、标枪、100 米跑等六个项目。由于假肢笨重，孙长亭在最有希望夺冠的跳远项目上，以一厘米之差屈居亚军。随后的接力比赛，因体力消耗严重，赛前他的腿肿胀得厉害，在随队人员的帮助下，才艰难地将没有知觉的腿硬塞进假肢里。孙长亭在西班牙巴塞罗那残奥会上拿到了金牌并两破世界纪录，成为夕日“战斗英雄”实至名归的见证，也让他的目光更多聚焦在假肢质量的优劣上。当时国内技术不够先进，假肢一个月就要坏掉两三次，甚至成为中国运动员能否残奥夺冠的关键。孙长亭深知残疾人的艰辛，说：“从创业开始就确定要给残疾人做自信的假肢，通过我们生产的假肢能够让他们重新确立自信，这比肢体的假肢更为重要说，我的人生和事业都离不开残疾人，更离不开残疾人体育，最大的梦想就是成立世界上最好的假肢公司。”

孙长亭从运动员转变为商人，他在残疾人比赛中拿到过金牌，但现在他所做的残疾人事业很可能一辈子也拿不到金牌。即使这样，他仍然想为残疾人群体多做点事。用服务行业为残疾人群体创造出更好，更懂他们的产品，助力残疾人群体参与奥运会，助力中国体育发展。

1996 年，孙长亭成立天津长亭假肢公司，从最初三个人到现在七八个人，由于不懂得经营也曾导致亏损。经过 20 多年的风雨经营，企业也发展起来了，带给了更多人便利。公司创办伊始就与世界上最大的假肢矫形器公司进行了技术培训及设备引进等全方位的合作。目前，公司无论是设备、技术和培训水平都得到了欧洲同行业认可，在国内率先形成截肢、装配、康复体系模式。尖端的技术、多样灵活的售后保障，以残障人士的满意为长亭人的服务宗旨。

孙长亭回忆起这段经历说道："对于我来讲，体会最深的就是军人是我的职责，穿上军装报效祖国。竞技体育就是要赢得冠军，这是我一生要追求的。我要把更多的事情做好，做得更出色，为天津争光，为祖国争光。归纳起来一句话，感恩我的祖国，感恩我的家乡。没有这个好时代，就没有孙长亭的今天。"

23. 灿烂之花天津女排

天津女排发展过程中，涌现很多知名的人物。主教练有：赵雪琪、王宝泉；队员有：李珊、张萍、张娜、李娟、魏秋月、殷娜、陈丽怡、李盈莹、姚笛、朱婷、袁心玥等。

（1）带领天津女排创造卓越功绩的教练

①冠军辉煌的奠基人——赵雪琪教练

天津女排有今日令人瞩目的成就，离不开对排球事业满腔热忱的前任主教练赵雪琪。

20 世纪 80 年代末 90 年代初，正值天津女排成绩高不成低不就的时期，总是在乙级队头和甲级队尾之间徘徊。就在天津女排处于低谷的时候，上级主管部门商议后决定，让已经退役 20 年的赵雪琪担任天津女排新的主教练，接到任务的她排除万难，凭着对天津女排的热爱和对排球事业的追求，毅然决然用一腔热血和柔弱双肩挑起了这副千钧重担。

1993 年的全国第七届全运会上，天津女排连决赛资格都没有取得。这一年的赵雪琪已年近 50，她临危受命，拿出了做球员时敢说敢想敢为的劲头，她靠着几乎不近人情的魔鬼训练方法，一手将天津女排打造成为掉到惊涛骇浪里还保证手牵手的团结队伍。这是一支打不垮、拖不烂的钢铁队伍，这是一支全新的天津女排。天津女排的钢铁般意志一直延续到今天，这样的精神影响着一代又一代天津排球人。赵雪琪教练深知球品如人品，她以队伍作风建设为切入点，在严加训练的同时对队员辅以细致入微的思想工作和无微不至的贴心关怀，恩威并施。

20世纪90年代，随着大学文凭吸引力的增加、改革开放后经商环境的宽裕、从商取得金钱利益的诱惑以及对个人前途的迷茫等原因，不少女排队员相继离开，坚持到最后的8名队员与赵教练开始了举步维艰的训练之路。夺冠是每个排球人的梦想，这条布满棘荆又充满希望的路她们携手走了下去。由于队内没有先天条件特别突出的球员，也不具备运用当时世界排坛流行的高举高打技术模式，为克服现实困难"打好自己手上这副牌"，赵教练冥思苦想，就"料"取材，来个反其道而行之，制定了防守为主、小球见长、快灵为本的技战术。通过长期训练，天津女排队员形成了自己的独有的技战术风格，而这个"有心之举"形成的风格，已成为现如今天津女排屡战屡胜的法宝之一。

1993年，是天津女排的分水岭，那个曾经徘徊在甲级联赛边缘的天津女排在这一年开始走上复兴之路。三年的寒冬酷暑，每天14小时的认真训练，在赵雪琪和教练组的带领下，在女排全体成员的努力下，三年连跃三级大台阶，终于在1997年跻身于中国排球甲A联赛行列。天津女排能有今天的辉煌成就，离不开赵雪琪教练的辛勤培养。是她将一个曾经排名全国第28名的队伍带到了全国前6名；是她将一支人员不整、经费不足、失去斗志的队伍培养成信心倍增、敢打敢拼，谁也不敢小觑的劲旅；是她最先树立了天津女排精神，是她为天津女排接连取得国际、国内傲人成绩奠定了坚实基础。

②天津女排冠军辉煌的开创者——王宝泉教练

王宝泉作为天津男排退役的职业球员，于1994年到1997年作为天津女排的助理教练协助赵雪琪教练参与天津女排的训练事宜；1998年到2001年担任中国女排的陪打教练；2002年正式接手天津女排，其间因为身体原因他离开了主教练岗位，但他对天津女排的影响从未消失，天津女排能迅速成长为中国排坛的常青树，始终离不开王指导呕心沥血的培养。

任何事情都是循序渐进而不是一蹴而就的，大家看到的是天津女排从2003年至2021年的18年中，13次问鼎全国联赛冠军、4次加冕全运会冠军、8次荣获全国锦标赛冠军和5次登上全国大奖赛冠军领奖台的辉煌战绩。但从1993年开始，天津女排从一次次艰难的保级到努力稳固女排联赛的霸主地位，这期间每一任主教练、每一位教练组成员都用自己的辛勤付出为天津女排垫石铺路。一路走来，背后不只有队员们的汗和泪，更离不开教练员们的智与谋。

王宝泉三度挂帅，在女排最难的时候将天津女排扛在肩头。天津女排固有的问题是选人，区区一市之地的“生源”无法与其他省市比较。王指导上任以来坚持贯彻赵雪琪教练的执教风格，用自己的经验结合球队球员的实际情况，把“拼”作为天津女排的精神重心，王宝泉的口头禅是“拼”：一球一球地拼，一场一场地拼。他不仅要求队员“拼”，他自己更是将“拼”用到执教队伍的点点滴滴中。防守反击是天津女排的立身之本，然而这并不能掩盖天津队进攻中的薄弱之处。一支优秀的球队必须要队员攻守兼备、技术全面，这也是天津女排今后追求的目标。越是全面就表示弱点少甚至是没有。如果强攻不如对手，我们就拼快攻；快攻不如对手，我们就拼网前；网前不如对手，我们就拼防守；防守不如对手，我们就拼意志品质。对手总有拼不过我们的时候。这时，我们胜利的机会就来了。他告诫队员：“你可以失误、失败，但不可以不拼。”这种拼劲儿让天津女排具备了一种“牛皮糖”精神——不惧对手，化险为夷，转败为胜。

“任何凭借运动员单打独斗的队伍都是脆弱的，靠拧成一股绳的队伍才坚韧”。王宝泉认准了这一点，同时在训练中也是围绕这个观点进行技战术训练的。王指导作为陪打教练和助理教练在国家队先后辅佐过郎平、胡进、陈忠和等知名教练，积累了丰富的执教经验，并在研究和把握国际、国内女子排球运动发展和制胜规律方面有其独到之处。在接任天津女排主教练后，王宝泉把这些经验充分运用起来：“我把自己从国家队学到的训练理念和这些年自己的体会带到天津队，全面训练，一是从整个队伍技战术上形成快速多变的风格，二是从作风上培养不怕吃苦、争强好胜的那种霸气，把不服输的精神带到队里来，经过一段时间的训练队员们无论从思想作风上还是技战术方面都有很大的提高。”取长补短，一直保持着一颗谦虚学习的心，天津女排才能在不断提高的过程中顺利前行。

王宝泉谈起天津女排的进步很是欣慰：“天津女排第一次取得冠军，只用了 3 年的时间，一年一个大的台阶。建队 10 多年第一次拿冠军，当时大家激动得流下热泪。当时最难得的是那种自信，我们的整体条件不如八一队，但是大家靠着拼劲、韧劲、不服输的劲儿取得最后胜利，这才是最重要的。当时，市领导号召各行各业都学习天津女排的这种精神。”王宝泉有这样的展望：“每次从领奖台下来就要从零开始，这是我们的宗旨。无论之前的成绩多么优异，我们都要戒骄戒躁，从零开始，不断进取。”

（2）天津女排精神的传承

1981 年 11 月 16 日，第三届世界杯排球赛决赛，中国国家女子排球队（以下简称“中国女排”）以七连胜战绩揽获世界杯冠军。其后几年，中国女排实现了光辉的五连冠，成为一个时代的民族传奇。其所表现出的无私奉献、艰苦创业、自强不息、团结协作精神，更是成为时代精神的缩影。

1993 年组队以来，天津女排风雨兼程，走过了 28 个年头，她们身上闪烁着耀眼的光芒，在训练、管理、比赛、生活等方面都用高标准严格要求自己，树立起了不服输的顽强作风，凝聚成了一种独特的天津女排精神。28 年的悠悠岁月，从建队之初的丁红莹、吕超、杨洁等队员，到后来李珊、张娜、张萍、李娟、魏秋月、陈丽怡等“十连冠”的中坚力量，再到姚迪、王媛媛、李盈莹等年轻小将的崛起，以及朱婷、袁心玥等重要外援的加入，一代又一代的天津女排姑娘已经成为天津体育界一面高高飘扬的旗帜，女排精神更是跨越了体育领域，贯彻到多个行业里成为了天津精神的一部分。如果用夺冠次数来评价一支队伍的话，天津女排完全称得上是“常胜将军”。虽然被称为“常胜将军”“冠军之师”，这些年来天津女排也经历过多次整体实力并不占优，绝地反击获佳绩的情境。

现任天津市排球管理中心的李珊主任曾说过她对天津女排精神的解读：“天津女排精神是一种体育精神的缩影，体育精神还是追求更高、更快、更强，一种永远不服输、永争第一的精神。”天津女排前队长陈丽怡则希望女排姑娘们可以将这种精神传承下去，一代一代的女排姑娘们每一个人都有不同的伤病，可每个人都是忍着疼痛去完成每一次救球、每一次起跳，这些对于她们来说就是一种精神传承。天津女排现任队长姚迪身为年轻一代的支柱力量，也被天津女排精神深深影响着。她觉得天津女排精神是一种在困难面前永不服输的精神。姚迪也始终在这种精神的引领下努力拼搏，从天津女队到国家队，作为国家队二传位置上的重要替补她完美践行天津女排精神，不管伤病多重都咬牙坚持下来，无论是在赛场还是训练场，这些精神对她一直都是很大的激励。

天津女排的拼搏精神，是不甘服输、奋发向上的精神，是追求高标准、争创一流的精神，这种精神不仅属于天津女排，更属于天津这座城市。参天大树茁壮成长离不开牢牢深入地下的根须，百层高楼拔地而起更离不开基石强力的支撑，赵雪琪的“只做不说”让天津女排深深扎根；宝剑锋从磨砺出，梅花香自苦寒来，王宝泉的几度担当让天津女排走向辉煌；历届女排姑娘们的顽强拼搏让天津女排成为城市代名词，因为热爱，所以执着。青春献给排球，排球用成绩回馈姑娘们，天津女排的辉煌不会止步于此，她们带着信念和追求，永远在路上。

2016 年 8 月 25 日，习近平总书记在会见第 31 届里约奥运会中国体育代表团成员时，特别对中国女排提出赞扬。习近平总书记说：“中国女排不畏强手、英勇顽强，打出了风格，打出了水平，时隔 12 年再夺奥运金牌，充分展现了女排精神，全国人民都很振奋。”中国女排彰显的团结奋斗、顽强拼搏、勇攀高峰精神，体现了民族精神、时代精神、中国精神。宣传和弘扬女排精神，在升华中国精神、培育社会主义核心价值观、加强社会主义思想道德建设中具有重要作用。

2020 年 10 月 1 日由天津市委宣传部、天津市体育局、天津体育学院共同主办的“国家荣誉——中国女排精神展”在天津市美术馆与观众见面。展览通过声、光、电、图像、文字、视频以及互动体验等形式，多层次、全视角展现中国女排 40 年历史长河中的精彩瞬间与难忘画面。2020 年，天津体育学院建设中国女排精神爱国主义教育基地。在天津体育学院中国排球学院内，以天津女排夺得 13 次全国联赛冠军，五次全运会冠军时间为轴，选取具有代表性的历史图片，展现光辉女排精神。多角度的宣传，也正是让女排精神内化为全民族共同奋斗，团结向上的民族精神，让更多国人能直观的感受到天津女排的拼劲与永不放弃的韧劲。

(3) 天津市排球运动后备力量的发展现状

①建立“排球之城”延续天津女排精神

时至今日，天津女排已经不仅仅是天津体育的一面旗帜，更是天津市的一面旗帜，是各行各业学习的楷模，是天津体育工作者加快建设体育强市最强大的精神动力之一。

2021 年 3 月 19 日，天津市建设“排球之城”启动仪式在天津经济技术开发区第一中学举行。由天津市体育局、天津市排球管理中心、天津市排球运动协会、天津渤海体育产业发展有限公司承办。国家体育总局、市政府、市教委、市体育局、各区政府等单位的领导和嘉宾参加了本次活动。天津市建设“排球之城”是天津“十四五”期间重要的规划，天津具有悠久的排球历史。排球之城的建立可以让全社会各方面通过排球运动来锻炼身体、凝聚城市文化；排球之城的建立将落实在天津市大中小学校园排球、大众排球、大众气排球等多种形式的系统的锻炼中，不仅能起到全民健身的带动作用，还能增加天津参与排球运动的人数。大众排球联赛和气排球联赛的举办，调动了社会各行各业的锻炼兴趣，特别是近几年兴起的气排球运动，相较于传统排球在技战术上太过于专业、对基本功要求严格等因素来说，气排球在技战术上相对简单、容易上手，比赛中对攻流畅，观赏性较高，普及度较好，各区举办的气排球比赛反响良好。这次“排球之城”启动仪式上选取滨海新区、河西区等16所中小学为第一批排球特色校，举办了隆重的授旗仪式。

②完善发展大中小学校园排球体系

“十四五”期间，天津市要建成不少于100所排球特色学校、经常参加排球运动的青少年人数突破50万、向公众开放超过500块排球场地。全市范围内均衡设置排球各项目的人才梯队，做好这项公众要加大力度支持校园排球。支持校园排球即为发掘排球后备人才做好基础工作，现阶段各区体校的排球后备队员也主要依托各中小学排球特色校选拔推荐，而排球之城的全面推进更利于校园排球的普及，将后备人才的选拔范围逐步扩大到全市各个中小学。

目前就全市范围内校园排球运动的普及与发展来说，滨海新区教育体育局走在了全市的前列。自2013年起滨海新区教体局成立“天津市滨海新区中小学排球运动发展联盟”以来，不断重视师资队伍的扩大和师资能力的提升，先后5次组织新区各级排球特色校排球教师500余人次，进行排球技战术、训练理论、恢复手段等各个方面全方位的培训，为滨海新区排球传统的延续和发展提供了很大的帮助，有效推动滨海新区排球水平的提高。在注重教练员带队能力培训的同时，先后成立了排球裁判和教练员委员会，筹建滨海新区青少年排球训练梯队，开展业余训练，逐步形成小学、初中、高一体化对接的青少年排球后备人才培养体系。在此基础上，新区各联盟校广泛编撰校本教材，采取校本课程、嵌入式教学等形式将排球运动融入教学中，大大提高了学生接触排球的时间，使每个学生都能掌握排球的基本动作和比赛常识。新区除了每年参加天津市教委举办的中小学排球联赛和天津市体育局举办的青少年排球比赛外，在区内开展了"排球基本功比赛""校园排球联盟联赛"和"滨海新区中小学排球比赛"，构建起区域内的中小学排球竞赛体系，通过多种形式的比赛大大提高了各个水平学生的参与率，比赛的规模和比赛的水平也逐年提高，通过系统的练习、比赛为天津市输入了很多高水平的排球后备人才。

滨海新区校园排球联盟的成长和发展，为全市各区中小学开展排球运动开拓了前路，也让我们看到天津市建设"排球之城"这一城市名片的明天，天津女排的精神也会深入到千千万万个小小排球少年心中。

（四）附：中华人民共和国成立后得到表彰的天津体育优秀人物和所获得的荣誉

1. 穆祥雄，三创 100 米蛙泳世界纪录。1951 年参加京津游泳对抗赛，以 2 分 57 秒 6 的成绩打破 200 米蛙泳全国纪录。1952 年在广州参加全国比赛，获 100 米、200 米蛙泳及 4×100 米混合泳三项冠军。1958 年 12 月在北京举行的游泳比赛中，以 1 分 11 秒 4 的成绩破男子 100 米蛙泳世界纪录。1959 年 8 月，在北京举行的游泳比赛中，以 1 分 11 秒 3 的成绩再破他自己保持的蛙泳世界纪录。1959 年在北京举行的第一届全运会游泳比赛中，以 1 分 11 秒 1 的成绩三破蛙泳世界纪录。

2. 高济桥，1957 年以 16 秒 1 的成绩获全国男子 110 米高栏第 1 名。1959 年在武汉参加冬运会，又以 14 秒 1 的成绩获冬运会第一名并打破全国纪录。1963 年代表中国队参加第一届新兴力量运动会，以 14 秒 3 的成绩获男子 110 米高栏第一名。1960 年至 1962 年连获全国比赛高栏冠军。1964 年至 1966 年在全国比赛中，把男子 110 米高栏成绩分别提高到 14 秒、13 秒 9 和 13 秒 7，创造了他本人历年最好成绩。

3. 赵庆奎，两次举重世界纪录创造者。1956 年两次出国比赛获 82.5 公斤级冠军，创全国纪录。1958 年 9 月 30 日，在北京举行的庆国庆表演赛中以 176.5 公斤的成绩打破美国运动员乔治保持的轻重量级挺举世界纪录。同年 11 月在北京举行的中、苏、波举重友谊赛中，以 177.5 公斤的成绩突破他自己保持的世界纪录并获冠军。

4. 马长路，1963 年在布拉格参加第九届罗西茨基国际田径赛，以 74.58 米的成绩获男子标枪冠军。1963 年参加第一届新兴力量运动会，以 66.71 米的成绩获男子标枪冠军。

5. 陈秀珊，1966 年参加亚洲新兴力量运动会获冠军。

6. 李世华，1963 年、1966 年两届亚洲新兴力量运动会，中国女子篮球队斩获冠军。1964 年代表中国队参加罗、法、匈、中四国邀请赛并获冠军。

7. 柳立森，1963 年代表中国队参加在印尼举行的第一届新兴力量运动会，在游泳比赛中获女子 100 米仰泳冠军。

8. 安玉平，1963 年代表中国篮球队参加第一届新兴力量运动会，获男篮比赛冠军。

9. 张秀伟，1960 年获全国少年跳水比赛冠军。1963 年代表中国跳水队参加新兴力量运动会，获女子跳台跳水冠军。

10. 李子英，1971 年在全国体操比赛上以 9.60 分的成绩获跳马第一名。1973 年在全国体操比赛上以 18.15 分的成绩获跳马第一名。

11. 张豹，1971 年在全国田径运动会上以 72.54 米的成绩获标枪第一名。1973 年在全国田径运动会上以 74.42 米的成绩获标枪第一名。广东省田径表演赛上以 76.87 的成绩破标枪全国纪录。1974 年在全国田径运动会上以 70.08 米的成绩获标枪第一名。同年，他以 78.19 米的成绩破标枪全国纪录。

12. 李健民，1971 年在全国游泳比赛上以 17 分 38 秒 6 的成绩获

1500 米自由泳第一名。1973 年在全国游泳比赛上以 4 分 36 秒 5 的成绩获 400 米自由泳第一名。

13. 吴诚,1972 年在全国游泳比赛上以 2 分 27 秒 5 的成绩获 200 米仰泳第一名。

14. 张雪茜,1973 年在全国田径运动会上以 1. 66 米的成绩获跳高第一名。

15. 陈建源,1973 年在全国游泳比赛上 1 分 5 秒 4 的成绩获 100 米仰泳第一名。

16. 刘宝泉,1973 年参加全国举重比赛以 237. 5 公斤的成绩获轻重量级第一名。

17. 徐平,1974 年在全国游泳比赛上以 2 分 23 秒 2 的成绩获 200 米混合泳第一名。

18. 曹墨霞,1974 年在全国游泳比赛上以 4 分 44 秒 5 的成绩获 400 米混合泳第一名,并破全国纪录。1984 年在全国游泳比赛中获 200 米混合泳第一名,并破全国纪录。

19. 王丰兰,1974 年参加全国手球比赛第一名。1975 年参加第三届全运会手球比赛获第一名。1976 年参加全国手球联赛获第一名。1977 年参加全国手球选拔赛获第一名。1978 年参加全国手球联赛获第一名。

20. 杨淑红,1974 年参加全国手球比赛第一名。1975 年参加第三届全运会手球比赛获第一名。1976 年参加全国手球联赛获第一名。1977 年参加全国手球选拔赛获第一名。1978 年参加全国手球联赛获第一名。1985 年参加全国手球联赛获第一名。

21. 李春兰,1974 年参加全国手球比赛第一名。1975 年参加第三届全运会手球比赛获第一名。

22. 吴萍,1974 年参加全国手球比赛第一名。1975 年参加第三届全运会手球比赛获第一名。1976 年参加全国手球联赛获第一名。1977 年参加全国手球选拔赛获第一名。1978 年参加全国手球联赛获第一名。

23. 傅云英，1974 年参加全国手球比赛第一名。1975 年参加第三届全运会手球比赛获第一名。1976 年参加全国手球联赛获第一名。

24. 周玲，1974 年参加全国手球比赛第一名。1975 年参加第三届全运会手球比赛获第一名。1976 年参加全国手球联赛获第一名。1977 年参加全国手球选拔赛获第一名。1978 年参加全国手球联赛获第一名。

25. 宋慧英，1974 年参加全国手球比赛第一名。1975 年参加第三届全运会手球比赛获第一名。1976 年参加全国手球联赛获第一名。1977 年参加全国手球选拔赛获第一名。1978 年参加全国手球联赛获第一名。

26. 杨学萍，1974 年参加全国手球比赛第一名。1975 年参加第三届全运会手球比赛获第一名。1976 年参加全国手球联赛获第一名。1977 年参加全国手球选拔赛获第一名。1978 年参加全国手球联赛获第一名。

27. 尹文华，1974 年参加全国手球比赛第一名。1975 年参加第三届全运会手球比赛获第一名。1976 年参加全国手球联赛获第一名。

28. 李凤英、宋秀君、朱小娟、刘凤玲，1974 年参加全国手球比赛第一名。

29. 李秀琴，1974 年参加全国手球比赛第一名。1975 年参加第三届全运会手球比赛获第一名。1976 年参加全国手球联赛获第一名。1977 年参加全国手球选拔赛获第一名。1978 年参加全国手球联赛获第一名。

30. 刘三强，1974 年参加全国手球比赛第一名。1975 年参加第三届全运会手球比赛获第一名。

31. 许桂香、岳建玲、何梅、陈玉香、韩树清、李秀云、王玉荣、马丽华、陈风琴、郑桂珍、梁秋华、贾克森，1974 年参加全国垒球比赛获第一名。1975 年参加第三届全运会垒球比赛获第一名。

32. 崔香玉、崔淑琴，1974 年参加全国垒球比赛获第一名。

33. 朱奎，1974 年参加全国举重比赛以 260 公斤的成绩获轻重量级第一名。

34. 李加宗，1975 年、1977 年、1980 年三破 4×100 米自由泳接力全国纪录，1979 年第四届全运会获 4×100 米自由泳接力第一名。

35. 王春英，1975 年参加第三届全运会手球比赛获第一名。1976 年参加全国手球调赛获第一名。1977 年参加全国手球选拔赛获第一名。1978 年参加全国手球联赛获第一名。

36. 张志刚，1975 年参加第三届全运会棒球比赛第一名。

37. 张金生，1975 年参加第三届全运会棒球比赛第一名。1980 年、1982 年参加全国棒球重点队比赛分别获第一名、1986 年、1988 年、1989 年、1990 年、1993 年参加全国棒球联赛分获第一名。

38. 袁广亮、王金铭、王铭、穆志义，1975 年参加第三届全运会棒球比赛第一名。

39. 王建明，1975 年参加第三届全运会棒球比赛第一名。1980 年、1982 年参加全国重点棒球队比赛分别获第一名。

40. 梁俊杰，1975 年参加第三届全运会棒球比赛第一名。1980 年、1982 年、1993 年参加全国重点棒球队比赛分别获第一名。1993 年参加全国棒球联赛第一名。

41. 王悌，1975 年参加第三届全运会棒球比赛第一名。1980 年、1982 年参加全国重点棒球队比赛分别获第一名。

42. 于春恒，1975 年参加第三届全运会棒球比赛获第一名，1980 年、1982 年参加全国棒球重点队比赛分别获第一名。1986 年参加全国棒球联赛获第一名。

43. 徐宝刚，1975 年参加第三届全运会棒球比赛获第一名，1980 年参加全国棒球重点队比赛分别获第一名。

44. 徐富民，1975 年参加第三届全运会棒球比赛获第一名，1980 年、1982 年参加全国棒球重点队比赛分别获第一名。

45. 段淑春、张祥珍、信玉凤，1975 年参加第三届全运会垒球比赛获第一名。

46. 张晓石，1975 年参加第三届全运会击剑获男子花剑第一名。

47. 汪学安，1976 年在全国春季游泳比赛上以 3 分 50 秒 6 的成绩获 4×100 米自由泳接力赛第一名。以 8 分 26 秒 7 的成绩获 4×200 米自由泳接力赛第一名。1977 年在全国春季游泳分区赛上以 3 分 42 秒 8 的成绩打破 4×100 米接力赛全国纪录。1978 年在全国游泳比赛上以 3 分 43 秒 7 的成绩获 4×100 米自由泳接力第一名。1979 年在第四届全运会游泳比赛上以 3 分 40 秒 96 的成绩获 4×100 米自由泳接力赛第一名。1983 年在第五届全运会游泳比赛上以 4 分 3 秒 35 的成绩 4×100 米自由泳姐接力赛第一名。

48. 王锐，1976 年参加全国手球联赛获第一名。

49. 范连云，1976 年参加全国手球联赛获第一名。1977 年参加全国手球选拔赛获第一名。1978 年参加全国手球联赛获第一名。

50. 穆祥豪，1952 年在全国游泳比赛上以 23 分 4 秒的成绩获 1500 米自由泳第一名。

51. 关伟玲，1952 年在全国冰上运动会上以 1 分 1 秒 5 的成绩获女子 500 米速滑第一名。1953 年在全国冰上运动会上以 4 分 27 秒 5 的成绩获女子 4×500 米速滑接力赛第一名。

52. 张仲河，1955 年在全国田径运动会上以 26 秒 1 的成绩获 200 米低栏第一名。

53. 张家瑞，1955 年在全国游泳比赛上以 1 分 3 秒 2 的成绩获 100 米自由泳第一名。

54. 赵宝荣，1957 年在全国田径运动会上以 32 分 3 秒 2 的成绩获 10000 米第一名。

55. 殷晋武，1957 年在全国田径运动会上以 53. 13 米的成绩获标枪第一名。

56. 冼少梅，1957 年在全国田径运动会上以 12. 98 的成绩获 400 米铅球第一名。1958 年在全国春季运动会上以 13. 62 米的成绩破铅球全国纪录。

57. 穆祥杰，1958 年在全国夏季游泳比赛上以 1 分 11 秒的成绩获 100 米仰泳第一名。以 2 分 37 秒 9 的成绩获 200 米仰泳第一名。1959 年在第一届全运会上以 2 分 32 秒 9 的成绩获 200 米仰泳第一名。以 4 分 28 秒 1 的成绩获 4×100 米混合泳第一名。

58. 董文英，1958 年在优秀运动员冬季游泳赛上以 1 分 27 秒 7 的成绩获 100 米仰泳第一名。

59. 高翔，1959 年在全国冬季田径运动会上以 14 秒 3 的成绩获 400 米中栏第一名。

60. 梁石泓，1959 年在全国一级、健将级游泳赛上以 3 分 3 秒 2 的成绩获 200 米仰泳第一名。

61. 韩彬，1959 年在全国一级、健将级游泳赛上以 6 分 44 秒 4 的成绩获 400 米混合泳第一名。

62. 穆瑞龙，在第一届全运会游泳比赛上以 4 分 28 秒 1 的成绩获 4×100 米混合泳第一名。1960 年在全国一级、健将级游泳锦标赛上以 2 分 14 秒 7 的成绩获 200 米自由泳第一名。

63. 王秀珍，1960 年在全国一级、健将级游泳锦标赛上以 3 分 16 秒 6 的成绩获 200 米蛙泳第一名。

64. 王秀芬，1961 年在全国田径运动会上以 2 分 16 秒的成绩获 800 米第一名。1962 年在全国田径比赛上以 59 秒 6 的成绩获 400 米第一名。1962 年在全国田径比赛上以 2 分 19 秒的成绩获 800 米第一名。1963 年在新兴力量运动会选拔赛上以 2 分 19 秒的成绩获 800 米第一名，并破全国纪录。

65. 1962 年 10 月 17 日,《体育报》《北京晚报》分别举办优秀足球运动员、优秀足球射手评选活动揭晓,在 22 名优秀足球运动员中有天津的守门员张业福、后卫孙宝荣、前锋陈山虎;在 10 名优秀射手中有天津的陈山虎和胡凤山。

66. 卢宝祖,1963 年在全国田径运动会上以 21 秒 9 的成绩获 200 米第一名。

67. 林萱,1964 年在全国体操比赛上以 19. 166 分的成绩获高低杠第一名。

68. 高济桥,1957 年以 16 秒 1 的成绩获全国男子 110 米高栏第一名。同年入选国家队。1959 年随中国队参加世界大学生运动会,以 14 秒 5 的成绩获第四名,同年在武汉参加冬运会,又以 14 秒 1 的成绩获冬运会第一名并打破全国纪录。1963 年代表中国队参加第一届新兴力量运动会,以 14 秒 3 的成绩获男子 110 米栏第一名,荣获一等功。1960 年至 1962 年连获全国比赛高栏冠军。1964 年至 1966 年在全国比赛中,把男子 110 米高栏成绩分别提高到 14 秒、13 秒 9 和 13 秒 7,创造了其历年最好成绩。1971 年开始任天津田径队教练。

69. 雍容,1956 年入选天津市女子篮球队。1959 年入选国家队。同年获运动健将称号。1960 年和 1965 年代表河北省两次获全国女篮比赛第二名。1963 年代表中国队参加新兴力量运动会,获女篮比赛冠军。1964 年获法国篮球邀请赛冠军。1965 年以后任北京体院、第二炮兵篮球队教练。1958 年获天津市体育运荣誉奖章和新中国开拓者奖章。

70. 张豹(男子标枪)、张雪茜(女子跳高)、陈秀亭(少年手榴弹)。张豹还曾打破男子标枪全国纪录,李建国也打破男子铁饼全国纪录。张豹和李建国还分别参加了第七届和第八届亚洲运动会,并取得男子标枪第三名和铁饼第二名。

71. 郭瑞山,1977 年在全国游泳比赛上以 55 秒 5 的成绩获 100 米自由泳第一名。以2分1秒4的成绩获200米自由泳第一名,并破全国纪录。在全国春季游泳分区赛上以3分42秒8的成绩获4×100米接力第一名,并破全国纪录。1978年在全国游泳比赛上以54秒4的成绩获100米自由泳第一名,并破全国纪录。在全国游泳比赛上以55秒的成绩获100米自由泳第一名。1979年在第四届全运会游泳比赛上以53秒94的成绩获100米自由泳第一名,并破全国纪录。1980年在全国游泳比赛竞标赛上以53秒7的成绩获100米自由泳第一名,并破全国纪录。

72. 王扶持,1977年参加全国击剑比赛,获男子重剑团体第一名。

73. 赵治忠,1977年参加全国击剑比赛,获男子重剑团体第一名。

74. 孟凡爱,1978年与宋淑贤、黄淑艳一起以3780环的成绩打破女子单轮团体世界纪录;1979年在日本北海道举行的中日射箭比赛中,以321环打破单轮70米世界纪录。

75. 马文革,男,中国优秀男子乒乓球运动员。1995年第43届世乒赛中国乒乓健儿夺得全部7项冠军,马文革作为主力,克服肩伤为国争光,天津市政府为其记大功一次。

76. 郎荣标,天津市北辰区人。天津武术队优秀选手,武英级运动员。1995年郎荣标还入选全国首次评选的"中华武术百杰"。1997年"八运会"上,一人勇夺南拳和男子对练两枚金牌。1997年荣获"九五"立功奖章和"新长征突击手"荣誉称号。

77. 刘雅菊,获1994年第八届世界女垒锦标赛亚军,第十二届亚运会女垒比赛冠军。1996年荣获国家体委颁发的体育运动一级奖章。

78. 安仲欣,获1994年第八届世界女垒锦标赛亚军,第十二届亚运会女垒比赛冠军。1996年获第26届奥运会垒球比赛银牌。1996年荣获国家体委颁发的体育运动一级奖章。

79. 张李文,天津市女子田径运动员。1994年以1.88米成绩获全国女子跳高冠军。1996年全国田径大奖赛总决赛上,以1.94米的成绩获得跳高第二名。1996 年,张李文当选为天津市青联委员会委员,并被选为市级青年突击手。

80. 王宝福,天津市举重运动员,国际级运动健将。1996 年全国举重锦标赛中,夺得 91 公斤级冠军;在同年全国举重冠军赛中,他以 372.5 公斤的总成绩打破他自己保持的 370 公斤的全国纪录。1996 年,王宝福获“九五”立功先进个人称号。

81. 张建秋,女,1963 年生,天津市女子花剑运动员。1996 年全国比赛中夺得女子花剑个人冠军。1995 至 1996 年度,张建秋荣获市级三八红旗手、“津门女将”荣誉称号。

82. 王川,男,1979 年 1 月生,天津市男子游泳运动员。1995 年全国游泳冠军赛获得 200 米、400 米自由泳冠军,并打破男子 400 米自由泳全国纪录。1996 年全国游泳冠军赛获得男子 1500 米自由泳冠军。1996 年获得“全国优秀少年选手”称号。

83. 贾伟,天津市男子曲棍球运动员,他跟队友一起夺得了 1991 年、1992 年全国锦标赛和 1994 年、1995 年全国冠军杯赛冠军,曾入选国家集训队。1996 年被共青团天津市委授予“十岗百星”光荣称号。

84. 沈君,天津市柔道队运动员。1997 年第八届全运会上为天津体育代表团夺得首枚金牌。1997 年获得天津市“九五”立功奖章和天津市三八红旗手荣誉称号。1998 年曼谷亚运会获得亚军;2000 年全国女子柔道冠军赛中夺得 57 公斤级冠军,并与队友一起夺得团体总分第一名。2000 年再获天津市三八红旗手荣誉称号。

85. 王志勤,在 1994 年至 1996 年的比赛中,他与队友郎荣标、苏东的男子三人对练项目多次荣获全国冠军。1997 年第八届全运会上,夺得对练项目金牌。1997 年荣获“九五”立功奖章和“新长征突击手”荣誉称号。

86. 苏东,天津市武术队运动员。在 1994 年至 1996 年的比赛中,他与队友郎荣标、王志勤的男子三人对练项目多次荣获全国冠军。1997 年第八届全运会上，夺得对练项目金牌。1997 年荣获“九五”立功奖章和“新长征突击手”荣誉称号。

87. 侯冬媚，天津市女子武术队运动员。在 1996 年上半年全国武术比赛中，获得女子对练、刀棍个人全能两个冠军。1997 年取得了对练项目的金牌和刀棍个人全能的铜牌。1997 年获得天津市“九五”立功奖章和天津市“三八”红旗手荣誉称号。

88. 李想，天津市女子武术队运动员。1994 年全国武术个人锦标赛上与队友侯冬媚配合，取得女子对练项目第一名。1997 年第八届全运会上取得女子对练金牌。1997 年获得天津市“九五”立功奖章和天津市三八红旗手荣誉称号。

89. 刘云涛，男，1974 年生，天津市击剑队男子花剑运动员。1992 年至 1993 年连续获全国青年比赛冠军；1994 年获全国冠军赛、锦标赛第三名；1995 年亚洲锦标赛团体冠军、世界大学生运动会团体亚军；1996 年世界 B 级赛第二名、世界 A 级赛团体冠军；1997 年亚洲锦标赛个人第二名、团体冠军；第八届全运会上获男子花剑冠军。

90. 董震，天津市男子体操队运动员。1996 年，获得全国比赛男子吊环冠军，1997 年第八届全运会上，获吊环冠军。自 1994 年以来先后获竞技体育新人奖，体操比赛道德风尚奖。1997 年获天津市“九五”立功奖章和“新长征突击手”荣誉称号。

91. 桑雪，天津市跳水队运动员。在 1999 年、2000 年的世界杯跳水比赛上，获得了 3 块金牌。2000 年 9 月 28 日在第 27 届奥运会女子 10 米台双人跳水比赛获得冠军，为天津争得了首枚奥运金牌。被市委、市政府授予天津市特等劳动模范称号，市总工会授予“九五”立功奖章、市妇联授予三八红旗手称号。

92. 赵顺欣，女，1979 年生，天津市柔道队运动员。1999 年 4 月在女子柔道锦标赛中获得冠军。2000 年 2 月,在国际柔道 A 级赛上获得 48 公斤级第一名。同年在全国女子柔道冠军赛上又获得 3 个亚军,2 个第三名。2000 年获天津市三八红旗手荣誉称号。

93. 佟文,天津市柔道队运动员。2000 年在国际柔道 A 级赛获 78 公斤级第一名,在日本福冈柔道锦标赛获得第一名,亚洲锦标赛获得第一名,在国内比赛中分获城运会青年锦标赛冠军和全国冠军赛亚军。夺得大满贯莫斯科和德国两站冠军及世界柔道锦标赛冠军。2000 年获得天津市"九五"立功奖章。

94. 孙春和,天津市武术队运动员。在 1999 年全国武术个人赛中,勇夺男子长拳冠军。在全国武术团体赛中,再夺男子长拳冠军,同时还获得个人全能冠军和地趟拳冠军。2000 年 10 月参加在越南举行的亚洲武术锦标赛中,一人独得男子长拳、刀术、棍术和个人全能 4 项冠军。

95. 李楠,女,天津市乒乓球队运动员。2000 年 3 月在河北正定县举行的全国乒乓球锦标赛获单打第三名,双打第三名,团体第五名。5 月在卡塔尔举行的亚洲锦标赛获团体冠军,女单第二名;2000 年获天津市三八红旗手荣誉称号。

96. 朱金红,2000 年 8 月 28 日,天津选手代表国家队参加第 19 届世界大学生运动会跳水比赛,以 507.57 分荣获女子三米板金牌。

97. 王钰、刘南楠、彭帅三名天津网球选手参加入选国家队,出征第十四届亚运会。

98. 陈一冰,多次参加世界体操锦标赛,夺得男子团体和吊环冠军。

99. 吕小军,夺得 2009 年世界举重锦标赛 77 公斤级抓举和总成绩二枚金牌。此外,吕小军在国内、国际比赛中屡创佳绩。

100. 汪皓,女子跳水运动员,夺得世界锦标赛女子双人 10 米跳台冠军。

101. 女子柔道运动员陈飞、秦茜在柔道世界杯布达佩斯站比赛中分别夺得 70 公斤级和 78 公斤级金牌。

102. 关爽,女子蹦床运动员,夺得 2011 年世界蹦床锦标赛单跳团体冠军。

103. 苏保成,男子武术运动员,获世界武术锦标赛枪术冠军。

104. 跆拳道运动员刘晶、跳水运动员李清、健美操教练韩明哲被国家体育总局授予 2012 年度体育运动荣誉奖章。

国家体育总局为在第三十届奥运会上取得优异成绩运动员体育运动授予奖章,其中运动员陈一冰、汪皓、吕小军获得体育运动荣誉奖章;运动员佟文获得体育运动一级奖章。柔道教练员吴卫凤、跳水教练员李清入选国家体育总局“精英教练员双百培养计划”。

105. 2014 年度,女子网球运动员彭帅被授予“体坛尖兵”荣誉称号:天津市优秀女子网球运动员彭帅,近年来在一系列国际国内赛事中屡创佳绩,特别是在 2014 年美国网球公开赛女子单打比赛中,不畏强手,敢拼敢打,克服伤病困扰,历史性地打入四强,创造了我国女子网球选手参加该项赛事的最好成绩,充分展示了新时期天津市优秀运动员自强不息、勇攀高峰、追求卓越的精神风貌。为表彰彭帅为国家、为天津所作的贡献,天津市体育局决定授予彭帅“体坛尖兵”荣誉称号。

106. 2015 年度,国家体育局授予天津女排运动员魏秋月、举重运动员吕小军、天津女排主教练王宝泉“2015 年度体育运动荣誉奖章称号”。同时颁发了 2015 年“全国体育事业突出贡献奖”,天津市体育局新闻宣传处和天津市体育博物馆被评为 2015 年全国体育事业突出贡献奖先进集体,孟宪东、张伟、赵龙江、刘晨、王嫣等五人被评为 2015 年全国体育事业突出贡献奖先进个人。

107. 2016 年度天津运动员魏秋月、吕小军、董洁、李响、梅笑寒、宋冬伦、孙雅婷、杨珺、张淼、王珊珊、李冬娜、德娇娇被国家体育总局授予“2016 年全国体育事业突出贡献奖”个人奖。

三、具有古老文化记忆的天津体育类非物质文化遗产代表性项目

天津传统文化具有独特的地域文化特征，积淀了浓郁的文化基因，得天独厚的地理位置和环境条件使得天津这座城市极具包容性。它汇集了大量流动人口，将各族各地优秀的民俗文化聚集并加以创新，形成表现形式多种多样，具有天津特色的体育文化。体育类非物质文化遗产蕴含了中华民族特有的精神价值、思维方式、想象力和文化意识，也体现了民族的生命力和创造力。天津作为历史文化名城，文化底蕴丰厚，体育类非物质文化遗产代表性项目流派纷呈、名家荟萃。在天津体育的发展中，体现出博采众长、勇于探索、敢于创新、自强不息的精神。《天津市人民政府文件》颁布的四批《天津市非物质文化遗产代表性项目名录》中以杂技与竞技、传统体育、游艺与杂技分类的非物质文化遗产代表项目共有 39 个。笔者选取了 34 项具有体育特征的项目作具体的介绍，包含它的起源、项目特征、传承现状，通过项目的介绍可以将天津体育文化的包容性、兼容性、传承和创新性展现得淋漓尽致，同时这也是天津传统体育的一部发展史，凝聚着近百年的优秀传统文化，也将滋养着天津这座古老的城市载着厚重的文化沉淀、文化精神，洗净铅华、不断前行。

（一）2007年入选天津市第一批非物质文化遗产代表性项目名录（杂技与竞技类）

1. 回族重刀武术

回族重刀武术的起源要追溯到600年前的金陵。曹氏先祖追随燕王朱棣进行军事训练，在一次选拔中成为晋南军，即燕王朱棣的御林军。曹氏先祖跟随燕王朱棣进行北伐战争，从南京一直打到北京。1403年，燕王给曹氏先祖在河北省的东王五乡封了地，他们便在那开宗立祖。1404年，曹氏先祖随燕王平定天津，后迁到现天津市红桥区西北角大丰路一带（原址已拆迁）。他们的后人曹万林、曹万兴创立了“曹门大刀”武艺，并传于族人。

1910年，第三代传人曹金藻（1889—1966）创办天津唯一的回族民众武馆“市隐国术社”，开始招徒弟并传授家族的重刀武术。曹克明（1914—1998）继承先父“回族大侠”曹金藻的遗志，弘扬武术强身爱国之精神，在对本门刀、礅、抱石、拳铲等功夫基础上挖掘整理的基础上，独创“曹门刀式”，现嫡传五代，至今已有百余年历史，在津门体坛独树一帜。

在表演形式上，曹氏传人吸收了历史上武科考试中的“弓、刀、石、马步、箭”等科目技艺，苦练礅子、石锁、抱石等，并将其中之技巧糅进大刀表演的一招一式之中。大刀表演丰富多彩，“曹门刀式”主要有插、背、拧、云、撇、水磨、腰串、狮子披红、乌龙摆尾、雪花盖顶、比摆荷叶、掌中花、叠罗汉等招式。除招式多样外“曹门刀式”还有刚柔相济，动静结合，集力量与技巧于一体；将刀舞起，动如风，静如松；提刀千斤重，舞刀鸿毛轻，刀飞钢环响，刀落寂无声等特点。“曹门刀式”既惊险雄劲，又轻盈优美，给人一种美的享受，充分展示了我国古老的民族文化气息，体现了现代体育之风采。

目前曹仕杰（1967— ）、曹仕伟（1962— ），为回族重刀武术第六代传—人回族重刀武术也于2006年入选《第一批国家级非物质文化遗产名录》，2007年成为天津市第一批体育类非物质文化遗产代表性项目。

2. 拦手门武术

拦手门武术起源于1650年，它的前身叫拦路，也叫拦路练手（拦路和练手是两个拳种的名称）。1644年，明朝战将郑海宁战败后漂流江湖将拦路拳带到天津。郑海宁来到天津后，发现大直沽有一批青年整日在练习石锁、棒子等一些笨重的功夫，便怀着复明灭清的想法传授他们武功。明朝时期中华武术中气功比较盛行，他不仅传授了拳、棒、刀枪剑棍，还传授了不少的气功。郑海宁当时主要教的就是拦路拳，尤其是拦手门的这个套路，拦手门套路有单练也有对练，实用性强。1650年，第一代传人李金刚等人在天津大直沽天妃宫立门户，成立“拦手门武艺”。民国时期“拦手门武艺”改称“拦手门国术”，中华人民共和国成立后称为“拦手门武术”，拦手门武术是《中国大百科全书》和《中国武术百科全书》收录的优秀传统体育项目之一，也是唯一一个起源于天津的武术门派。

拦手门武术气势雄壮、劲力浑厚、招法简捷实用、步活桩稳、结构严谨，注重臂、腿、腰、桩的基本功训练。拦手门武术的手法有缠、崩、按、摇、斩、拦、戳、抱、撕等，以拦为核心；腿法有进、撤、闪、滑、插、碾等；气功功法有童子功、凝神养气功、丹道呼吸功三种；招式有“迎面三不过”“古树盘根”“撩阴掌”等。打法讲究的是“刁、滑、毒、疾、实”，即刁钻、狡猾、毒辣、快、实在。拦手门武术要求以气催力，以攻代守，上下互助，内外合一。“门”字在武林讲“有拳无门不成派，有派无谱不成门”。拦手门也不例外，拦手门的“门”也是自己的门户，招式也叫“敞袍”，开门式。

拦手门武术是天津古老的文化遗产，更是天津大直沽一带古老文化的瑰宝。拦手门武术2007年被天津市政府批准为“天津市第一批非物质文化遗产代表性项目”；2011年被国务院批准为第一批国家级非物质文化遗产项目。20世纪30年代至今，各代传人多次参加全国和地方的武术比赛，并多次荣获冠军等奖项。“津门拦手拳研究会”于2002年成立后，致力于挖掘整理该武术项目相关的文献资料。2011年入选国家级“非遗”项目之后，拦手门武术的传人们就开始进社区、进学校向公众推广这门传统技艺。传人们于“非典”时期研究了一套中老年健身操；后来又研究了一套天津特色拦手武术操。这套武术操后被天津市河北区大江路小学引入，学生们利用课间操和体育课等时间练习。这一系列走入群众、服务群众的项目真正地将本土的和体育传统文化融入和发展得更深。

3. 霍氏练手拳

霍元甲出生于天津市西青区南河镇小南河村的一个武术世家。他在继承家传的基础上，旁参各派、博采众长，独创了霍氏练手拳。此拳集太极、长拳、昙拳等各门武术于一体，注重手脚并用，严密圆活，在劲力上颇有讲究：“刚劲”刚而不僵，“柔劲”则柔而不软。练手拳姿势舒展、架式端正、动作圆活、轻灵敏捷，全身动作与局部动作相间，其变化多在意料之外，长于技击实用，不难于学，而难于练，更难于精。

霍元甲曾凭此拳在天津、上海等地，以凛然正气、高超武艺，挫败了外国大力士的锐气，洗雪了“东亚病夫”的耻辱，一时令国人扬眉吐气，欢欣鼓舞。霍元甲出于爱国忧民之心，打破“传媳不传女”之例，开外传之先河，其弟子和后世子孙将霍氏练手拳广泛传播。霍元甲在上海创建的“中国体育精武会”为中国第一个民间武术团体，进而发展成为一个超越国界和种族的影响广泛的世界性民间组织。他的“尚武”精神和民族气节对振兴民族精神，激发青少年的爱国主义热情具有重要作用。

霍氏练手拳是霍元甲融会各派武术之精华而创,现存的拳谱对于研究其他武术技法、杂技、舞蹈等也都具有重要的参考价值。目前,霍氏练手拳拳谱虽在,但深得其精髓者不多。虽然仍有人练习,但大多数招法走样。

4. 北仓少练老会

北仓少练老会系天津市北辰区北仓镇北仓村民间群众习武组织,创立于明末清初,距今三百余年,历经十代传承至今。

少练老会的创始人孙二爷是北仓人,主要工作是漕运跑船,后又流落到河南,想去嵩山少林寺当和尚,但方丈不收。于是孙二爷跪了一夜真心祈求方丈收他为徒。转天,小和尚开门发现孙二爷在门外跪了一夜便禀告老方丈。老方丈看孙二爷像练武的样子,这才收孙二爷为俗家弟子。孙二爷一边干活一边学武念经,在少林寺练了 14 年,14 年后拜别方丈和其他师傅回到北仓。到了北仓,孙二爷侠肝义胆,看不惯欺负弱小的行为,便组织了 72 户(人家)成立北仓少练老会,这 72 户自己掏钱买地盖房,各家的子弟就开始在那里练武。

少练老会以青少年习武锻炼为主,平日练功,年节出会;老年人主要是组织管理,传授武艺,故称少练老会。其武术属于长拳类拦手门,基本功扎实,拳术套路多变,特别是拦手拳在武林中独树一帜,其动作敏捷,闪展腾挪,防中有攻,攻中有防,内功扎实,在锻炼身体上有独到之处。

少练老会蕴含着正义的精神。北仓以前叫引儿湾,清朝乾隆年间改名北仓,北仓中仓以前是个仓库,北辰区文化拍《洪钟罩》时里面就讲述了这段历史。少练老会曾在北运河畔与义和团共同抗击过八国联军。中国人民志愿军“特等功臣”“登高英雄”杨连弟曾在少练老会习过武;在烈火中救出数名工友的屈宝鑫也曾在少练老会习过武。少练老会里正义的精神一直延续至今,少练老会延续了几百年也是靠的这种精神。

少练老会现在传承的功夫主要是练手拳和曹拦翻。刀,是以几百年传承下来的统刀为主。最重要基本功是十二趟弹腿。必须得把十二趟弹腿练出来,打好身法、步法的基础,练不出来就没法练拳和刀。

少练老会传承三百余年,仍呈现欣欣向荣的态势。中华人民共和国成立后,少练老会在党的领导下得到长足发展,20 世纪 80 年代初期达到鼎盛,北仓村被媒体誉为"北运河畔武术之乡"。2004 年,在全民健身活动蓬勃发展的推动下,少练老会活动得以再次恢复并培养了一批少年学员,使老会武功得以传承。目前,会内习武人数近百人,既有精神矍烁的老人,也有神采奕奕的幼童。

5. 北少林武术

北少林武术是中国少林武术的分支和组成部分,形成于地处天津市蓟州区盘山的北少林寺。该寺始建于魏晋时期,元延祐二年(1315),元仁宗皇帝赐额"北少林寺"。元中统年间,嵩山少林寺雪廷福裕禅师住持北少林寺,传授寺中僧众习练少林武术。后经明代圆成禅师、明空长老等高僧传承,逐步形成了北少林武术,至今已有近七百年的历史。清嘉庆年间,蓟州城西公乐亭人商仕芝拜北少林寺武僧景礼禅师为师习武八年,后又至嵩山少林寺寻师学艺,将北少林武术不断发扬光大,影响及北京、天津、河北、山东、山西等地区。流传二百余年的商门武术是被公认的北少林武术的代表,如今已传至第七代。

蓟州北少林武术系统完善,由基本功开始,套路由简到繁。其风格古朴无华,刚猛而沉静,强悍而机巧,可内强气血,外实筋骨。拳谱用语文辞雅俗得宜,理论体系完整。北少林武术显著的特点,是地域性强、注意实战性,还有就是注重原生态,朴实无华。这些特点体现在北少林功夫看起来并不好看,但是非常实用。

北少林武术在特定的文化环境中逐步形成,是中国传统文化的一种表现形式和组成部分。蓟州北少林武术，在义和团运动中起到了抵御外侮的积极作用。在抗日战争中，为打击日寇、保家卫国作出了突出贡献。在和平时期，北少林武术成为人们强身健体、丰富业余生活和弘扬民族优秀文化的方式之一。蓟州北少林武术的丰富内容及传承历史，对研究中国少林武术的内涵、价值以及在不同历史时期北少林武术的军事地位和作用具有重要意义。

2007 年，北少林武术被列入天津市第一批非物质文化遗产名录。北少林武术虽然以实战为主，但传统武术中均包含健身和中医元素。故而练习些基本功或简单的套路，都能起到健身的作用。

（二）2009 年入选天津市第二批非物质文化遗产代表性项目名录（传统体育、游艺与杂技类）

1. 无极拳

无极拳起源于清朝中期乾隆年间，迄今有二百余年历史。创始人为江南乐符人刘仙岛，其在长期对野生动物的生存技能、搏斗等相关技巧的吸收及领悟中掌握了对武学技术动作的各种姿势及发功的关键要领，并结合阴阳五行理论学说编创地支而列的十二形及乌金刀。清朝嘉庆年间，他将其技传给河南苔头人蔡锦堂（嘉庆年间进士），并经其潜心研习功法，结合理论知识论证，使十二形及乌金刀更加理论化、系统化。后为了完善无极功法，使其更加全面，蔡锦堂专门到当时的静海县，与高祖坡（字三丰）换艺，习得“子龙大枪”。自此，无极武术体系逐渐得以完善。后蔡锦堂收天津王玉珍为徒，王玉珍传徐永庆，徐永庆传高铠庭，高铠庭传其子高铁静，无极武术代代传承。

纵观无极拳发展过程，由于之前传播的封闭性和隐秘性，致使前两代传人甚少，直至流传天津才形成两个大规模传播高潮。先是王玉珍广泛结交京津武术名家，同时在授徒上造就了一批社会精英人物，如刘永祥、徐永庆、赵永胜、曹锟、阎雨轲等。其后是 1931 年，19 岁的第五代传人高铠庭在天津东门外天后宫成立"天津市无极国术研究社"，广开门庭，面向社会招收学员，公开传授无极拳，35 年来授徒逾万名。两代传人的努力，提高了无极拳的社会影响力，亦使天津成为重要的无极拳传承地。

无极本无拳，以形迹练习为方式，这样在表演和平时练习当中就显得比较单调，又编纂了一套以无极十二形与动物形迹为根源的一套无极拳。这套拳一共 108 式，以慢动作进行演练。以无极拳为代表的无极武术技术体系完备，内容丰富，形式多样。其功法主要有无极罗汉功、三绝艺（踢桩、靠板、鹰爪功）和无极童子功；徒手套路主要有十二形、无极拳、无极形拳；器械套路主要有无极乌金刀、无极子龙大枪；实用技击形式有散打、擒拿和防身术等。无极拳具有刚柔兼备、气力相合、内外兼修、健内壮外的特点。演练时动作姿态优美，方法注重实用。它以十二形的演练为基础，在靠板上做踢、打、撞、靠的练功方法，练习者可以全面发展身体素质，迅速达到强身健体的目的，增强攻防实用中的身体抗击打能力。无极拳器械中的无极大枪和乌金刀也具有与众不同的练习方法。无极子龙大枪是死把枪握枪法，要领是前后把相距一尺二寸，把内分五形，握住后双手固定因而在使用中敏捷、灵活、有力、多变，素有"刀枪手，同样走"之称，配以调气达到了精神体系与机体体系的平衡作用。而无极乌金刀招法简单、实用有效也使无极刀法名震津门。目前无极拳门主要流传的器具有无极百种兵刃、无极靠板、无极独龙桩、鹰爪力坛子；图谱有无极百种兵刃谱、无极十二形单式谱、龙形掌谱、无极拳谱、无极童子功图和无极罗汉功图等。

昔日（1931—1966）"天津市无极国术研究社"每年 6 月 24 日社庆之

日，必邀京津各武术门派名师高徒在天后宫举行武术表演，盛况空前。随着时代的变迁，以往热闹的习武场面逐渐消失。在无极拳大师高铠庭之子高铁静努力下，于2007年1月6日在天津成立“无极武术研究会”。2009年，无极拳被列入天津市第二批市级非物质文化遗产名录。

2. 鲍式八极拳

八极拳的创始人是山东人吴忠。八极拳在全国分为两个支系，一个是孟团系，一个是罗团系。罗团系代表人物是李书文，李书文时期是八极拳的第二次辉煌。民国三大国术馆，河北国术馆、山东国术馆和南京国术馆。河北国术馆的代表人物是李书文，鲍式八极拳可以变成非物质文化遗产是因为它是历史遗留，是从河北国术馆遗留下来的，它的架势比较规范，是老前辈相互交流技艺保留下来的相对完整的武术。

鲍式八极拳自成立以来是由八极拳第七代祖师鲍雪生嫡系传人鲍雅齐及其师兄弟共同创办的。2006年，他们开始创办天津市北辰区双街八极拳武术运动俱乐部，同年十月份成立天津市北辰区八极拳武术协会，为鲍式八极拳的发展做铺垫。2009年6月被北辰区列为第一批非物质文化遗产；2009年10月，鲍式八极拳被列为天津市第二批非物质文化遗产。鲍式八极拳多次亮相武术比赛。2008年、2009年连续参加双街杯武术比赛；2010年参加河南安阳举办的全国传统武术比赛；2011年参加了首届华北地区的双街杯传统武术比赛。2013年华北地区第二届传统武术比赛是和天津市体彩杯同时举办的，是历史上参与人数最多、规模最大、史无前例的传统武术比赛，在各界领导的大力支持下，参与人数达到5000多人。举办的这些比赛规模从800人，1200人，1500人，到5000人，鲍式八极拳主办了这四届比赛。2014年6月举办了天津市第二届北辰区全民健身运动大会。从2006年成立八极拳武术运动俱乐部到2013年6月成立北辰区武术学会，是由北辰区武术协会主席鲍雅齐和秘书长刘春艳以及师兄弟们共同创办并延续至今，他们带领八极拳爱好者以及鲍式八极拳的传承人和弟子们共同为非物质文化遗产的传承作了巨大的贡献。2015 年 1 月 5 日，鲍雅齐主席被王家卫导演邀请到北京参加《一代宗师》3D 电影的首映式。

在公众推广方面，2013 年国家提倡武术“六进”，而鲍式八极拳早在 2009 年就进入北辰区模范小学，被学校列为正式的校本教材，在 2012 年进入天津市第九十二中学体育课程；2010 年进入北辰区青少年宫开设八极拳班，目前人数众多。由此可见，鲍式八极拳为传统武术的推广作出巨大贡献。鲍式八极拳基本功有精钢八式、大件、小件、六大开；器械主要为剑、刀、大刀、春秋刀、六合刀、枪，全国有名的就是六合大枪。动作和神态相当讲究，还有气，以气推力，内外兼修。八极拳主要有一个“三盘六点、落地开花”，内气无形，以气推力、内外兼修。鲍式八极拳讲究的是操六穴，抗击打能力比较强。

“文有太极安天下，武有八极定乾坤”，八极拳是中华武术中的一大名拳，可其起源却向来说法不一。双街鲍氏八极拳传人认为其出自河南省嵩山少林寺，为少林寺的看家拳。该拳是将剪、爪、太、八、形、劈、罗、花八种拳中的精华提炼组合而成，故名为八极拳。其以刚劲有力、朴实无华、动作猛烈、技击性强的独特风格而享誉武林，名扬海外。八极拳技术属于短打之拳法，讲究挨膀挤靠、崩撼突击，发力如崩弓，寸截存拿，硬打硬开，攻防运用极为凶悍。练拳时要求凝神静气，气贯丹田。三盘六点，合二为一，即上中下三盘稳固，内三合与外三合互相贯通，达到心与意合、意与气合、气与力合，手与足合、肘与胯合、肩与胯合。以意领气，以气催力。其劲道始于足，发于腿，主宰于腰，力达于四梢。内外上下，气力相辅，劲断意不断，形断神相连。鲍氏八极拳的各套路的拳谱传承完整，可谓是中华武术拳种中的一朵奇葩。

3. 李式太极拳

李式太极拳原称八卦李氏太极拳，又称“太极五星锤”，其创始人为当时的武清城关镇人——李瑞东（1851—1917）。李瑞东，名树勋，字文侯，号瑞东，又号烟霞逸士，因为鼻子扁平，人称“鼻子李”，自幼好武，一生共经六大名师传授武术。他初练少林等外家拳术，青少年时代曾拜河北饶阳戳脚门名师李老遂求艺九年，尽得真髓；青年时代与大刀王五（王子斌）结义金兰，互换拳艺，得王五所传“山东教门弹腿”之精妙。清光绪六年（1880）四月，李瑞东进京遇太极拳宗师杨露禅大弟子王兰亭，与其比武输手后，王兰亭代师（杨露禅）传艺，方深得杨氏太极拳真髓。清光绪年间，在京又得嵩山少林寺慧海法师密不外传的“少林内廊秘法悟真派”拳术。他后来又获内家拳名家岳青山（岳飞的嫡传后人）所传“心意十二形拳”“岳家八母枪”“勇战心意枪”。其间还向八卦掌名师学习“七星八卦掌”。李瑞东又得遇年过百岁的甘淡然（大侠甘凤池曾孙），向其学习“内家八卦奇门拳”。此时的李瑞东经过几十年纯功磨砺，尽得内外家拳术之精髓，终于集武术各派之长，以太极之理而化之，系统整理出了《太极五星锤》《太极六十四式》《十三外丹歌诀》和《太极内功运用》等，独创出一个新的流派——“李氏太极拳”。民国元年（1912），袁世凯任大总统期间，李瑞东曾应召赴京担任拱卫军武术教长。同年，在天津与李存义、张兆东筹创“中华武士会”，并担任会长。主持举办了第一次全国武术比赛，时称“天下英雄会”。李瑞东一生博学多闻，致力于武术的推广，门徒百余名，至今“李氏太极拳”传习已有五代，流传区域主要在京津两地和华北地区，近年来也流传到了世界各个国家。

“李氏太极拳”编创以太极拳的肘底锤、撇身锤、指裆锤、栽锤等锤法为基础，糅入太极十三式和掌、形意拳的一些手法而成，并吸收了各派精华，具有防病强身、体用兼备的功用。练习尤其侧重下盘功夫，以体松、缓慢、连贯、灵活、意念导引动作为基本原则，具有“体松舒展，刚柔相济，连贯灵活，体用兼备”的风格特点。动作名称和姿势要领，多取自陈氏和杨氏太极拳。李氏太极拳讲究练“理”“势”“气”“机”。以“理”为主导，认为明“理”，才能“势”正、“气”畅、“机”灵。李氏太极拳由“动盘”拳功和“静盘”拳功构成。“静盘”功夫包括“桩功五捶”“坐盘式”、卧功若干。“动盘”拳功按天、地、人三才三才定位，以“天盘拳”“地盘拳”“人盘拳”三大主拳为主体，又以“老三推”“四门炮”“八大架”“八小架”“十三丹”“十三硬架”“六十四式”等副拳辅之，除此之外有“太极十三式”“风摩掌”“刚架”“柔架”等拳法和青龙十三枪、白虎十三刀、清风剑、青萍剑、六合枪、雪片刀、齐眉棍等器械，以及尺、球、板、袋、绳桩等操练功法。李氏太极拳还将大、小、松、紧、刚、柔、快、慢、中平九种架子融为一体，讲八种刚劲、十二种柔劲。在练法上有“初练”“单练”“双练”和“练理”“练势”“练气”“练机”的步骤和方法，根据初练、单练、双练和理、势、气、机的次序进行太极拳的练习，可以起到事半功倍的效果，使练习者能少走弯路，尽快地登堂入室。练到一定程度时，老师需给弟子“安手、安眼”，以运用于技击实战中。

2009年“李式太极拳”入选天津市第二批非物质文化遗产保护名录，2014年，国务院批准文化部确定“李式太极拳”为第四批国家级非物质文化遗产代表性项目。为了使李式太极拳这一艺术瑰宝更好地得以保存和传承，第一代传承人李瑞东先生徒众在故乡城关镇建立了李氏太极武术基地，现传人贾仕文先生也在家中设太极拳辅导站义务教课。北京还开设了一个李式太极拳研究会，在全国各地开始传授。包括泰国、瑞士等国家都有李式太极拳辅导站。这些举措使得古代文化的瑰宝在现代更好地得以继承和发扬。

4. 毕式“　指禅”拿手推

毕式“一指禅”拿手推起源于清朝道光年间，为曾先后出过几代将军和一任进士的沧州毕氏家族传人毕慎之所创。毕慎之早年奉朝廷之命镇守沧州，晚年根据祖传几代的实战经验，在“少林七十二路擒拿”和祖传内家擒拿的基础上，结合“达摩一指禅”手法，以三维力学的手法为原理，总结整理而成。清朝道光年间至 1945 年秋，“毕氏一指禅拿手推”主要分布在沧州沧县一带，直至第四代传人毕培昌因躲避战乱而放弃祖产，举家迁隐于天津，传其子第五代传人毕增祥，自此“毕氏一指禅拿手推”根落天津。

“毕氏一指禅拿手推”是目前保存最完整的将擒法、拿法、复位法三法合一的武术绝技，此套手法将在一招之内错骨、分筋的擒拿和瞬间修复擒拿伤害的手法合而为一，运用时可以对人体骨骼拆卸和还原自如。它分为上半套和下半套，每路 4 式，各九路 36 式，共计十八路 72 式。上半套主要是擒、拿之法，通过擒、拿人体关节、穴位以及要害部位的弱点，使人骨关节、骨连接彻底撕裂，产生疼痛不适，完全失去反抗能力而束手就擒乃至致残对手的方法。下半套则对应上半套动作造成的筋、骨伤害的修复还原之法。它以两手拇指相压如同一指游走于伤损部位周围，顺筋理骨，使伤损的筋、骨瞬间修复还原，不留任何痕迹。

就运用特点而言，上下两个半套技术侧重不一。上半套技术主防御性，不主攻击性。招法较其他擒拿术更加精练简洁，对人体伤害性、破坏性大，双手在一招内即可制人终身伤残或死亡。实用性强，以巧破千斤，运用此法能将悬殊于己，体重很大的对手制服。下半套技术用两个拇指相压游走在毕氏家族摸索的 182 条重要人体线条上，施加 50 公斤的局部压力，可在瞬间恢复运动中和现代生活中产生的绝大部分筋骨方面的急慢性伤损而不留下丝毫痕迹。整套技术动作集擒、拿、正筋复位法于一体，达到了武术中健身、防卫、医病的完美境界，具有不可低估的武术研究和医学研究价值，深受世人瞩目。

由于家族传承禁忌和当今社会生活方式的急剧变革等原因，“毕氏一指禅拿手推”一度陷入后继无人的境地。为了更好地保护好这门武术绝技，素有当代“骨神”之称的第五代传人毕增祥先生打破古老的家族传承禁忌，于2007年12月20日在天津市政协俱乐部举办新闻发布会并举行隆重的拜师仪式，将彭飞列为“毕氏一指禅拿手推”第六代女掌门，从而使武林绝技得以香火延传。近几年，“毕氏一指禅拿手推”有了较大发展和社会影响：2003年，彭飞将这一绝技注册了商标；2007年，天津毕增祥筋骨健康私人管理机构正式成立；2008年至今，举办助残、老年公寓、企事业单位“筋骨健康义务讲座”活动三十余场，听众万余人次；2009年3月16日，成功申报天津市和平区非物质文化遗产；2010年，成功申报天津市非物质文化遗产，并将“毕氏一指禅拿手推”更名为“彭飞一指禅拿手推”。为了让绝活“活”下去，彭飞已在北京组建了“中国人体脊椎健康科学研究发展中心”，该中心计划5年内在全国建立10家专题工作室并配套人体脊椎健康私人管理机构，进行义务讲座，宣传推广在生活、工作、运动和保健中的正确方法。现在正计划整理出版《毕氏一指禅拿手推与现代筋伤的关系》《彭飞一指禅拿手推正筋108法》《彭飞一指禅拿手推生活保健36法》等书籍，以期通过一系列的措施来保证这一中华绝技得到传承发展。

5. 永良飞叉

永良飞叉可追溯到清朝光绪年间(1875—1908)王庆坨的飞叉会，当时有许多人练习，但无文献记载为民间花会。民国四年(1915)，“飞叉”方有文献正式记载为民间花会，会址在王庆坨镇一街曹姓家中，由王庆坨武术世家房永和(1897年生人)组成“庆丰叉会”，兼任教练，并教出多名弟子，当时在天津、北京和河北一带小有名气。王庆坨“庆丰叉会”在20世纪50年代最为兴盛，男女演员80余人，演遍天津地区，很有名气。“文革”中名义上解散了庆丰叉会，但个人练习没有间断。改革开放后重新复会，主要方向是培养更多飞叉技艺的台柱，男女同样严格要求，教练吴国良言传身教，又培养出多名武术飞叉演员，输送到全国各地杂技团。1993 年 10 月 1 日，第五代传人王文壮、张兆胜等人为祭奠先辈房永和、吴国良对飞叉作出的贡献，将"庆丰叉会"更名为"永良飞叉会"。此后，永良飞叉走遍大江南北，饮誉中外。2002 年天津市广场艺术联谊会总会又将"永良飞叉会"更名为"中国天津飞叉艺术团"，成为天津知名的业余演出团体。永良飞叉至今兴旺不衰，每逢大型庆典艺人必登台献艺，一展风采。

飞叉是以古代战斗武器长枪演变而成的健身和表演器械，其由柄（枪杆）、耳（锋尖下面的环）、锋（三个枪尖）组成。早在大唐盛世时期"飞叉"就已成民间深受欢迎的花会，并深受百姓的喜爱，一直以来飞叉成为大众武术健身、表演的技艺，在民间发展迅速。永良飞叉表演分单人、双人、多人演练，双人或多人花样传练，翻练和滚练，坐着和躺着练，板凳高桌上练，夜间火叉，台上演练，五鬼传说演练，踩街走着练等多种形式。套路名称有云罗背剑、飞龙滚地、怀中抱月、壮士架桥、流星火叉、迷人哑叉等。上场下场要求是武术式子，如单人二踢子，背叉旋风脚，双人打花棍，空手对钢叉（二人传叉），单手托叉式，双手拖叉腾梁架海式等。演练器具包括大号精美蹲旗一面，大会龙旗两面，护场小龙旗八面，竞技花会拜匣一个（内装拜会所用请、谢柬及名片），大鼓一面（鼓谱为大古代战鼓点），小叫锣一面，拜会开道锣一面、钹、镲、铙、镟各四个，柄耳锋飞叉、双锋叉数支（每个演员一只），夜间火叉数支（夜晚用），滑粉及化妆用品数盒。从头到脚古装表演服装每个演员两套。服饰为长款套装，面料为白色亚麻，沿袭了满族服饰的风格：领口和袖口镶红色，腰间束带，红白相间，气势逼人。

永良飞叉套路演化于武术套路，其演练特点刚猛浑厚，技巧性极强。它需要调整肌肉松紧用力的大小，通过移形换步，上下协调的动作来控制飞叉的重心和速度，所有动作要求身手灵活，一环紧扣一环，手、眼、身、精、气、神要统一协调，并且跟乐器配合（踩着鼓点完成动作），动作健美，花样繁多，滚、爬、旋要求干净利落，尤其哑叉（没有声音）更要掌握一定的技巧。达到一定水平的表演者可使飞叉全身上下滚动飞舞，耳环随转动沙沙作响，叉随人转，人随叉动，上下翻飞，四面叉光，漫天飞舞，可谓险象环生，令人眼花缭乱，美不胜收。近年来，永良飞叉多次参加国内外大型庆典活动，获得了广泛赞誉，并被评为天津市的特色体育项目、天津市级非物质文化遗产项目。目前民间能够进行飞叉表演的团队仅有两个，能够熟练表演飞叉的不足百人，喜爱飞叉艺术的少年更是寥寥无几，加上演出道具的老化，无固定款项扶持，无固定活动和演练场所，永良飞叉传承面临着困境，亟需各方采取有力措施，努力将这一民间绝技传承下去并发扬光大。

6. 大六分村登杆圣会

大六分村的登杆圣会成立于 1743 年，到现在已经有三百多年的历史，它位于天津静海区台头镇。静海区古迹遗址较多，寺庙也较多，例如华严寺、报恩寺、龙行寺、庆云寺、移兴寺、西山寺、西峰寺、清凉寺、三皇阁、魁星阁、关帝庙、娘娘庙、龙王庙、火神庙、药王庙等。众多的寺庙让静海形成了多神信仰的信仰习俗。另一方面，该地处九河下梢，地势低洼，春旱秋涝比较严重，蝗灾泛滥。正是由于当地居民无法应对恶劣的天气情况，更易将美好的祈盼寄托于祈祷神灵。

大六分村登杆圣会是伴随着求雨习俗而发展起来的一种民俗活动。大六分村原属于二堡乡，形成于清康熙年间。现在一共有三百余户人家，土地 3200 亩。村民中支系最庞大的姓氏为李姓，村民家族意识强烈，大多数是因为家族传承的原因而聚集居住在一起。目前，大六分村一共分为四个大队。参与登杆圣会的会员都是来自这四个大队，只要出会，这四个大队的男人都会聚集在一起。清乾隆年间,缘竿这一民间百戏活动传到静海区,成为一项群众性体育杂技活动,这项活动代代相传,几乎全村的男人都会表演,成为大六分村一项标志性的民间传统表演活动。

杆会发展的过程当中,在日本侵华期间停了一段时间,“文化大革命”期间又停了一段时间。直到 1981 年,由县文化局的领导亲自到村组织恢复杆会。杆会恢复以后发展很快,参加了许多市级、县级举办的活动和开幕式。曾经代表天津市参加了在上海举办的农民运动会并获得一等奖,每名参与者获得了一块金牌,获得了集体金杯,回来后受到市政府的嘉奖。从杆会恢复以来,在政府的支持下,杆会一直到现在都发展良好。

据村民口耳相传,关于大六分村登杆圣会的传说有两种,都是老人们一代一代口头传说下来的。第一种说法是,据说当时天气干旱,老百姓们为了求雨,小白龙便帮着人们求雨。传说在天坛上有个净水瓶,只要把净水瓶打倒了就可以下雨了。当时小白龙飞上天后够不着净水瓶,它就把犄角挂在了天坛上,顺着他的身体往上爬,把净水瓶打倒。所以村里的青壮年就顺着龙身往上爬,但就是打不倒净水瓶,最后一共是上去了 108 个人,用一根绳子,一边栓了一个布“流星”,一晃就把净水瓶打倒了,所以就下雨了。可是最后小白龙却累死了,他的骨节一节一节的掉下来了,变成了登杆圣会的龙杆。后来人们用这个杆成立了一个杆会。为了纪念小白龙,人们就开始往杆上爬,一共有 108 式,因为当时是 108 个人,一人一式,杆会现在传承的就是 108 个动作。

另一种有关杆会的说法。杆会的杆自子牙河顺流漂来,大六分村的村民偶然捡到,逐渐发展为之后的杆会。之所以会将顺流而来的杆当作神圣之物,主要原因是水在中国人传统意识上的圣洁性,由命运指引而来的杆对当地村民赋有一种神圣的职责。这两种说法在当地都没有定论,在对外宣传的时候,大家都比较倾向于小白龙求雨的说法。

登杆圣会出会的时间分固定和不固定的。固定的出会时间主要有两个:一是在正月期间出会,平时都是在正月十五去静海区内出会,这作为传统文化的传承,是年节间最重要的活动。二是在四月初五去鄚里村的药王庙出会。这一种是作为一种祭祀活动,和登杆圣会的民间文化是相关的,求雨习俗传承而来。

杆会非固定的出会时间是受其他庙会的邀请,有时是官方的邀请,有时受邀参加各种运动会的开幕式或者去外省参加比赛等活动。

以上两种出会情况都要考虑天气问题,下雨天不出会,因为路滑不适宜杆类的表演,大雪天也不出会。所以,出会前杆会成员会关注天气预报,并根据天气调配表演动作,降低危险性。只要出会,爬杆的演员必须赤脚上阵,这是传承下来的传统。

原来的杆,全高是 8 米,相传有 300 多年的历史。以前杆的保护不受重视,1981 年杆会成立后,发现杆的根部有 1 米多已腐烂便截断一部分,现在是 6. 78 米。杆的构造是一颗大竹竿,下面是木头做的一个圆墩,直径是 0. 8 米,竹竿放在中间用来固定。从底部往上 1 米多高处有 12 条绳子,12 个人在周围绑着它,一为了固定杆,二是如果上面表演人员失手掉下来,可以掉到绳子上接住他。杆会根据小白龙上天祈雨的典故相传动作有 108 式,演员在多人扶立的杆上,徒脚登杆。

基本的爬杆工作是左右脚交替,左右手与脚配合交替扶杆,爬杆前大家都会在手上吐唾沫,这样更利于爬杆的稳定性。爬杆者在单人表演中的动作主要有:登鸭(丫)、倒鸭(丫)、仰鸭(丫)、掐鸭(丫)、扛鸭(丫)、顺杆子鸭(丫)、大拇指头鸭(丫)、趴鸭(丫)、掐鸭(丫)转、挂脚面、挂脚后跟、脚转旗、童子拜佛、覆背卧鱼、挂单耳、挂后脑勺、挂腿肚子、转悠悠、粘糖人、夹鸡、掏地卜、耍流星、拜四方、单手倒立、皮条鸭(丫)等 25 种。杆会的集体活动是由多个单人动作组合而成,具体有以下 15 种:口叼转人、倒香炉、三猿竞技、驴打滚、卖烂肉、后脑、勺挂后脑勺、双人指路、高空登人、双登鸭(丫)、叼鱼、脚转旗和叼鱼、水中捞月、墩腿肚子、全杆。以上所列举的所有项目都是杆会中经常表演的，但并不涵盖杆会的所有动作。杆会动作的表演形式可以采取自由组合和多人组合，多人组合可以表演更加复杂的动作，观赏性也更强。

大六分村登杆圣会是一个村民自发性组织，几乎全村的男性都会上杆进行表演。男性是传承主体，主要以口传身授为主，传承的核心要素是口头的记忆与身体的技艺，传承人在其中起着决定性作用。

杆会对体力有一定要求，一般来说参与表演的年龄都在 40 岁以下，还有一批青少年，他们主要负责一些集体性的表演动作，所以，整个会员结构都是呈阶梯状分布，中间不能断层。

登杆圣会的技艺传承不采用师徒传授制，属于集体传承。只要是会里的老人都可以对练习者进行指导。这种传承方式一方面有利于更多的村民加入杆会的学习，避免在出会时人员不足等问题，另一方面没有师徒制的约束，没有建立牢固的师徒传承关系，容易造成传承的断层。大六分村登杆圣会经由静海区文化局申报，2009 年入选天津市第二批非物质文化遗产保护名录，2011 年 5 月李岳全被定为项目的代表性传承人。

7. 独流通背拳

“太祖门独流通背拳”源于天津市静海区独流镇，也称“太祖门太祖拳”“北少林派太祖门太祖拳”“太祖通背拳”，也有人称此拳为“合一通背”“荷叶通背”，是具有天津地方特色的拳种。古时相传以达摩为祖师，在清朝乾隆年间由一僧一道两位太祖拳师将太祖拳法传至独流，但无文字记载。有确切文字记载的则始于清末民初之时方在静海独流一带广泛流传，重修印行的《静海县志》武术卷记载：“李登善，独流人，以通背拳著名；杨学士，独流人，以斩拳著名。”又据《静海史话》记载：“清末民初之际，独流有太祖门四杰称誉一时。”任向荣、刘玉春、张景元、岳德恩四人“曾拜李登第、李登善、杨学士。深得太祖门真传”。太祖门四杰传人甚多，他们都对太祖门独流通背拳的发展作出了贡献，但是其中又以任向荣为最，《静海县志》（1936）载："任向荣，字光华，独流人，以技击驰名津、保间。性和蔼，从游者甚众，皆以敬让相尚焉"。江湖人称"赛猿猴"，当地人称"任老向"或"任向爷"。任向荣对于独流太祖门的贡献主要有全面继承太祖门的基础上加以整理、提高，还从王永清处学得的"大杆子"，又在河北桑园用太祖拳换得的苗刀刀法，从而充实了太祖门武术内容，使整个拳系技术更加完备和科学，另外对于太祖门武术的传承发挥了承前启后、继往开来的作用，是当之无愧的一代宗师。太祖门独流通背拳的流传自李登善传至现在已至第七代，其流布发展区主要集中在静海、独流一带。

太祖门独流通背拳套路风格特点是结构严谨，动作舒展，招式鲜明，步法灵活，刚柔相济、虚实并兼、长打短靠，爆发力强。攻防运用朴实无华、简单实用，非常注重通背力的运用，力由背发，根在于足，始于足，贯于背，由背贯臂，由臂贯于指掌，意气贯通于指尖。从脚跟到全身，周身节节贯串，全身内外贯通一气。内力与外力相结合，发出一种大转小转的螺旋穿透力。能在最短的距离发出最大的爆发力，使全身的劲力达于击点。动作要求起如风、击如电、前手领，后手追，两手互换一气摧。其主要手法为挑、砍、拦、切、封、闭、缠、拿，身法为缩、跃、侧、翻、转、伏、仰、蹿、滚、展；腿法为蹬、踢、扫、踹、弹、撩、钩、撞、绊、缠。交手时，讲求一胆、二力、三功、四气、五巧、六变、七奸、八狠；进身前，要"审视观察细留神，逢弱直冲入中门，遇强避锋绕锤"。手步相连，上下相随，遇隙即攻，见空则扑。所用招式，非攻即防，虚中寓实，实里含虚，一式多变，借敌之力以制其身。习练太祖门独流通背拳，必首练扎实之基本功，其基本功主要是"三型""五功"："三型"为头、手、步；"五功"为臂、腿、腰、桩、气。各型各功，既有独立之要领和理论，又互为作用，互相制约。悟其奥妙，益于拳中。太祖门独流通背拳主要包括：二十四式通背拳，少林拳，关东拳，太祖拳，小架子拳，五行拳，连腿等。

太祖门独流通背拳已于2009年被列入天津市第二批市级非物质文化遗产名录，可目前依然面临练习者少、后继无人的困境，为了使其得到更好的保护传承，太祖门武术传人已经将祖传的老拳谱、口诀等进行编辑整理，并将拳谱内所涉各种拳术、打法制成影像资料予以保存，同时也加大了对接班人的培养力度，并计划在天津成立太祖门独流通背拳研究会，使古老的独流通背拳能够走向全国。

（三）2013年入选天津市第三批非物质文化遗产代表性项目名录及天津市非物质文化遗产名录扩展项目名录（传统体育、游艺与杂技类）

1. 功力门武术

功力门武术“源流有序”“风格独特”“自成体系”“拳理明晰”，是中国传统武术的一个重要武术流派。起源于清朝光绪年间，传承四代。流传于山东、河北、天津等地。

依据目前所见材料，王绛云是功力门武术的第一代传承人，其后经李茂春、李文贞父女的传承与大力发展，功力门武术目前已经成为天津市乃至全国的特色体育项目，享誉世界武坛。

功力门武术风格独特，拳理明晰。其功架端正圆活，步法灵活稳固，动作朴实无华，出手招实力猛，路线直来直往。演练时讲究练养相兼，内外双修。练功时，要求意沉气平，动静变化，内外相随，形神合一，功力相成，于健身防身之术于一体。

功力门武术共包括基本功、徒手套路、器械套路、格斗等内容，技术体系十分完备，内容丰富，形式多样。其中徒手拳术套路计有功力拳、飞虎拳、绵掌拳、黑虎拳、梅花拳等；器械套路主要有短兵的功力门太极十三剑一至八路、功力太极刀、梅花刀、叉钩、双戟，长兵的大杆、张飞枪、花枪、子龙枪，软兵的九节鞭、十三鞭、拂尘等；基本功主要有七种腿法、抖大杆子、抓坛子、扔沙袋、霸王举等；实用技击形式有散打、擒拿和防身术等。太极十三剑就是功力门最精华的招式。

2. 傅式形意拳

傅氏形意拳由近代武坛巨擘形意大师傅长荣所创。傅长荣，字剑秋，号侠农，1880 年出生于当时的天津市宁河县芦台镇曹庄村。自幼演习武功，曾师尚汇川习少林宗法十年，并从申万霖习形意拳数载。1908 年，投身形意拳大师李存义、八卦掌名家刘凤春等巨匠门下深造，其技艺日见精纯，功力独到。在继承了形意拳的真谛后，傅长荣汲取少林、形意、八卦、太极等各门派武术于一炉，既兼容并包，又自成体系。他练法源于河北，又不同于河北、山西和其他支派的独特技法，在形意门中以独特的风格和高超技艺在 50 多年武林生涯中，行走于沈阳、沧州、上海、无锡、杭州、天津等地设馆收徒广泛传播形意拳、八卦掌、太极拳、少林拳，两次闯关东。其间，为扬中华国威，置生死度外，挫俄国力士，擂败日本武士小佐次郎。1926 年任张作霖侍卫长，东北军武术教官，教授张学良、张学成、韩光第、胡文通等东北军高级将领形意门武功。1927 年结识武当山道长徐本善，并且相互传艺，徐道长将武当太极拳、武当剑、玄武棍、龙门枪和乾坤球传给傅长荣。而傅长荣也将形意拳毫无保留地传给了徐道长。1929 年任上海警备区项致庄部队武术教官、无锡国术研究所总教练。傅长荣的武德和技艺，贯燕赵大地，大江南北，弟子桃李满天下。现存的傅氏形意拳谱，对研究中国武术的发展和其他武术技法等都具有重要的参考价值。

傅氏形意拳具有强身健体、防身自卫和陶冶性情的诸多功能。保护传承这一优秀文化遗产，交流推广使其发扬光大，可造福子孙后代。发掘、抢救、保护傅氏形意拳对振奋民族精神，落实国务院颁布实施的《全民健身计划纲要》，推动社会主义精神文明建设，构建和谐社会，都将起到积极的作用。

3. 太祖长拳

太祖长拳，又称太祖拳、太祖门、赵门，相传是宋朝的开国皇帝赵匡胤在少林寺习武后所创。

太祖长拳具有独特的风格特点，套路严谨、动作舒展、招式鲜明、步伐灵活、动作敏捷、长打短靠、爆发力强、朴实无华。该门太祖长拳讲究实战，攻防格斗，起如风，击如电，前手领，后手追，两手互换一气摧。其劲力发挥于撑、拦、斩、卡、撩、崩、塞等。交手时，讲究一胆、二快、三狠、四准、五变、六巧、七活、八稳。所用招势，非攻即防，虚中寓实，实里含虚，一势多变，借敌之力以制其身。

20个世纪80年代，太祖长拳因符合“源流有序”“风格独特”“拳理明晰”“自成体系”要求，成为中华人民共和国首批被承认的129个拳派之一。它承载了传统武术的精华，丰富了武术技术体系的内容，是留存至今的珍贵的非物质文化遗产。它的流传曾对太极拳、戚家拳、洪洞通背拳、少林拳以及南方诸多拳种尤其是对太极拳产生重要影响，因此又有“百拳之母”的称谓。习练太祖长拳不仅可以防身自卫、强身健体、延年益寿，还具有较高的观赏娱乐价值。在具体的传承过程中，各地的传承人虽不断发展与完善其技术体系，使其技术越来越繁杂，但其基本的内容体系却大同小异。“太祖长拳，山东专习”。目前太祖长拳主要流传于山东、山西、河南、河北、天津、福建等地，以山东为最。其中流传于山东省茌平区博平镇杨庄村的太祖长拳就是著名的一个支派。此支太祖长拳由清末少林寺的一个烧火工（山东省茌平区杨屯袁车村人）回到祖籍后传于临近的博平镇杨庄村的杨关庆。至此，太祖长拳一直在杨庄传承下来。

2001年,该支太祖长拳的第五代代表性传承人杨祥全来到天津工作,由此,该支太祖长拳进入天津。2013年,太祖长拳被天津市人民政府批准入选第三批天津市非物质文化遗产代表名录。

4. 王秦庄少林功力拳

王秦庄村已有近三百年的习武历史,清康熙末年,村内就曾有刘姓和景姓两家组成的保镖为主的习武会馆,习武人员达三十余人,曾经威震一方。村民们也在劳动之余习武健身,切磋武术技艺,王秦庄村成为北运河畔一个名副其实的武术之乡。

清道光十二年(1832),在漕运文化和妈祖文化的影响下,河北省沧州少林真传功力拳师王大友,慕名来到王秦庄落户,住宿于村内慈善组织抬埋会馆。因王大友武功超群,青少年们纷纷拜他为师,并组建了习武组织众英少林会,后改名众婴少练会,主要练习少林功力拳,王大友为少林功力拳的第一代传承人,距今已有180年历史。

王大友一丝不苟地将少林功力拳传授诸多门徒,徒弟们受益匪浅,拳功大增。他还将少林功力拳传播到邻近村庄,如柴楼、闫街、董新房、桃花寺、桃花口、屈淀、双口等村庄都有很多人练习少林功力拳。习拳强身健体蔚然成风,练拳场所(抬埋会馆)成为村内不可缺少的文体活动场所。每次习练和出会表演前,全体会员都要在练武大厅一侧供奉的“柳二爷之位”进行朝拜,祈求神灵保佑习练和出会演出顺利,每次习练和出会都由锣鼓伴奏助兴,一直延续至今。

功力拳最主要的特征是功力三十六招。“出掌如瓦垄”,防止对方抓手指。“攥拳如卷饼”,因为实,攻击对方的时候也不至于搓手。“拳似流星,眼似电”,拳到眼到,眼要快。“身如弓,拳如剑”,“腰似弹簧,脚似钻”。打出去的拳是多种力的合一。比如说内出拳,其中包括旋转力、沉坠力、十字力,六力合一,在一瞬间表现出来,身与意要合,力与气要合,手与脚要合，轴与膝要合，腰与跨要合。少林功力拳出掌如瓦垄，攥拳如卷饼，手似流星，眼似电，顶、担、抱、提、靠、搀、翻身跺子，顺手搀，钩、挂、打。步法有行步、连环步、迈步。腿法有踢、蹬、踹、前踢天灵盖、后踢紫金冠、里外摆腿。臂法有双臂摔臂、肩臂撩刮。身形做到身似弓、手似剑、腰似弹簧、脚似转，蹿蹦如飞，落地如棉，大小自如。动作要击拍轻快、闪展灵活、虚实分明、坚韧交错。王秦庄少林功力拳名胜不衰，曾参加过清末民初和中华人民共和国成立后的历届民间盛会表演，曾与南京国术馆、驻韩家墅的国民革命军二十九军开展联谊活动。

少林功力拳今已传承到第八代，代代都原汁原味地传授和继承，保持了原生态和本真性，保护、传承和发展少林功力拳责任重大。

5. 五行通臂拳

（南开区）五行通臂拳亦称“猿猴通臂拳”“老祁派大势通背拳”。是中国武林界著名拳种之一。据考证，该拳种在汉代已有流传。近代有确切文字记载的五行通臂拳创始人是清中叶浙江人祁信。他早年于北京设馆授徒，并由此将该拳术传入全国广大地区。

五行通臂拳由祁信始，第三代传人张策将该拳广泛传播。此后天津有张喆；北京有刘月庭、王荣彪；修剑痴在大连等设馆授徒传艺。1934 年张喆先生在天津南市五圣庙开设“通臂国术社”。至 1959 年，教授拳术达 25 年之久，为国家培养出众多武术人才。

20 世纪 80 年代，该拳第四代传人邓鸿藻先生，受天津市南开区政府委托，组建成立了“南开武术馆”，开馆期间盛极一时，享誉中外。日本曾多次派代表团前来观摩学习。2006 年天津市武术协会，批准成立了“五行通臂拳研究会”。目前五行通臂拳在天津已发展到第六代传人。

五行通臂拳内容上主要包括十二基础桩功、四十八行步操练法，拳术套路内容有“拆拳”“五马奔槽”，及后“大连环”“小连环”等。器械方面，有五行通臂刀(亦称八步十三刀),通臂枪,及短袍青云剑、长袍纯阳剑等。其运动的主要特点是拔顶抗项,含胸拔背,沉肩坠肘,三折九扣,拧腰坐胯,神情内敛,提肛收肾,意守丹田,肩背松顺,放长击远,松肩探臂,立轮成园,曲中求直,趾抓膝弹,中正安舒,支撑八面。

五行通臂拳在其发展的历史长河中,为中华武术文化的传承和发展、为提高人民健康水平和道德修养作出了重要贡献。同时因其技击性强,实用性好,影响遍及全国。到目前为止,该拳除京津冀地区外,在东北三省,西北地区及云南、江浙等地均有传承。近年来,五行通臂拳在天津的传人有很多走出国门,将该拳传播到日本、美国、加拿大等国家。

6. 赵堡太极拳

赵堡太极拳是我国六大门派太极拳之一,它发祥于河南省温县赵堡镇,素以乾坤正气和搏击风采威震武林,是武林中的珍稀拳种,曾受清雍正帝“乾坤正气”御笔褒扬。

历经岁月沧桑,以“硬如钢,软如棉,滑如鱼,黏如鳔”为重要特征的赵堡太极拳,经过拳师们的不断创新发展、完善,赋予了赵堡太极拳勇于创新的活的灵魂,造就了陈清平、和兆元、和庆喜、郑悟清、宋蕴华等杰出传人。进入 20 世纪中期,赵堡太极拳拳宗宋蕴华传给天津市北辰区的王继中,从此从这里传承开来。20 世纪 80 年代宋蕴华在中国香港创立了“国际太极易拳道”,风靡 47 个国家和地区。2006 年 2 月,宋蕴华拳宗积劳成疾英年早逝,遗憾地留下了众多挖掘、传承赵堡太极拳事宜。赵堡太极拳因受宗法观念“赵堡拳不出村”,错失发展良机,濒临灭绝。

赵堡太极拳传人王继中从 20 世纪 60 年代研修、挖掘、整理、总结赵堡太极拳,继承并发扬历代拳宗们敢为天下先的创新思维,而在武林中独树一帜。他吸收保留了赵堡太极拳的精髓,从社会变革后人们社会竞争力大、生活节奏快的实际出发,编纂了适人、适量、适时地传授赵堡太极拳的“继中21式养生太极拳”“继中18式通灵太极拳”“继中9式飘灵太极拳”，在祖国的十几个省市地区传承，奋力挽救濒临灭绝的赵堡太极拳。

7.银炭导引养生功

银炭导引养生功原属道家不传之秘，承接了中华几千年的传统文化，功法一般采用一脉单传形式，口传身教。此功通过银炭导引培植人体元气、打通经脉及全身各关窍，在此基础上通过特定的功架练习，用于养生可达驱除疾病、延年益寿的功效，用于技击可达金钟罩、铁布衫等功夫。银炭导引养生功继承和发扬了道家内功，入门简单、功法实用，可以通八脉，炼精化气、炼气化神、炼神还虚，具有极高的养生作用和技击功效。清光绪年间，天津南运河以北关上地区的黄七爷根据道家龙门派内功并结合家传武功创立此功法，发展出了二十一口气导引培植元气、打通奇经八脉及全身各关窍。通过十六个特定的功夫架练习，确立了银炭导引养生功的完整体系。

银炭导引养生功的每一代人都为它的传承发展作出了突出贡献。第一代黄七爷初步确立了银炭导引养生功的完整体系。第二代传人黄万金在天津南运河以北关上地区被百姓誉为“一代侠医”。第三代传人葛书贤，现为国家武术七段。在他的努力下，银炭导引养生功得到广泛传承，这也在一定程度上推动了中国武术的发展、普及。葛书贤还应邀赴美国讲授中国武术与内功，获国际友人高度评价，被聘为北美唐手道协会的高级顾问。第四代传承人王革真自2008年以来个人出巨资连续举办了三届宁津县“大亨杯”武术汇演，成为当地弘扬中国传统武术的典范。与其他武术功法不同，银炭导引养生功在修炼时分为文火修炼和武火修炼。文火是指在不烧银炭的情况下在室内外练习功法，文火吸入的是空气，从春分到秋分节气主要练习的便是文火。武火是指练功前在室内先烧一炉银炭，在炉旁练功，从秋分到春分时练习。银炭虽然可用煤气烧了许久，但由于它的密实度很大，所以仍旧没有像普通木炭那样显得舒松而通红。落在地上的声音更像金属，很清脆。到了21世纪，银炭的健康用途正被人们认知和推广。银炭导引养生功受到社会各阶层人士的喜爱，分布区域遍布我国山东、河北、上海、天津等省市以及东北地区。

8. 重刀武术（群英武学社重刀武术）

天津（南开区）群英武学社重刀武术创立于1904年，至今已有百年历史。群英武学社是在经历不同社会变迁中发展壮大起来的一支体育与艺术融为一体的民间组织，坚持传统的弓、刀、石（大刀、弓箭、石墩）健身活动。随着刻苦锻炼和技艺的不断升华，学社日渐从庭院走向社会，参加表演和演出。百年来，全体社员遵循“厚德为重、健身为本、互相切磋、团结奋战”的精神，长期锤炼、代代相传。社员们不仅个个练就了一身硬功，并身怀绝技，更是在重大节日重大社会活动的表演中声誉频传，深受群众爱戴。“天津大刀会”成为天津群英武学社的一种独特品牌。全体社员共有四十余人，最大年龄八十岁、最小年龄十四岁，多为世代相传。

武学社曾于1958年在北京怀仁堂为国家领导人汇报表演，受到伟大领袖毛主席和周恩来总理等国家领导人的亲切接见，受到极大好评，并望再接再励。中央电视台、天津电视台、南开电视台及中国台湾地区文化体育界人士为弘扬传统民间艺术、还派专人来津进行录像，并在各大宣传媒体中播放。个人花样舞刀、双人舞刀、群体舞刀以及弓箭表演，赢得广大观众的竖指称赞，影响极其深远。武学社之所以获得如此辉煌成绩、博得好评，这和四代社长倾心致力于武学社的发展密不可分。正是他们的言传身教、呕心沥血给了武学社代代相传的生命。武学社能有如今的发展也离不开上至党中央的重视和关怀，下至群众的爱戴和参与。武学在不断谋求发展的一个根本目的就是助力全民健身，强我国家，强我民众！

9.（河北区）舞大铁刀

据考（河北区）舞大铁刀起源于唐代，距今已有1000多年历史，到清朝成为广受民间喜爱的一项健身活动。明清两朝把舞大铁刀、抱石和拉硬弓设为考取武举应试的科目，因此成为民间考取功名而流传的健身（也可作为一项娱乐）活动。到民国初期，在天津均有民间设置的砘子、石锁、大铁刀等练习场所，官方和民间及当时的消防队都把这些活动当作训练科目，由于这些器械取材简单、坚固耐用，活动场地设置要求不高，而且对增强体质的作用显著，故深受广大人民群众的喜爱，从而自发组织了许多民间举重社团。其中最著名的有：郑玉春、郭金友、薛士虎等人20世纪初创办的"五艺社"（后改名为群英武学社），20世纪四五十年代该社拥有臂力超群的"四大金刚"，其中有以舞大铁刀称雄的谢宝椿，他能蹬起包括磨盘、砘子和11人的叠罗汉造型，总重量超过一千公斤，被世人称为"谢一吨"。他在1953年中华人民共和国举办的民族体育表演竞赛大会上荣获大刀表演冠军。获奖后，他应长春杂技团邀请执教该团20年，因此，积累了丰富的舞台表演和教学经验。谢宝椿退休后回到天津，但他退而不休，在当地又培养出了许多优秀学生，如：苗占元、许世国、张勇、张军等。

随着时代的快速发展，以年轻一代的张勇为代表，津门重刀36式的成员们本着与时俱进的创新精神，使津门重刀36式又登上了一个崭新的台阶。张勇18岁练习舞大铁刀、石墩、拉硬弓，深得谢宝椿真传。他在现有刀术武功的基础上，推陈出新，从原来舞大刀多为单一招式或几个招式的"一把活"形式，发展到能舞出连贯动作的多重刀套路，取名为"重刀36式"。重刀36式将传统舞大刀与武术巧妙地结合，开创了现代民间舞大刀新的里程碑。同时，张勇还积极为推广舞大刀这项中国传统功夫坚持不懈地努力，他协助苗占元开设了舞大刀练习的场地，义务教授学员发扬传统武学武术，为津门重刀36式增添了新的活力。经过几年的刻苦训练，这支队伍不断壮大，个人功力都有所增强。张勇在培养新学员的同时，不断提高自身的武术能力，使津门重刀36式成为天津武术界的佼佼者。他积极加入中国武术协会，成为中国武术协会会员，经常组织该武术社多次参加有益的社会公益表演，并配合天津市广场艺术民间联谊总会多次进行表演和展示，为天津武术的发展和交流作出了杰出的贡献。

10. 独流通背拳(永新二十四式通背拳)

宜兴埠永新二十四式通背拳形成于清咸丰四年(1854)，距今已有百余年历史。当年，宜兴埠人温长勇在省隶武举大赛中摘取武状元之称号，获头等侍卫封号，激发了宜兴埠镇乡民的习武之风。太祖通背拳第四代传人常胜将军刘玉春的大弟子李金富来宜兴埠镇戳杆授艺，在温家的资助下，镇内先后建立了东、北、西三处拳房。此后，宜兴埠镇年年举行挂棍盛会。李金富则成为宜兴埠廿四式通背拳的第一代传人。

二十四式通背拳是中国拳术之一，也称通臂拳。基本内容以其高、难、惊、险的套路，进行单打、双人对练、一对多练习，讲究手法、步法、腿法。二十四式通背拳的手法有摔、拍、穿、劈、钻等；步法有行步、迈步、散步、犄角、连环步；腿法有勾、挂、踢、蹬、弹、踹、连环腿等24种形式；特征是以柔为主，刚柔相济，以背力为法，放远击长，先发制人灵活快捷，力发腰背达掌尖，全身上下内外贯通。打拳时要做到掌如铁、腕如棉，两只胳膊似皮鞭，无影无形、飘忽不定，打中求变，拳腿并进，攻如潮起，退如水去，攻其不备，迅雷不及掩耳。

宜兴埠永新二十四式通背拳参加过清末民初和中华人民共和国成立后的历届民间盛会。因镇内各民间组织冠名均以"永字开头"故为"永新"二十四式通背拳，意为永远有新人出现。永新二十四式通背拳保留原汁原味的传统套路，是中华民族优秀体育遗产，其道具和器具保存完好。通背拳于1956年获天津市第一届农民艺术节民间花会百花奖,1986年获津沽花会大赛二等奖,2011年在华北地区传统武术大赛中获四金、三银、四铜。

(四)2017年入选天津市第四批非物质文化遗产代表性项目名录及天津市非物质文化遗产名录扩展项目名录(传统体育、游艺与杂技类)

1. 闫街少林功夫拳

天津市北辰区闫街村坐落在北运河的左岸,北运河是京杭大运河的主要组成部分。北运河北辰段自北辰的双街镇小街村始至勤俭桥20.5千米,途经3个镇,39个村庄,漕运朝间(1205—1911)沿运河两岸村庄,受漕运的影响,在政治、经济、文化等方面都得到了快速的发展,尤其在传统文化的发展上更是层出不穷,每村都相继成立了法鼓、高跷、少练、小车等各种传统花会,有的村还拥有几道或十几道的不同会种,逐渐形成了运河文化带。京杭大运河南北贯通,不仅文人政客商人南来北往,同时也是皇粮聚集地。南仓、北仓、中仓都成为交际的重地,促进了这些地区经济的发展和传统文化的繁荣。除了南仓和北仓聚集皇粮外,中仓乃是闫街村所管辖的地域,部分皇粮通过闫街码头在中仓储存,经过官吏调配运往京城。

闫街村内有座华佗庙,始建于明代初年,占地面积2500平方米,民国十五年(1926)重修,形成一定规模。华佗庙坐北朝南沿运河而建分前殿、后殿、偏殿。前为关羽坐像,后为火神立像,殿西二郎神,殿东虫神,后殿(正殿)正中为华佗坐像,后殿东有一小偏殿供奉观音菩萨,后殿东北两间偏房为老道居住,后殿西三间房为闫街村武术馆(少练会)。1948年国民党军队为修城防工事拆掉庙屋顶抽走檩条，翌年主殿坍塌，全庙毁于1956年，1994年和2009年两次重新修建华佗庙，将七百余年与华佗庙同期载种的“五爪金龙槐”围在华佗庙院中，古槐被天津市列为“天津古树名树大树”，编号为A0057号。

闫街村人民习武练功有着悠久历史，自清康熙年间为鼎盛时期，至今已有三百余年的习武历史。当年村内以李家和赵家为代表，组成了以开办镖局为主的习武会馆，经常在华佗庙院内、运河岸边，习武健身、切磋武艺，习武人员近百人，邻近村庄的青年也纷纷前来参加习武锻炼。闫街村因此成为北运河畔名副其实的武术之乡。

清乾隆五十二年(1787)李平自河南嵩山少林寺学艺归来后，少林功夫拳便成为“镇馆之宝”，也成为习武会员练功的必修课。不论习练哪种器械，首先要学会少林功夫拳或功夫拳中的其他拳种。少林功夫拳包括会合拳、缅战拳、功力拳、查拳、大功力、小功力、八极拳、散手拳、三十六招拳、八架八拳等。少林功夫拳的传播与发展有效提高了习武会员的练功素质和习武水平。少林功夫拳是集各类拳种的精华，体现在迅速、利落、软、硬、轻、闪、展、腾、挪等方面的周身运动，主要表现在握拳如卷饼、出拳如重锤、手似流星、眼似电、顶、担、枪、提、靠、搀、翻身跺脚、顺手搀、钩挂打，少林功夫拳的步法有行步、连环步；腿法有踢、蹬、踹、前踢天灵盖、后踢紫金冠、里外摆腿；臂法有双臂摔臂、肩臂撩刮。身形做到身似弓、手似锤、腰似弹簧、脚似转、蹿蹦如飞、落地如棉、身形大小自如、击拍轻快、闪展灵活、虚实分明、坚韧交错等特征。少林功夫拳积取各类拳种之精华，博各类门派之所长的权威性拳种，是传统武术拳种中的精华和瑰宝。

少林功夫拳集各类拳种的精华，体现在迅速利落、软、硬、轻、闪展腾挪等方面，第一代传人李平就具备了以上的习武技艺，被武林界誉为“草上飞”的称号，也成为闫街村习武会馆的一大特色。后人保护与传承的闫街村少林功夫拳，曾多次参加北仓东顶娘娘出巡盛会，并与王秦庄少练会联合前往南京国术馆驻韩家墅国民革命军二十九军大刀队开展联谊活动，解放后多次参加市区、镇历届民间盛会的表演，展示和比赛活动。

自2011年至2015年，少林功夫拳选拔了优秀的武术会员，参加了一届至三届华北地区“双街杯”武术大赛和天津市第三届、第四届“体彩杯”武术大赛荣获金牌20块，银牌26块，铜牌22块，荣获证书82个。其中，主要获得金牌的拳种有少林拳、查拳、三十六招拳；器械有功力双刀、六合刀、功力枪、佩刀。银牌主要获得的拳种有散手拳、缅战拳、合分拳、大功力拳、小功力拳、八极拳；器械有虎头钩、双钩、金刚大斧、双刀、大刀、对练三节棍。铜牌主要获得的拳种有八架八拳、六大开拳、六水架拳；器械有四门刀、九节鞭、双英双刀、双锤、优虎双擒、五虎枪、单把马刀等。

少林功夫拳至今已传承到第八代，历代都原汁原味地传授和继承，保持了原生态和本真性，是中华少林武术宝库中的瑰宝，是中华民族优秀的文化遗产。保护、传承和发展少林功夫拳，势在必行，责任重大。

2. 两翼猿拳

“两翼猿拳”由张少祥先生所创，至今已有百余年历史。19世纪末伴随着关东地区的逐渐开放，山东流民出关谋生者日益众多。作为进京北上的必经之路，天津就成为“闯关东”行程的重要站点，而当时作为漕运港口的汉沟村习武气氛浓郁，更吸引了不少镖师和拳师。张少祥先生当时就是北上大军中的一位，他出生于清末，祖籍山东，自幼习武，因家贫以卖艺为生辗转到天津定居于北辰区汉沟村。拜当时在天津以卖艺掩护身份从事革命工作的通背名家赵雄万先生门下学习通背拳，后又拜劈挂拳名家郭长生为师学习劈挂拳。他将两位师父的拳术精髓融会贯通，创造出“两翼猿拳”，在汉沟村成立延续至今的英武少林会教授此拳种。

汉沟村位于天津市北辰区北部，曾是北运河漕运的一个重要河港，因其地理位置优越、经济发达曾吸引不少艺人在此开场卖艺甚至安家落户、收徒授艺，张少祥先生就是其中具有代表性的一位。该拳种目前在天津市北辰区和红桥区均有习练人群，其中以北辰区双街镇“汉沟英武少林会”为主要载体，该武术团体也是由张少祥先生创办。第三代传承人商子凤（1949— ）师承刘德明，继承了该项目的拳、械套路及实战技法，为该项目的代表性传承人，商子凤组织建起汉沟武术馆，为该项目的继承发展奠定基础和保障，并在汉沟武术馆担任武术教学工作继续向青少年教授两翼猿拳。其为中华武术六段、社会体育指导员、天津市开发区武术协会理事兼顾问、汉沟英武少林会负责人。目前会址位于汉沟村农贸市场内，百余年来一直以“两翼猿拳”为主要传授项目，至今活跃在天津武术界。现今第五代传承人滕鹏（1991— ）虽为青年，但在参加的各种武术比赛中也是硕果累累。因一代又一代的传承和发扬，此拳术积累了坚实的群众基础并在天津市武术界受到认可和好评。

两翼猿拳相比于其他传统拳术，其步法变化更为灵活，技击技法招招相随，实战用法独具一格。此拳法遵循“正、顺、活、合、快、力、巧、精、妙、绝”十字口诀，并有慢拉架子快打拳之说。此拳术讲究大开大合、猛劈条直、搂臂合腕；含胸拔背、收腹敛臀；拧腰切胯、合膝钻足；沉肩下气、叩齿舔腭。动作柔活舒展，放长击远。长期练习此拳术会使得形体健美、肌肉含而不露，训练而成的肌肉均为条带状。此拳种将“通背”与“劈挂”的精髓融会贯通，在身法、步法方面独树一帜，并有一套独具特色的训练方法。单练套路和对练套路具有很好的观赏性，格斗技法在对抗中具有很强的实用性。

此项目以其优秀的传统拳理和科学的训练方法吸引着一代代练习者，并培养出许多武术界优秀人才。其中刘德明、张瑞兴等在抗日战争中投身革命队伍，利用所学在部队作战中发挥了先锋作用。中华人民共和国成立初期传承人商子廷在北京武术比赛中获第一名；在 1979 年举办的“天津市武术邀请比赛”中两翼猿拳的习练者包揽了对练项目的全部金牌,其中刘宝玉先生后来成为天津市武术队总教练;李邦勇先生参加了1984年天津市首届散打擂台赛获70公斤级金牌。

3. 形意拳(刘快庄形意拳)

经河北省深州李老能先生(1795—1881)在前人拳术的基础上创立的形意拳,以其刚柔相济,技击凶悍而威震武林,自出世以来至今已有150多年的历史。

在清朝光绪年间河北省形意拳大师李老能第三代传人李存义先生来到了天津素有“拳窝子”之称的北辰区西堤头镇刘快庄村招徒授拳。至此将李老能创立的形意拳带到了刘快庄,使刘快庄成为津门形意拳的首传地。

形意拳作为我国的内家拳之一,它与祖国的中医学文化和阴阳五行学说有着千丝万缕的联系,内涵极为丰富。形意拳在理法上讲究六合为一,即“内三合”与“外三合”。内三合为心与意合、意与气合、气与力合,外三合为手与足合、肘与膝合、肩与胯合。以心之发动曰意,意之所向为拳,作为拳领,以思维意识活动为诱导,使之作用于形体,使意、气、力三者互为作用,逐步达到六合的高度协调统一、内外兼修的目的。

形意拳以五行拳和十二形为主,套路简洁干练而重视内力修炼。五行者,金、木、水、火、土,劈、崩、钻、炮、横五行相配。主张头、肩、肘、手、胯、膝、脚七法并用,处处可发。

李存义先生在刘快庄传授的形意拳是中国传统拳术的四大名拳之一,属内家拳系,它具有以下特点:第一,简洁朴实。其动作大多直来直往,一屈一伸,节奏鲜明,朴实无华。第二,动作严密紧凑。发拳时拧裹钻翻,与身法、步法紧密相合,周身上下好像拧绳一样,毫不松懈。第三,沉着稳健。身正,步稳,要求宽胸实腹,气沉丹田,刚而不僵,柔而不软,劲力舒展沉实。第四,快速完整。练拳时要求“六合”,即心与意合,意与气合，气与力合，肩与胯合，肘与膝合，手与足合。动作强调打法上身，手脚齐到，一发即至，一寸为先。形意拳有着丰富的技击理论和技术、战术内容，强调敢打必胜、勇往直前的战斗意识。

形意拳在刘快庄传承已有百年历史，由于受当时条件的限制没有留下相应的文字和图片记载。刘云集、张贵良这些形意拳大师在授徒时也只是口传心授，文字记载也是只言片语。对于挖掘和传承刘快庄形意拳有许多不利因素，如若现在不进行整理、挖掘就有可能出现濒临灭绝的危险。

形意拳是以锻炼内在的精、气、神、意、劲为宗旨的拳术，由于形意拳刚柔相济，内外兼修，使内意、内气、内劲与外形、外气、外力相结合达到外形与内意的高度结合的主要特点。习练者在技击中得心应手，达到拳无拳，意无意，无意之中是真意，随心所欲的境界。传统形意拳围绕道、艺、德、寿、功，形成了完整的拳学体系，不仅练武艺，而且可养生。

形意拳在拜师学艺的时候最讲究的是仪式，必须递帖、跪拜、赠回师帖，由见证师宣读见证函，由师父宣读师训，以后就成为正式的入门弟子，就能继承本门的拳术了。

第六代传人于纯海，1958 年出生于天津市北辰区刘快庄村，14 岁开始练拳；26 岁拜宋氏形意拳传人李旭洲的高足张贵良为师，尽得恩师张贵良真传；后来又拜当代著名武术家张玉林先生为师继续深造。他从 1995 年开始就研修、挖掘、整理、总结刘快庄形意拳法，兼收并蓄，博采众家之长，将传统的形意拳从“打斗”上升到了“艺术”的境界，成为主要的传承人。

4. 形意拳（天津传统形意拳）

“天津传统形意拳”根据“岳家拳”—“心意拳”—“心意六合拳”—“形意拳”—“八卦掌”等技艺繁衍而来。

李存义于1898年带艺来津，首次传播“形意拳”技艺，至今百余年。该拳的特点是简洁明快、灵巧凶悍、迅猛快捷。据世辈师父口头纪实叙述，“天津传统形意拳”最早由岳飞于公元1141年编纂的“艺(意)拳”拳谱，传到今日已有八百多年。“艺(意)拳”后经明末清初的武官姬际可为访名师到终南山，遇知音转赠岳飞“拳谱”，他研练数载，悟出融拳、枪于一理之奥妙，再将与内意结合，以意为主导，取名“心意拳”，传承至今已有四百余年。后授秋蒲(安徽省)曹继武，由曹继武传于河南洛阳马学礼、山西戴龙邦。从戴龙邦开始转向对内意、内劲、神和气的运用，强调意识、呼吸、劲力和动作的内外相合，总结出“心与意合、意与气合、气与力合”的内三合，“手与足合、肘与膝合、肩与胯合”的外三合，共为六合，取名“六合心意拳”。戴龙邦收徒李老能，至今已有二百多年历史。李老能学艺于山西戴龙邦，由他传入河北，定名此技艺为“形意拳”。李老能收徒刘奇兰、郭云深，刘奇兰、郭云深传李存义。李存义又拜董海川学练八卦掌。他集形意拳、八卦掌于一身，融会贯通，以形意拳为主，以八卦掌为辅，合形意拳之劲、八卦掌之巧，自成体系。

“天津传统形意拳”汲儒、释、道的养生哲学观点，以易、医之理根据古代的阴阳五行金、木、水、火、土生克变化，相应创立五行拳“劈、钻、崩、炮、横”的招式。使其内与五脏，外与五官相应相属，从而达到技击变化和治病养生的目的。

五行与五拳、五脏、五官相匹配。金在五脏为肺，在拳为劈拳，在五官为鼻(鼻通肺)主练肺，拳顺则肺气充，运用上是将其金化形为斧主要运用肺气，取“肺动如雷声”之意；水在五脏为肾，在拳为钻拳，在五官为耳(耳通肾)主练肾，拳顺则肾气足，运用上曲曲流行，无孔不入，取“肾动快如风”之意；木在五脏为肝，在拳为崩拳，在五官为眼(眼通肝)主练肝，拳顺则肝气舒，运用上是将木化箭快速迅猛，冲穿锐利，取“肝动如飞箭”之意；火在五脏为心，在拳为炮拳，在五官为舌(舌通心)主练心，拳顺则心气壮，运用上以火为炮，爆发猛烈，取其“心动如火焰”之意；土在五脏为脾，在拳为横拳，在五官为人中（人中通脾）主练脾，拳顺则脾气健，运用上是土生万物之功，凡动则横，无横则身死体僵，劈、钻、崩、炮也无由而所生，取其“脾动大力攻”之意。

五行拳为“形意拳”母拳。“形意拳”另吸收了十二种动物：龙、虎、猴、马、鼍、鸡、鹞、燕、蛇、鲐（tai）、鹰、熊的特长和技能，故言：“远取诸物”和“人以身形物之形，物之意以人悟之”，象形取意为十二形拳。以五行拳为母，以十二形为辅相互衍演出许多套路。五行拳、十二形拳练至精妙处，各种兵刃在手无不随心所欲，练法变化中安心力求，达到完善的目的。

“天津传统形意拳”的以其简洁明快、灵巧凶悍、迅猛快捷而著称。八卦掌以其缠绕旋转灵巧而著称。“天津传统形意拳”是李存义集两家之所长，融会贯通，按易理定八卦，合五行熔一炉而添招术，简洁中有缠绕、迅猛中有灵巧、快捷中有旋转，动则成圆、圆活无滞、外柔内刚、外刚内柔、刚柔并济、阴阳相合。

形意拳八法为斩、截、裹、胯、挑、顶、云、领处处起钻落翻，八卦掌中搬、拦、截、扣、推、托、带、领处处走转拧翻。李存义使形意拳中的五行拳（劈、钻、崩、炮、横）、十二形拳（龙、虎、猴、马、鼍、鸡、鹞、燕、蛇、鲐、鹰、熊）以及套路、器械巧妙地吸收八卦掌的精髓融入其中，通过改良各式的转身回式、拧转摆扣、行动变化、劲力暴突处处都能体现出“天津传统形意拳”的简洁明快、灵巧迅猛、稳健凶悍等特点，它独立于传统的形意拳而自成体系。

“天津传统形意拳”除肢体语言外，还汲天、地、人之长，是东方哲学思想的充分体现，是医学、化学、物理学、技击术的完美结合。其民族文化内涵深厚，经过一百多年的实践证明，不但有较强的技击性，而且对提高人体的健康水平，改善身体素质、防病治病都有一定的作用。对人体肌肉、力量、速度、灵敏、柔韧、协调乃至神经系统内脏器官的锻炼作用十分明显,同时又有良好的体育医疗作用,对消除中枢神经系统的紊乱,改善内脏器官机能,活跃情绪,贯通血脉,有着显著的功效。不论男女老少、体强体弱均可练习,也不受场地的限制,即使是长衣绶带、斗室席地也可进行练习,所以"天津传统形意拳"的流传较广泛,是深受广大群众喜爱的一个拳种。

2012年在"中华武士会"诞辰百年之际,李存参与组织联络了各地及海外"中华武士会"的后世传人代表,在天津图书馆内召开百年研讨会。并在《搏击》2013年第400期、《全球功夫》2013年第6期、《天津记忆》等杂志,全程登载了会中内容,获得了良好的反响。海外媒体也争相关注,在国内外引起强烈反响。

为了使"天津传统形意拳"融入"天津武术协会"的大家庭中,在天津市武术协会的大力支持下,成立了"天津市武术协会形意拳研究会",韩文书被推举为首任会长,与"天津武术协会"共同构建了交流、普及、研究、发展"天津传统形意拳"的平台,搭起了联系社会和武术爱好者的桥梁和纽带。该会的宗旨是:为推动"天津传统形意拳"的发展、为团结众传人、为全民健身提供服务、全身心为弘扬中华武学文化贡献力量。

5. 形意拳(宋派形意拳)

形意拳原名心意六合拳,由明末清初蒲州姬际可先生所创,历代传承有郑师父、曹继武、李榛(李榛也叫李政、李政明)、戴龙邦,戴氏传李老能,李老能加以改革,称为"形意拳"。

李老能的八大弟子为车毅斋、宋世荣、李镜斋、刘奇兰、郭云深、张树德、白西园、刘晓兰。世人又以郭云深、宋世荣、白西园并称"三大圣手"。自李老能先生以下,形意拳门内传人影响最大的有"四大金刚"之四大流派,即车毅斋所传"车派",宋世荣所传"宋派",刘奇兰所传"刘派",郭云深所传"郭派"。

宋润和先生于1960年7月6日开始习练李旭洲在天津所传的形意拳,拜李旭洲弟子刘佩满为师,并得到多位师伯、师叔的传授,集每个人的特点于一身。1982年初,由孟鸿福大师伯发起,确定宋润和先生为李旭洲形意拳津门再传掌门人。

宋润和先生传承形意拳,同时创“气血流通”“肌肉收缩伸展”“骨骼运转”(接骨斗榫)的训练方法。把传统“苗刀”与独特的宋派李式形意拳功法相结合,创作出了传统“苗刀”的独特习练方法。传统结合美国贝弗里奇的后现代科学实践的科学方法论,参考芭蕾的“开、崩、直、立”,融合中国传统武术的圆、拧、倾、曲相,改变了中国传统武术的不足。其形意拳的功法在天津被武林同道誉为“小李旭洲”,并为众多武术各门派称赞与敬重。

宋润和先生所练形意拳五行拳的五行劲,各有其特点,混元力、抖擞劲别具一格;对“内功四经”有独特诠释;对“内浴八势”“伸筋法”“八大桩”“活膝法”“操腰法”完全完整掌握和精熟;对六面劲的练习皆符合生理、心理、哲学与力学综合体验;对人体的任督二脉有不同的见解。内外结合、上下互撑、左右争衡、前后互为作用,贴背转斗、气调而匀、劲松而紧,真正做到了形意拳的练劲不用劲、找劲而不使劲,进而达到真正的松关节强经筋,做到养用一体,充分表现出气血流畅,心情舒适,精神饱满,肌肉拉伸和收缩的功能,骨骼的旋转滚动使身体各关节腔得到保养,减少病变,使人体健康。李旭洲所传形意拳与众不同点在于他的方法相当科学,他所认真追求的形意拳的内涵科学、层次分明,能使人心态平和,功法虽高,但无霸气。

津门李旭洲宋式形意拳再传掌门人宋润和先生代表的是“宋派李式形意拳”。源自李老能祖师,后经八大弟子之一宋世荣先师传承至今,有许多独特的地方,与目前仍在传承的宋氏形意有着“传承上的差异”和“创新上的差异”。同时,经过宋润和先生这几年不懈努力与无私的奉献,“宋氏形意拳”也开始使用由宋润和先生代表的“宋派李式形意拳”中的许多内容传承给“宋氏形意拳”的后人。实现“传承”“创新”“融合”的发展道路,弘扬中华传统文化。

“宋派李式形意拳”立足于天津,传承海内外,弟子已经遍布世界各地,并于2013年开通“宋式形意拳网”。

6. 穆氏花毽

穆氏花毽起源于清朝光绪三年(1877),由穆氏家族长辈穆成亮是从西青区杨柳青石家大院跟踢花毽的老先生们习得踢毛毽的技艺。后经他刻苦钻研,将踢花毽的八项基本功有机地结合起来摸索出穆氏花毽的基本要领及动作规范,成为天穆村人民开展踢毽子运动的领路人,也是家族五代习练踢花毽技艺的第一代传承人。

天穆村位于京杭大运河北辰段北运河的左岸,村内建有六百余年的清真北寺、一百六十余年的清真南寺以及八百余年的漕运文化,成为回族的聚居地。穆氏花毽从起初的家院比数踢到技巧踢,从最基础的盘踢、磕踢、拐踢、蹦踢到外落、抹踢、砸踢、蹁踢逐步向高难度扩展,肢体变化越来越精巧,花样踢法越来越多,从家族踢花毽扩展到全村的大街小巷,延续到社区和校园。穆氏花毽的五代人经过不懈的努力,刻苦的习练,形成了天穆地区主要的体育锻炼项目,第三代为鼎盛时期。踢花毽本是群众喜闻乐见的一项群众性体育项目,后被列入体育运动表演项目。穆氏家族及其弟子在全国少数民族运动会和全国农运会上多次夺取殊荣,硕果累累。

踢毽子运动自古至今已延续了两千多年,具有极强的群众基础,穆氏花毽继承和传承了祖辈流传下来的踢花毽技艺,为中国的民间艺术、民俗文化、运河文化及传统体育的发展作出了卓有成效的贡献。根据天穆地区人们对踢花毽体育运动的需求,为培养穆氏花毽后继人才,于2011年成立了天穆青少年花毽训练基地。

一整套完美的花毽表演,体现的是形体的稳定性与灵活机智的意念力,支配和控制花毽的动向,按规定的动作为"我"所需,利用双脚、双腿、腹、肩、头、背、胸部的相互配合做出各种优美的姿势,使毽子经久不落地,缠身绕腿,翻转自如,淋漓尽致,眼花缭乱。踢花毽强度大,动作难度大,稳定性强,有耐力,踢得越多,花样越多,说明基本功越扎实,体现出人的智慧,民族的精神。表演花毽比赛时,选手穿的是具有民族特色的演出服,鞋是比赛专用的条绒布鞋。

7. 乌鸡门武术

乌鸡门武术也称"八卦乌鸡",属象形拳种独一无二,习练者主要分布在天津,该拳种始创于明朝末年,在天津传承已有四代。

根据已故的乌鸡门武术传人刘贵生生前口述和所查到的相关资料得知,乌鸡门武术是明朝末年两位出家修道的八卦先辈云摩道人和长山道人所创。云摩和长山感情深厚,每日除修道、炼丹、研医、下棋外,其余大部分时间用来研修中华武术,特别对八卦掌的研究已达到炉火纯青的地步。相传,偶一日,两位道人到山间闲游,忽然发现远处有两团黑色物体上下翻腾,二位道人深感诧异,当靠近后发现,原来是两只酷似雄鸡的鸟在争斗(此鸟酷似家养雄鸡,所不同的是,此鸟共有四爪,两大两小,其中两小爪藏于翅下,经常在争斗时出其不意攻击对方。由于此鸟外形酷似家养雄鸡周身黑色且能飞翔,因此被二位道人冠名为"乌鸡鸟")。只见此鸟十分凶狠,上下翻腾左扑右踩,扇、抽、蹬、啄别具一格,不多时,争斗的"乌鸡鸟"羽毛纷纷落下,鲜血淋淋。此鸟的凶残好斗让二位道人大为震惊,"乌鸡鸟"在搏斗中的奇特技艺,更让二位道人悟性顿开,他们觉得,若将此技编成武术习练,必将所向披靡。观看了一种名叫"乌鸡鸟"猛禽争斗的动作后,结合八卦掌技艺创编而成的象形拳种,自成一家独立一派。

清初，云摩和长山分别改名为尚道明（云摩）、何道远（长山），收童林（童海川）与牛二两人为徒。童林与牛二传铁掌刘恒，刘恒传海底闹龙于东海，于东海传飞脚李成，李成传妙手冯殿章，冯殿章用了七年的时间，将此技秘密传给了刘贵生。

随着时间的流逝，1956 年，刘贵生将此技在天津的西沽公园公开传授，由于刘贵生演练的乌鸡拳和乌鸡掌手法疾快，所以被武林同人誉为“快手刘”。

1983 年，刘贵生应邀担任西沽公园武术馆馆长兼总教练，并传授技艺于新组建的乌鸡班。1984 年《天津工人报》对其进行了报道，2011 年被收录进《名人足迹在红桥》一书中，2013 年被天津体育博物馆收藏。

乌鸡门武术是一个鲜为人知的武术门派，该门派立论严谨，构思缜密，技法独特可谓独树一帜。基本内容主要包括基功、单式、竞技、养生、兵器、拳法掌法练功口诀、部分兵器实战口诀、医疗保健等。

技艺的基本内容主要包括步法、劲道、招法、行拳特点、竞技技巧和竞技类套路等。竞技类技艺在步法上要求，站式如担担，行式似弓虫，站式做到，看观定式稳如泰山，行式做到，瞬间即到轻如鹅毛。劲道上除了要求力发于足跟贯于腰通臂外，还要求力打冷、弹、快、迅、猛、脆、巧、爆，力打五方。乌鸡拳常用的招法是摔、打、擒、拿、抓、踹、点、解、刁、锁、捋（luo）、扣。手法变化多，以点、刀、戳、劈、掛、捋、掏、抓为主要手法。行拳时多使用转身踢腿打、前蹿赶步打、进步连环打等。竞技时要求以快字为根本，以三盘齐发整体攻防为总纲，讲究肩、肘、手、顶、足、胯、腰、膝如常山之蛇随需而动，形成击首尾应、击尾首应、击中间首尾相应。乌鸡拳小挂常练的套路有横拳（乌鸡拳小挂第一趟）、劈拳（乌鸡拳小挂第二趟）、冲拳（乌鸡拳小挂第三趟）、挎拳（乌鸡拳小挂第四趟）；乌鸡拳大挂常练的套路有捋挂（乌鸡捋挂拳）、反挂（乌鸡反挂拳）；乌鸡掌常练的套路是乌鸡膀挂掌、乌鸡连环掌等。

养生技艺的基本内容主要包括强身健体类的掌法套路和内功修炼的功法技艺。养生类掌法套路叫乌鸡探手掌；内功修炼的功法叫鸡司晨犬守夜。

乌鸡门武术中除了有刀、枪、剑、棍等兵器外，还有自家的特有兵器——子午鸡爪鸳鸯钺。

从 2011 年开始，代表性传承人李国兴一直着手乌鸡门武术的收集整理、影像录制和传承工作。2013 年初，受乌鸡门武术传人们的委托，李国兴代表乌鸡门武术研究会全体成员，着手乌鸡门武术的非遗申报工作，亲手收集、整理、撰写了乌鸡门（乌鸡拳）武术非遗申报材料。这些资料经河北区非遗办公室多次审核后，提交河北区人民政府审批，于 2014 年底被天津市河北区人民政府正式批准为河北区非物质文化遗产。同年，李国兴被红桥区武术协会任命为红桥区武术协会副秘书长。2015 年，他开始着手乌鸡门武术进校园的工作，以便在年轻学子中推广这项优秀传统武术，为中华武术的传承、发展贡献力量。

8. 子午蛇形掌

根据蛇形门派历代相传，始祖为宋朝的张三峰。传说他在武当山修道时偶遇“鹊蛇相斗”，灵感所致，创编成拳（从拳术中的招式和内容可证实这一传说）。因历史原因，历代传承人，难以维系。

根据解氏四代传承的历史，可追朔至清朝。当时，河北省威县有个名叫沙英的人，他得到了蛇形拳术之真传。他用“以武会友”的方式，传给了河北省清河县双城集解庄村的解永厚。解永厚—解鹏集—解德君—解福贵，四代嫡传至今，在河北省清河县及天津市一带广为流传。

子午蛇形掌的主要特征，即源动腰脊，旋腰转背，节节贯通，劲达四梢。上为缩膀凹胸，旋腕转膀，形于手指。下为旋踝转腿，达于趾端。螺旋形地缠绕绞转，三盘合一，形成一系列的空间螺旋运动。

主要有模仿蛇盘旋、屈伸、缠绕等动态、特点及技能。动作要领为“梢节领，中节随，根节催”“脚为根，腰为主，斜身摇膀才出手（螺旋缠绕）”。

子午蛇形掌是中国武术中的一个优秀拳种。它以道家阴阳学说为重要内容，充分体现了阴阳、动静、虚实、刚柔的武术之道。“一阴，一阳，一动，一静，动而生阳，静而生阴。动之始则阳生，动之极则阴生。动而生阴阳，静而生刚柔。虚实则是阴阳动静之机，刚柔则是一动一静之理，刚柔相推而生变化。”子午蛇形掌既有哲理性、技击性、娱乐性，又有强身健体、防身自卫的价值和功效。解福贵为天津、清河县一带培养出了众多武术人才，为传承和发展传统武术作出了贡献。他的身上不仅有武学技艺，更重要的是其博采众长、勇于探索、敢于创新、自强不息、厚德载物的武德精神和蕴含其间的中华民族的武术之魂。

9. 八卦掌（程派高氏八卦掌）

程派高氏八卦掌源于山东，发展于天津，是中国传统武术八卦掌的重要分支，创始人为高义盛。清朝末年，高义盛在师承八卦掌第二代宗师程庭华所传的基础上，创造性地发展出了有别于八卦掌其他分支流派，独具特色，“先天掌和后天掌分而练之”的新的八卦掌技术体系，最初称“八卦揉身连环掌”，后经武术专家与众传人共议，定名为：程派高氏八卦掌。

程派高氏八卦掌创始于 1909 年高义盛返籍（山东无棣大山乡）授拳期间，发展于 1935 年后，高义盛、刘凤彩在天津广泛授徒传艺期间。其技术体系核心内容为先天八大掌和后天六十四掌，并强调“先天掌为后天掌之本，后天掌为先天掌之用”。先天掌主要功效为“练内培本、增气长力”，并在强身健体过程中增强“武功内力”。后天掌由六十四个单操式构成，主要用于技击。

程派高氏八卦掌吸纳前人武技之精华，蕴含着深邃的中国传统文化，具有重要的历史价值、艺术价值和科学价值。主要流传于天津、山东、上海等地，美国、加拿大、日本等国家亦有传人。

1866 年，八卦掌第一代宗师董海川将道家“转天尊”修炼内功大法融于中国传统武术之中，创编以“绕圆走转”为基本运动形式的八卦掌在北京传世。高义盛宗承八卦掌第二代宗师程廷华所传“桩功”（包括站桩和八大行桩）和“老八掌”的基础上，创造性地发展出后天八卦六十四掌以及先天掌和后天掌相结合的八趟形拳，后人称为程派高式八卦掌。程派高式八卦掌技术体系区别于其他八卦掌分支的最显著特征是：先天掌和后天掌分而练之，强调“先天掌为后天掌之本，后天掌为先天掌之用”，从而进一步提升了八卦掌健身强体功效和技击作用。

其先天掌完整保留了“程派”八卦掌的基本特点：掌为龙爪掌，步为扣摆趟泥步，劲以柔为主，用意不用力，含而不露，势不间断，一动无不动，在“裹开穿拧”中体会二争力，在绕圆走转中变换招式，以圈为法，从圈边向圈心进攻等。先天掌演练要领以二十四要即内功成式法为纲，在运动中“逆中求顺”，炼内培本，并在强身健体过程中自然而然增长武功内力。

后天八卦六十四掌乃高义盛广益多师，博采众长，取传统武技之精华创编出的六十四个单操式包括掌法、肘法和腿法。每一个招式敌用意明显，怎么练就怎么用。其动作以搏击为目的，步法以擦拉步和三角步为主，劲力以刚为主，强调“避正打斜，顺中求巧”。特别是以“本、卸、拆、变”的顺序训练搏击技巧，更接近实战。将先天掌练出的武功内力与后天掌练出的搏击技巧相结合，其技击功效更加显著。

程派高式八卦掌式中国传统武术八卦掌的重要分支，蕴含着深邃的中国传统文化，具有重要的历史价值、艺术价值和科学价值，在其发展的过程中，博采众长，不断创新。2017 年被列入天津市第四批市级非物质文化遗产代表性项目。程派高式八卦掌不仅日益受到国人认知和研习，且已推广到许多国家。

10. 八卦掌(高氏八卦掌)

高氏八卦掌产生于清末民初,由高义盛所创,至今传承百余年。高义盛,字德元。江湖人称"绝掌",1864 年生于山东无棣县大山乡大庄子村,幼时随父移居天津武清小高庄,后定居武清区陈嘴镇艾蒲庄村,1947 年在家中逝世。

高义盛自幼爱好拳术,早年承家传习练少林大洪拳后又学形意拳,并曾受形意名家李存义的指教,后又赴京专习八卦掌造诣极深,著《八卦揉身连环掌》谱。其所传八卦掌独树一帜,自成一式,承百年。后学者甚众,对八卦掌的继承及发展作出了一定贡献。

高义盛 30 岁始师从武清瓦房村周玉祥先生练习八卦掌,周即北京八卦掌名家眼睛程之高足,造诣极深。后承周先生保引投入程师之门,高义盛在北京拜程廷华先生为师。三年学成传统八大掌、器械及一些技击手法和单操式。自此高义盛以传授八卦掌为职业,开始在武清一带传艺授徒。45 岁(1909)时赴山东原籍故里传授高氏八卦掌。山东乃习武之乡,当地习俗初归乡里者必须和乡里习武者比试一番,高用所习八卦掌先赢本村武师吴会山,后胜武师张元彪(号称大山街上一只虎),又胜武师李学武(人称铁巴掌李二先生),一时名噪,引得大山乡周围十几个村庄习武者闻名纷纷拜师求教。在此期间广交当地有名的各门派拳师,互相学习研讨。50 岁左右从山东原籍返回武清,并在杨村一带继续传授八卦掌。其间也访交当地各门派拳师如太极拳(鼻子李之后)、少林拳等讨论拳术。60 岁左右再返山东故乡传授八卦掌。70 岁左右受天津友人邀请开始在天津球场(现为新华路体育馆)传授八卦掌,80 岁左右回武清艾蒲庄安享晚年,于 1947 年初逝世,终年 84 岁。

高义盛几十年如一日,经过演练实践掌术功夫至真至善,造诣精深。

他付出毕生的精力，他与其子高凤鸣结合毕生所学和自己的领悟，编著八卦掌拳谱，先后四次修稿，最后定稿、重校完成《八卦揉身连环掌》掌谱(1912年定初稿为《八卦连环掌》)第四稿最终定稿为《八卦揉身连环掌》)。入选《中华体育健身方法·第一卷》(武术保健篇)，向社会推广。高义盛从其师程廷华及师兄周玉祥学得的程派八卦掌为宗，并以其中八大掌为根本，对其他拳技进行了原则性的选择和吸收。最终创编出独具特色的有别于八卦掌流派中其他分支的技术体系。自成一式练法，开创了先天八卦掌和后天八卦掌的分开练法。他把传统练法(八大掌)为先天八卦掌，自己归纳的六十四掌为后天八卦掌。他特别强调先天掌为后天掌之本，后天掌为先天掌之用，并认为先天掌乃养身、健身、强身之法宝，后天掌乃防身、自卫、技击之妙术，从而在理论和实践上丰富了传统八卦掌，为继承和发展八卦掌作出了一定的贡献。

高义盛毕生以习练研究和传授八卦掌为业，向他拜师求教者甚众，比较有名的如高凤鸣(其子)、吴会山、吴洪山、张俊峰、安继海、张玉峰、徐明乔、曲克章、吴梦侠、杜绍堂、何可才、赵百川、李云章、刘凤彩、刘伯庸等。武清的弟子有李国元、丁绍青、杜家、沙家、郝家等，弟子众多。经过几代传人的发扬传播高氏八卦掌经天津武清、山东无棣传播到祖国大陆及中国香港(弟子何可才在港设有武馆)等。

高氏八卦掌因演练方式独具一格，即先天掌和后天掌分而练之，不同于目前国内外流传诸家八卦掌独树一帜而自成体系，突出了先天为后天之本，后天掌为先天之用的特点。先天乃练功、养身，健身、强身之法宝。后天乃防身、自卫、技击之妙术。先天八大掌——以先天八卦取象命名，以圈为法，转掌为头，换掌为母，遵循八卦，乾、坎、艮、震、巽、离、坤、兑八个方位演练生出八路翻身八大掌，以乌龙摆尾掌收式。演练时遵循二十四要为纲领，全身放松自然、身似拧绳、脚似趟泥、强调拧劲、整劲全身上下连贯一气、浑然一体、劲力内含而不外露，练到鸡腿、龙身、蛇腰、熊膀、虎豹头五形神态，上下翻飞，横冲直撞，龙腾凤舞，行云流水。后天六十四掌——后天掌由先天掌而生，先天八大掌一掌生八掌为后天六十四掌，又取象八卦阴阳变化，六十四掌每掌拆为六手，共为三百八十四手，和八卦三百八十四爻相吻合。后天掌以本、卸、拆、变为纲领，六合、七星、九功为功法。遵循周易阴阳变化，五行相克之原理。体现出以静制动、避实就虚、先化后生、攻防兼备、刚柔相济、沾连随粘，具有出手不见掌等技击特点。

高义盛及子高凤鸣著有大量的文献，现传《八卦揉身连环掌》谱。高氏八卦掌凸显先天为后天之本，后天为先天之用，无先天则八卦掌无根本，无后天则八卦掌不齐全的先天和后天完整体系，文武分合，刚柔相济，是健身与技击、功与力、内与形、理论和实践高度统一，也是八卦，五行，阴阳，仁爱，忍让等各种哲学思想完美的体现。

高义盛在山东、河北、天津设几十个拳场传授八卦掌，70岁在天津球场（现为新华路体育场）设武馆。高氏八卦掌第三代、第四代传人都已成为名家、名人和积极推广者，第五代更加人丁兴旺。《天津日报》等都曾载文专门介绍高氏八卦掌。国内外研究会、武馆百余家，传人已达到几十万人，遍及天津、河北、山东等地。

11. 静海迷踪拳

天津市静海区杨成庄乡，是近代孙通迷踪拳的发祥地，天津的小南河镇以前隶属静海，迷踪拳是拳术的一种，在静海流传广泛，所以“霍家拳”和静海的迷踪拳最初时期属于一脉相传，后逐渐有所区别。

清朝嘉庆、道光年间，山东人士孙通把迷踪拳从少林寺中带出并传播到沧州和静海，其拳术除在主体上保留了少林外家拳的架子和特征外，更有自己内外兼练、内练特征明显的独特风格。静海的杨成庄乡曾是静海穷得出了名的“老东乡”，由于贫穷且盗匪丛生，为保卫家园，人们纷纷习武，静海迷踪拳得以在此滥觞和繁衍。静海迷踪拳的始祖孙通，于清朝道光年间在嵩山少林寺习得属于内功锻炼的少林慢架之一的迷踪拳后，以教徒授艺为生，行走江湖，晚年时将迷踪拳传于静海的阎家冢村和小南河村。小南河村霍元甲的父亲霍恩弟主要习得迷踪艺中练手拳的内容，而比霍家略早得孙通嫡传的杨成庄乡闫家冢村村民田永春，除练手拳外，更继承了强调内外兼练的迷踪拳母拳——四门拳。小南河的霍元甲创建精武会使静海迷踪拳声名远播，与之同时期的杨成庄乡马彦平也在家乡广泛传播迷踪拳。从清末到20世纪七八十年代，迷踪拳繁衍不断，最多时多达数百人，丰富了乡里的文化生活，成为流行天津地区的著名拳种之一。

静海迷踪拳内容丰富，有徒手套路、器械套路和对练套路三十多个。徒手套路有迷踪架子、头路练手拳、二路练手拳、罗汉拳、五虎拳、烈士拳、四门拳（迷踪母拳共六路）；器械套路有行步四门刀、蹿步四门刀、六合枪、罗家枪、青萍剑、护手钩、三节棍、齐眉棍、九节鞭、拦门撅；对练套路有八折对打拳、庄稼六棍、三节棍进枪等；另传有锻炼腰腿筋骨的基本功、锻炼身体硬度和合整力的内功、单练散手功法和擒拿技法。拳术注重手眼身法步、精神气力功的锻炼。手法主要有崩、攒、横、拦、撑、折、扒、挎、肘、抹、斩、缠、飞、背、捶十五字诀练功方法；迷踪拳尤重腿功，有“迷踪拳腿最馋”“三只手”的说法，腿法除搬、压、踢、靠等基本功练习外，主要有点、勾、挂、缠、扫、截、踹，腋下藏花、勾子腿是典型腿法；身法以闪、展、腾、挪、拧、转为主；步法有单练蹿蹦跳跃的怀中抱月、虎扑子、双挑掌、连三拳等功法练习；本门拳法桩功林立，桩功以马步、弓步、虚步三桩为主，配合仆步、歇步等，演练起来起伏多变。静海迷踪拳保留了“蹲架子”的传统，讲究练二、五更的功夫，晚上练拳时关上大门，排除外界干扰，屏气凝神，静下心来打拳，最好是俩人一副架，到大架子就蹲。这样做的目的一是为了使行拳时浮在胸部的气息下行，二是为了耗腿上的功夫，这就是本门拳术中所讲的“气力功”的练法。

静海迷踪拳的主要风格和特征是介于外家拳和内家拳的一种内外兼练、内练特征明显的拳术，其动作姿态快慢相兼、刚柔并济，绵绵不断，处处相连。静海古传迷踪拳套路演练中的每一式都有一个完整呼吸的气口，久而久之，养成鼻吸口呼、逆腹式呼吸的科学方法，与太极拳等内家拳的锻练方法非常相近。由于静海迷踪拳滥觞之地处于相对封闭的乡野农村，与外界其他拳术门派很少交流，完整保留了迷踪拳内外兼练的古传风格，这种介乎于外家拳和内家拳的内外兼练的独特风格在全国具有“活化石”之称，在中国拳术发展史上具有重要的研究价值。独特的内练功法也使迷踪拳具有科学的强身健体和修身养性价值。现在，常年坚持习武的中老年拳师不过 10 人，存在后继乏人，断档失传的风险。

2017 年静海迷踪拳被天津市人民政府列入天津市第四批市非物质文化遗产代表性项目，第六代传人张景岩（1963—　）为此项目的传人。

12. 开合太极拳

开合太极拳是一项体用兼备的武术运动，拳架古朴玄奥，招式独特，开合变化清晰。由于开合太极拳保留了中国太极拳的原汁原味，理论和训练体系完整且兼具保健和实战价值，收到广大武术习练者的喜爱。

开合太极拳公诸于世已六代人一百八十多年。清中晚期，镖师郝山野（1800—1864）得武当高人传授“开合太极拳”，为第一代传承人；晚清著名武术家刘德宽（1826—1911），在山西护镖时得郝山野授，为第二代传承人；刘德宽传第三代吴峻山；吴峻山代师传蒋馨山、李景林等。

1926 年蒋馨山退出军界定居天津，从此开合太极拳扎根天津；蒋馨山传吕学铭（1928—2006）等；吕学铭传李仁平（1952—　）等。李仁平为第五代传承人，现为天津市西青区净业武当太极拳社社长，并有《武当武技与开合太极拳》《太极拳经典技法实战攻略》等专著出版。2000 年开合太极拳走进西青区。精武镇(原南河镇)人于经元在天津大学求学时师从李仁平先生,当城人高晓剑,杨柳青四中老师李玉珍等也学习该拳。2014 年“天津市西青区净业武当太极拳社”成立。杨柳青镇是开合太极拳在西青传播的主要区域。

开合太极拳的基本内容包括套路,推手,散手和实战技击。

开合太极拳的套路,一共有 108 个招式,是开合太极拳的主要练功方法,属于拳、功、法一体的太极拳。拳谱中部分招式名为独有。例如,云分手,云劈手,云揲手,推撵二起脚,簸箕式,三掩肘,懒龙卧枕……有的招式名称叫法与其他派氏太极拳名称叫法相同,但在练、用中所表现出形式与内涵以及效果却截然不同。例如:倒撵猴。一般派氏太极拳的均为顺步,开合太极拳的为拗步。有比较就有鉴别:开合太极拳的倒撵猴更加实用,尤其是在一人对多人的群战中更显现优势。开合太极拳招式动作,是在完全放松的状态下,以意行气,由身体梢节引领全身整体完成的,要求一动无有不动,以达到推手、散手、技击中舍己从人的目的;动作方向,都有特定的技击用途,动作的任何一个点都能用于技击,致敌伤残;在对敌人的搏杀中,能充分发挥动作运动轨迹中的圆弧和螺旋作用,实施有效的反制措施。观开合太极拳的所有动作模式迥异于其他派氏太极拳,整套开合太极拳与其他派氏太极拳无半分相连、相接、相同之处。

开合太极拳的推手,是开合太极拳整套训练体系中不可分割的部分,两者相辅相成。推手是习练太极拳,从套路,到散手、实战的有效的、必经的训练阶段,也是对开合太极拳套路不断加深认知,理解,并把太极拳套路中的招式应用于实践的最佳训练方式。开合太极拳的推手分为活步推手、散步推手和定步推手。练习开合太极拳一般数月后可以开始进行活步推手的学习和训练,要求推手双方在不断的运动中,保持粘、黏、连、随,的同时,要保持自身的中正(平衡),所有动作要求在“四两”之内完成。随着不断的活步推手的训练,把开合太极拳套路中的招式,不断在推手中运用出来。

当活步推手有了一定根基后，就过渡到散步推手。散步推手，双方招式动作幅度更大和身法更加多变，两人或即或离，擒、击、化、打、发的用法，更加明显。散步推手是向散手和实战更进一步的训练。

定步推手为开合太极拳推手所独有。开合太极拳的定步推手，不同于其他派式太极拳初习推手时的定步单、双推手。开合太极拳的定步推手是推手双方具有了相当功力和技能后，两脚不离原地（两腿重心更替，脚跟可以抬起），利用虚实变幻的身法，来解决对方攻势的一种高级推手训练模式。开合太极拳的推手还有一项独有的训练形式，不但可以一对一推手，还可以一对二推手和一对多推手。这在当今所有派、氏太极拳推手中所独有，也是开合太极拳对内含丰富的武当技击术的最好诠释。

开合太极拳的散手和实战技击术，也分一对一、一对二及一对多，是开合太极拳训练的高级阶段，是开合太极拳价值的核心，也是武当武学的核心。其内涵思想深合兵法，避实击虚，一击毙命。

2017 年开合太极拳被天津市人民政府列入天津市第四批非物质文化遗产代表性项目，第五代传人为张景岩（1952— ）。

附录：天津市四批传统体育、游艺与杂技类非物质文化遗产代表性传承人名录

1. 回族重刀武术：天津市红桥区　曹仕杰、曹仕伟；
2. 拦手门武术：天津市河东区　张文仲；
3. 少练老会：天津市北辰区　屈宝祥；
4. 北少林武术：天津市蓟县　商宝良；
5. 无极拳：天津市东丽区　高铁静；
6. 鲍式八极拳：天津市北辰区　鲍雅齐；
7. 李氏太极拳：天津市武清区　贾仕文；
8. 毕式“一指禅”拿手推：天津市和平区　毕增祥；
9. 永良飞叉：天津市武清区　王文壮；
10. 独流通背拳：天津市静海区　孙金生；
11. 大六分村登杆圣会：天津市静海区　杨文祥；
12. 北少林武术：天津市蓟县　商绵辉；
13. 群英武学社重刀武术：天津市南开区　顾宝地；
14. 五行通臂拳：天津市南开区　韩宝顺；
15. 银炭导引养生功：天津市红桥区　葛书贤；
16. 永新二十四式通臂拳：天津市北辰区　何凤阳；
17. 赵堡太极拳：天津市北辰区　王继中；
18. 王秦庄少林功力拳：天津市北辰区　杨博春；
19. 群英武学社重刀武术：天津市河北区　张勇；
20. 霍氏练手拳：天津市西青区　霍静虹；
21. 太祖长拳：天津体育学院　杨祥全；
22. 五行通臂拳：天津市武清区　张国俭；
23. 傅氏形意拳：天津市宁河县　傅占民；

24. 闫街少林功夫拳：天津市北辰区　张德福；

25. 两翼猿拳：天津市北辰区　商子凤；

26. 形意拳：天津市北辰区　于纯海；

27. 天津传统形意拳：天津市河北区　韩文书；

28. 宋派形意拳：天津市河东区　宋润和；

29. 穆氏花毽：天津市北辰区　穆怀良；

30. 乌鸡门武术：天津市河北区　李国兴；

31. 子午蛇形掌：天津市河东区　魏德林；

32. 程派高氏八卦掌：天津市河西区　刘树行；

33. 高式八卦掌：天津市武清区　高海华；

34. 静海迷踪拳：天津市静海区　张景岩；

35. 开合太极拳：天津市西青区　于经元。

四、积极拉动内驱力，促进全民健身运动的发展

天津在中国近代体育史上有过浓墨重彩的一笔。19 世纪中叶开埠后，天津各项体育活动开风气之先，篮球、棒球、垒球、体操、田径等体育活动先后引进天津，并传至全国。鉴于此，现代体育项目对天津来说具有浓厚的社会氛围和坚实的群众基础，一直以来天津对社会体育和群众体育保持较强的支持和关注。

（一）早期群众体育组织

1. 天津基督教青年会体育部

天津基督教青年会（以下简称天津青年会）是 1895 年创立的。创始人是美国“北美协会”的来会里。1895 年 9 月，来会里和妻子乘船来到中国担任中国青年会国际委员会第一任秘书，负责创建城市青年会。他一来到中国就考虑会址的问题，经过调查研究，决定把会址设在天津。他认为当时的北平为中国首都，是旧教育制度的中心；天津则是中国当时的西方教育中心，又是传教活动在北方的集散地，凡是到华北的传教士一般都

经过天津。再有,天津教会学校的学生都能用英语会话。这对开展青年会的工作是个有利的条件。于是,来会里经“北美协会”批准,在天津创办了中国第一个城市青年会。天津青年会的会址,最初设在海大道(今大沽路),后来由来会里在会员中募捐,在大沽路购得一块空地建造了正式会所。由于美国戴乐尔夫人为此捐资14000两白银,故称为戴乐尔纪念大楼。1903年,会所又迁至东门里经司胡同11号的一所四合院内。1914年,在东马路的一块空地上盖起了天津青年会大楼(即现在的天津市少年宫所在地)。天津青年会设有董事长和德育、智育、体育、服务等四个部。每个部设主任干事1人,视工作繁简设干事及职工若干人。青年会注重青年的兴趣、爱好及其他方面。因此,在和青年会员中经常开展“三育”和社会服务活动。青年会体育部历任主任干事有蔡乐尔(美)、饶柏森(美)、董守义、李友珍等人。从1896年至1948年这52年,天津青年会传播了西方体育、培训了体育人才、组织了多种竞赛活动,是当时全市的一个体育活动中心。青年会在传教、讲道过程中,同时也宣传、提倡体育活动,传授西方的田径运动,培养田径兴趣,组织田径锻炼,培训田径人才和举办田径运动会。旧中国第一届全运会,就是由上海基督教青年会全国协会发起并联络各地青年会组织举办的,参加的运动员都是教会学校的学生或青年会的会员。天津青年会对天津田径运动的起步和早期发展,起过推动的作用。1910年,天津青年会改定新章程,乃由张伯苓、王正廷等部分华人充任董事。

2. 天津体育协进会

天津体育协进会简称天津体协会。近代体育从西方传入我国初期,一切大型运动会基本上由在我国的基督教青年会和外籍人士倡导,并一手包揽操纵。天津是全国近代体育传播较早的地区,当年有许多有识之士在天津宣传体育、提倡体育、普及体育,为竞技体育在我国的兴起与发展,作出了很大的贡献。1927 年,中华全国体育协进会成功地在我国主办了第八届远东运动会。在这届运动会上,日本代表团表现出超强的实力。天津体育界人士在会上目睹了日本体育的突飞猛进,深受震动,返津后,张伯苓、杜庭修、董守义、社科、杨宽麟、章辑五诸人于同年 9 月 18 日邀请本市体育界商计组织天津市体育协进会事宜,同年柬请了本市中等以上各学校以及体育团体加入。

1927 年 9 月 20 日在南开学校会议厅召开天津体育协进会成立大会,到会者 22 人。会上由张伯苓报告了组织协会的动机和宗旨。并推举章辑五为临时主席,讨论了章程,选举了第一任领导。天津体协会的成立扭转了天津的体育事务由教会势力组织一手操办的局面,从而开始由中国人自己来办。天津市体育协进会第一任领导:推选颜惠庆、张伯苓、胡政之、孙凤莲、卞白眉为名誉会长,选举章辑五为会长,杜庭修、唐逵为副会长;会计:李友珍;书记:谢希云;委员:王子华、陈仲璋、朱凤楼、胡定九;专职干事:董守义。会址设在东马路青年会(今天津市少年宫)内。天津市体育协进会宗旨:第一,联合天津体育团体,促进体育之进步;第二,主持天津业余运动,并增进运动员仁侠之精神;第三,关于举办各项运动比赛时,由本会联合各团体负责进行。此外,“协进会”还负责招待外来体育团体,组织如体育对抗赛、远足会、讲演会等有价值的活动。天津市体育协进会的成立,对全市学校体育和社会体育的积极倡导和广为推动起到有益作用。体协会专设田径委员会,办理全市田径业务工作。1928 年 9 月,天津市体育协进会选出第二届执委。协会认识到,要使天津市体育向前发展,必须把全市的体育教师紧密团结起来。为此,1928 年 5 月协会在南开学校乐山堂召开了全市体育教师联合会。会上对体育、学校体育教材、经费、设备、组织管理以及教师的自修问题开展讨论,决议成立天津市体育研究会。这次会议对于团结全市体育教师起了很大的作用。1930 年 9 月,天津市体育协进会选出第三届执委会。截至 1932 年,参加协进会的团体计有南开大学、南开学校、南开女校、新学书院、英美烟草公司、庸报、北宁铁路局体育会、汇文中学等40个单位；个人参加的有侯洛荀、陈文海、赵泉、谢希云、霍连元、霍维智、任仲先、王子华、李清安等七十余人。1932年，河北省教育厅根据教育部的规定开始增设体育督学一职，由北京师范大学毕业生、第四届全国运动会铁饼冠军赵文藻担任。赵文藻来津后即被选为天津市体育协进会第四任会长。从此，政府与民间的体协会组织融为一体，天津市教育局每月拨经费50元，改变了过去体协会活动资金完全仰赖社会上热心体育人士捐募的局面，对河北省、天津市体育工作的开展更为有利。当时较大型的体育活动有：1932年1月6日举办首届裁判员考试。天津体育协进会为协助承办第18届华北运动会做了大量工作。1933年10月，第十八届华北运动会筹委会成立，当时河北省主席于学忠将军亲任主席，委员有张伯苓、赵文藻、董守义、关颂声、傅镜如、宋锐庭、侯洛荀、章辑五、袁敦礼等。经过以天津市体育协进会为基础积极协助省方筹备，第18届华北运动会如期于1934年10月10日在天津举行。天津体育协进会成立之日起，委员多系兼职，缺乏互相了解、彼此沟通，矛盾时有发生，并且日益激化，终于部分委员提出退会。1930年9月19日天津市中等以上学校体育促进会正式成立，天津市体育协进会实际处于分裂状态。后来双方都感到这种状态对天津市体育事业发展不利，经多方努力，于1936年10月中旬正式成立了天津市体育联合会，全市体育活动又有了明显进步。但为时不久，因七七事变，天津市体育联合会因部分委员离津去内地而瓦解。而体育协进会却一直存在到天津解放后才被接受改组。1937年天津沦陷后，日伪当局成立了“新民会”，控制了天津市一段时期的体育活动。伪“教育局”成立后，日本顾问命傅镜如、郭荫轩2人起草“天津市体协规程”，1938年2月15日正式成立了“天津特别体育协进会”。伪河北省长高凌蔚为最高顾问，伪天津市长潘毓桂为会长，京奉铁路局局长周庆满、伪河北省教育厅厅长何庭流等兼任副会长，日本人冈部平太为顾问。协会设总务部、执行部。该会还决定发行《体育月刊》。1945 年抗日战争胜利后，天津市体育协进会由当时市长杜建时任名誉会长，总干事由天津利生体育用品厂总经理齐守愚担任，驻会常任干事是田秩曾，下有六七名工作人员。会址设在多伦道 57 号，其经费以组织各种私人球队比赛的门票收入为主，及发动社会各阶层人士资助或募捐来维持。该会在章程中虽然规定有经常举办各种体育竞赛和组织各种群众体育活动的条文，但此时其真实目的，不是为了有益于社会文化活动和人民的身体健康，而是用此名义和方法筹措经费，增加收入。其收入，除用于解决几个职工的工资外，大部分用在笼络官府上层人物和军、警、宪、特等人，剩余一些又被中饱私囊。另外，体育协进会被一些打着体协会的招牌、冒充体育记者的特务分子混入，这些人专门调查和监视进步青年、学生等，并对进步活动进行暗中破坏。这一行为很大程度上使体育协进会变为国民党政府对体育进行统治的御用工具。1949 年 1 月 15 日天津解放，同年 2 月 10 日市人民政府接收了设在多伦道 7 号的天津市体育协进会。中华人民共和国成立后，对中华全国体育协进会进行改组，该会及各地分会即停止了一切活动。

3. 天津体育促进会

天津体育促进会全称为“天津中等以上学校体育促进会”。简称天津体促会，是从体育协进会中分出来的组织。于 1930 年 9 月 19 日，由法商学院、河北中学、中山中学、省立一师、协和、扶轮、省一中、震中中学、水产专科等 9 所院校发起，并组织成立天津市体育促进会，大会发表了成立宣言。其宗旨是“就天津市体协能力之所不及者，努力以促进之”。体促会成立之后，致力于每年举办全市春秋两季学校运动会。天津市体育促进会章程指出“本会以促进天津中学等以上各学校之青年，使其注意体育，培养健全身体，并计划推出发展，借以发扬我民族固有之精神为宗旨”,天津市体育促进会暂借河北省立法商学院体育部为办公地址。该会成立后,对举办各学校的体育比赛和组织社会体育活动都起到了积极作用。1936 年 10 月,为促进天津体育界合作,共同提高天津体育事业,天津体协会与天津体促会正式合并,组建天津市体育联合会,简称天津体联会,此后,天津市的一切体育运动业务,皆由天津体联会统管。1946 年改组为中华全国体育协进会天津分会,简称中华天津体协会。

4. 天津市体育联合会

由于天津市体育协进会内部产生矛盾,最终导致分裂。部分成员于 1930 年 9 月发表宣言,正式退出协进会并成立天津市体育促进会。两会互不相扰,都各自努力设法举办学校的体育比赛和社会活动,以取得好的声誉和影响,但是不可避免地使全市体育的发展受到一定的影响。

为了改变当时中国体育萎靡不振状况,谋求全市体育界的彻底合作,一些体育界爱国人士出面奔走,从中斡旋。经过多方努力,于 1936 年 10 月 13 日在东马路青年会体育部召开会议,决定成立天津市体育联合会。会议上赵君达、朱稚舒、章辑五、傅镜如、宋锐庭、耿顺卿、刘文林、赵泉、郝铭、比居如、何玉书、李公衡、田秩曾、齐守愚、李清安等被公推为执行委员。其中,赵君达任主任委员,郝铭任会计,赵泉任宣传,田秩曾任文书,刘文林任庶务。会后发表了天津市体育联合会成立宣言,这代表天津市民间体育组织分立局面的结束。天津市体育联合会章程规定:“本会以提倡本市学校及民众体育、发扬民族精神为宗旨。”会务以“倡办各种体育竞赛活动;组织各种体育竞赛裁判委员会;举办各种体育活动技术训练班及讲习会;组织关于体育之各种研究会;出版各种体育刊物”为主。天津市体育联合会决定会址暂设在北站外体育场内。天津市体育联合会成立伊始,当即有 47 个单位(大学 6 个、中学 18 个、小学 21 个、业余团体 2 个)及个人 17 人报名参加。从此,结束了市体育协进会、体育促进会二组织的分立状态，所有全市体育工作，均由体育联合会统一领导并推行。1937 年 7 月，日军侵入华北，天津沦陷，体育联合会委员相继离津，天津体育联合会随之消亡。

5. 天津中等以上学堂体育联合会

天津中等以上学堂体育联合会，简称天津学联会，建立于 1903 年。创立当年即举办天津中等以上学堂联合运动会，开创学校联合运动会之先声。第一届即有北洋大学堂、普通中学堂、官立中学堂、新学书院和高等工业学堂参加。此后一直延续下去，每年举行一次学校联合运动会，参加学校也随之逐年增多。

6. 中华武士会

20 世纪初，天津的武术文化盛行。由于天津独特的地理位置特点，各地武术文化在天津交融发扬。1911 年辛亥革命爆发，人民的思想得到了空前的解放，同时也放宽了对民间武术组织的管制。因此在当时的旧中国掀起了武术救国的思潮。关于中华武士会成立的时间，资料显示最多的是 1911 年，刘文华、李存义、张占魁在天津三条石“普度庵”旧址召开了会议，商议成立中华武士会。1912 年 6 月，中华武士会在《大公报》刊登成立启事和《中华武士会简章》。同年 9 月，以“团结武林同道，提高中华武术，振奋民族精神”为宗旨的中华武士会在天津召开成立大会。冯国璋为中华武术会题写牌匾。中华武士会的教员都是当时名噪一时的武林宗师，比如孙禄堂、韩慕侠、李存义等。同时，他们出版的一些经典武学资料，都成为中华武术的宝贵财富。中华武士会培养了大批杰出的武术人才，它不限民族和身份、不分门派，开放包容，开启了近代中华武术传播的先河，也是最早的武术民间组织。后来便有“南有精武会，北有武士会”的美誉。

（二）天津是社区体育的发源地

改革开放后，天津群众体育由单位、行业组织向社区、自发的体育俱乐部过渡，许多方面进入全国前列。1984 年，中共天津市委和天津市人民政府决定，把群众文化工作列为 1984 年全市的大事，动员党政部门、群众团体和社会各方面力量共同搞好。1984 年，全国首个群众体育节诞生在天津。1895 年开始，天津群众体育秉承“突破纵向、打开横向、深入社区、走向家庭”的主线，各社区争先成立社区体育协会，整合社会资源，大力发展群众体育。在不懈努力下，形成了“区、街、居委会”三级网络，得到了老百姓的踊跃参与，群众体育迈入了新的局面。1991 年，国家体委召集各个城市向天津学习社区体育发展经验，22 个城市派负责人员参与，天津成功的经验被其他城市所效仿，同时也通过全国体委主任和全国政协专员会议积极推广，天津打响了城市体育管理体制的第一炮。

2017 年，天津承办全运会，大会提出了“全运惠民”的理念。这一理念下的天津全运会，将运动员和观众、赛会和市民的距离越拉越近。“十三运”在筹办的过程中，不仅关注竞赛，更着眼于普通百姓的健身需求，大力兴建群众体育设施。这一理念不仅在硬件上改变着天津这个城市，更从心理上满足了普通百姓在体育赛事、健身活动的需求，让老百姓从中获得幸福感。在全运惠民工程中，天津着力打造“15 分钟健身圈”，建设了一批体育公园和体育健身设施，提升体育场馆服务全民健身的能力，让群众在家门口不远的地方就能找到健身场所。此外，天津市各个区县也将发挥山、河、湖、海、湿地等自然环境优势，打造市民健身休闲、体育旅游等运动营地。这场大赛，将天津体育的发展带入了高潮。

（三）研制我国第一部《全民健身计划大纲》

1993年，天津市体委受国家体委所托，与天津体育学院参与研制我国《全民健身计划大纲》的任务。此次任务由当时任国家体委副主任的刘吉负责。在多方共同努力下，于天津草拟了“全民健身计划基本框架”，经过反复修改审定，提出了“全民健身一二一启动工程”设计方案。经国家体委主任会议和国家体委党组织会议研究讨论，并征得16个部委的同意，最终报国务院得以批准颁布实施。天津为全民健身立下一大功，受到了“功在当下，福及子孙”的称誉。

为了更广泛地开展群众性体育活动，增强人民体质，推动社会主义现代化建设事业的发展，中华人民共和国国务院于1995年6月20日颁布实施《全民健身计划纲要》。全民健身计划是一项国家领导、社会支持、全民参与、有目标、有任务、有措施的体育健身计划，是与社会主义现代化目标相配套的社会系统工程和面向21世纪发展战略规划。它对于提高中华民族的体质和健康水平、建立科学、文明、健康的生活方式，促进社会主义精神文明和物质文明建设，乃至国家繁荣昌盛、民族兴旺发达，都有重大深远的意义。《全民健身计划纲要》把一切为了人民利益，服从和服务党的中心工作和发展全局作为出发点和落脚点，把动员和引导广大人民群众积极投身于健康活动，达到普遍增强人民体质作为核心和主题，把深化体育改革，大力推进体育社会化进程，探索新时期体育管理体制和运行机制作为一条主线，把加快发展我国全民健身事业，逐步建成具有中国特色的全民健身体系作为突出的特色，通过全社会的努力，不断提高我国全民健身事业的整体水平。使体育工作健康、蓬勃发展，逐步实现体育的生活化、普遍化、社会化、科学化、产业化和法制化，建立与社会主义市场经济体制相适应的一种全民健身新模式、新格局。

天津市政府不仅参与了《全民健身计划纲要》和《全民健身一二一启动工程》的编制工作,其编制的《社会体育指导员技术等级制度》作为国家发展群众体育重要战略措施之一,一并写入《中华人民共和国体育法》,成为国务院颁发的《全民健身计划纲要》第一个配套文件。此外,天津市政府还积极同天津体育学院展开合作,在培养社会体育指导员的道路上率先探索。1995 年 9 月 7 日,国家体委副主任刘吉同志在天津体育学院"实施(全民健身计划纲要)报告会"的讲话上,肯定了天津体育学院配合国家体委党组所做的大量工作。

社会体育指导员是伴随《社会体育指导员技术等级制度》和《全民健身计划纲要》的推行发展起来的一支社会体育工作队伍,为广大人民群众健身指导服务发挥了重要作用。随着社会体育指导员制度的不断完善,对社会体育指导员等级的评定也越来越被重视。

(四)天津体育学院成立我国第一个社会体育科研所

1958 年 11 月 1 日,天津体育学院成立,时任校领导为院长李耕涛,副院长王耀文、冯百省,党委书记龚怀刚。该院是在原天津、河北省运动员集训队、天津市体育学校和河北师范学院体育系的基础上组建的,主要任务是培养中等以上学校的体育师资以及教练员、运动员、体育科研和管理等专业人才。

经国家体委、教委批注,天津体育学院在全国成立社会体育系,开始群众体育学及社会体育学等专业,并开始培养社会体育管理人才,这在全国是首创。1993 年在国家体委的支持下,天津体育学院成立我国第一个社会体育科研所，开社会体育科学的先河。1995 年体育科研工作有新的进展，天津体育学院黄耕培教授的"中国人手腕骨发育标准"荣获国家体委科技进步一等奖。目前，该校已在 2013 年完成博士点学位验收工作，开始招收专门式复合式体育人才，为我国的体育发展培养更多高级人才。

（五）首创"社会体育指导员技术等级制度"

1991 年，天津市体委咨询委员会的离退休的老同志深入基层，从实地调研中首创"社会体育辅导员制度"，为体育志愿者确定荣誉职称。这一制度得到国家体委的高度重视，被正式纳入国家"八五"立法规划、1991 年软科学科研课题。1993 年初，天津市体育局收到一位名叫张沛的基层健身辅导员的一封来信。信中详述了在义务指导群众健身活动中遇到的艰难和烦恼，并建议能否给予他们类似于教练员和裁判那样的等级评定，给长期在基层从事健身辅导的人一个荣誉称号。他的建议很快被反馈到原国家体委，引起了群体司的高度重视。当年 12 月 4 日，国家体委就以 19 号令的形式颁布了《社会体育指导员技术等级制度》，并于 1994 年 6 月 10 日公布实施。作为国家发展群众体育重要战略措施之一，《社会体育指导员技术等级制度》被写入《中华人民共和国体育法》，成为国务院颁发的《全民健身计划纲要》第一个配套文件。同时，由天津牵头编写相关教材，印发社会体育指导员手册，将天津体育学院作为社会体育指导员培训考核的基地。而这项调查研究被评为国家体委软科学研究优秀成果专项奖。

现今，全民健身已经上升为国家战略，社会体育指导员作为全民健身的重要抓手，备受关注。社会体育指导员及其制度最初的形成和起草就在天津。社会体育指导员是全民健身公共服务体系中的重要组成，对促进全民健身的普及化社会化起到了重要和积极的作用。社会体育指导员制度的形成,对社会体育指导员组织、宣传和指导群众健身从体系上进行了完善和规范,推动了全民健身社会氛围的形成和兴起。

作为时代产物,历经27年,面对社会的快速发展,以及体育社会职能的转变,原有的社会体育指导员制度也在经过不断地调整,来满足群众日益增长的健身需求。国家体育总局群众体育司在2016年初启动了社会体育指导员工作制度改革,由天津体育学院具体实施。针对社会体育指导员制度修订研究任务,修订思路以适应健康中国和全民健身国家战略的需要,按照“四个全面”和创新、协调、绿色、开放、共享的发展理念要求,创新指导员队伍建设和发展模式,推进指导员工作转型升级,加快促进全民健身志愿服务体系的建设,积极构建人人享有基本体育健身服务的更为完备的全民健身公共服务体系和多元化的全民健身志愿服务体系,修订指导员管理办法中不相适应的地方。

1. 天津体育学院承担国家级社会体育指导员培训班工作任务

1996年,天津体育学院在国家体委的安排下成立“群众体育工作者培训中心”,开设“国家级社会体育指导员培训班”。第一届“国家级社会体育指导员培训班”学员共有42人。经过近15年的发展,天津体育学院在原有培训班教学及学员管理工作的基础上,精心设计培训方案,不断创新培训内容和学习形式。由社会体育指导员和天津体育学院研究生组成的志愿者团队,为培训班的日常管理工作提供志愿服务。培训班的教学和后勤保障工作得到天津体育学院诸多部门的大力配合和鼎力支持。

2. 入选“天津百名优秀社会体育指导员”的优秀指导员

(1)张沛

张沛,1941年出生于天津,他从小受父亲酷爱体育运动。张沛从天津技工教育师范学院毕业，进入工厂。改革开放后，进入天津机电工业集团总公司体协工作，从此将自己的大半生献给体育事业，虽然他只是一名普通的基层体育工作者，但他却用他的热情为天津群众体育的发展带来了新的篇章。

1993 年初，基层健身辅导员张沛向天津体育局建议能否给予他们类似于教练员和裁判那样的等级评定，给长期在基层从事健身辅导的人一个荣誉称号。他的建议成为社会体育指导员等级制度编创的源头。包括张沛提出的"把体育辅导员改为体育指导员"建议在内的《社会体育指导员技术等级制度》国家体委第 19 号令在 1993 年正式颁布，社会体育指导员才成为了一种荣誉和身份的象征，服务于广大群众。张沛于 1993 年获得了我国首批国家级社会体育指导员证书，他组织、培训了天津市两万余名各级社体指导员、编写了大量相关工作指导手册、组织了数次大中型运动会、是《体育法》和《全民健身计划纲要》中"国家实行社会体育指导员制度"制定的参与者之一。

他将对群众体育的热情注入在生活中、工作中，用自己的行动感染了一批又一批的优秀社区体育工作者。在天津机电工业集团总公司体协工作期间，他不仅积极开展群体活动，同时结合企业实际对症下药，创编了天津市第一套职工专业工种操——电机工人操。这套工人操融入了张沛对工厂具体工作的研究，对工人师傅日常工作常见劳损问题的关注。他因地制宜、别出心裁，根据工作特色、特点编排健身操，可以说这种群众体育活动的开展是最为接地气的。企业的机电工人师傅们对这套完全针对自己而设计的健身操产生了浓厚的兴趣，他们踊跃投入到电机工人操的练习中。随后，天津机电工业集团总公司的各基层单位都开始编排了具有各自特点的健身操，张沛还组织策划了第一个厂操比赛，取得了圆满成功。当时这套工人操被机电总公司的职工练习了两年，还被天津市选为市运动会开幕式上的千人表演操。张沛还提出了第一套《职工体育工作目标管理办法》，并且得到天津市总工会的高度肯定。他还亲自组织、参与了六次机械系统的综合大型运动会。

（2）杨福生

杨福生，男，1955年5月生于天津，原任天津市公安局防爆巡警总队防爆特警支队武术散打总教练。自1980年开始，杨福生任天津南开武馆地趟班和拳术班教练。1995年任天津民建联盟科技学校武术教练。杨福生在社会上身兼数职，担任天津智群武术文化传播有限公司太极推手发展促进会秘书长，天津杨氏太极拳研究会副会长，国家武术拳击一级裁判，国家武术七级，国家武术一级社会指导员。2015年获"天津市优秀社会体育指导员"称号。

杨福生出身武术世家，自幼随父杨文涛习武。他的外祖父是清末民初天津武术大师，第八国术馆翟树珍。杨福生六岁随舅爷——津门武术名家"神枪"翟允文学习少林拳、功力拳、劈挂拳、大成拳、地趟拳、翻子拳、擒拿格斗、八卦连环掌、刀、枪、棍、剑、钗等器械，以及各种对打、套路。青年时又拜津门武术大师邓红藻、刘万福、云南武术大师沙国政，修炼通臂拳、太极拳、太极推手、太极剑、形意拳、八卦拳等。后拜李文贞大师深造功力门功夫，如功力刀、功力掌、黑虎功力八式、太极十三剑等。在艰苦的习武道路上，杨福生尊师重道，虚心好学，刻苦努力，练就了一身过硬的武功。正是基础功底的牢固，造就了杨福生创奇的一生。

杨福生于1964年至1966年连续三年荣获天津市青少年武术比赛全能传统套路拳、刀、对打一等奖。1970年获全国武术邀请赛地趟拳和地趟双刀单项第一名。1974年获全国武术观摩比赛男子单项传统套路翻子拳金牌。1978年荣获全国第四届武术运动精神文明奖。1980年荣获优秀武术辅导员称号。1985年全国武术大赛杭州赛区荣获武术表演个人对练二等奖。1982年荣获全国武术散手比赛男子个人中量级冠军。1985年荣获第二届全国工人运动会武术表演赛个人、对练一等奖。1980

年至今担任天津、全国和国际武术比赛裁判工作，并多次获得优秀裁判奖。1992 年在全国高校和国际精武邀请赛中两次获得体育道德风尚优秀裁判员奖。2008 年至 2009 年赴日本和马来西亚传授国术。2010 年至 2012 年三次赴香港参加武术比赛裁判工作，并带队参赛获奖。2012 年赴美担任第十五届武术锦标赛裁判工作，并进行讲学与交流。

杨福生一直担任社会指导工作，从各个方面从事武术的教学、锻炼，弘扬武术文化，传承、发展、组织全民健身，发扬武术武德。在河北省霸州市和武强县及天津市华夏未来儿童学校及东丽区武术业余体校培训和指导青少年传统武术。此外，他还在天津市河东区组织和开展老年人杨氏太极拳、陈氏太极拳和太极推手指导、教学工作，并在职教期间培养了大批国内外武术人才。他在各个学校教学武术时主要练传统套路、自选套路。中青年阶段人群主要通过演练武术的基本功锻炼抗击打能力；老年阶段人群主要练杨氏、陈氏、吴氏、孙氏各种太极拳，得到身体关节部位的修复。通过对群体分阶段、分层次、分难度有针对的训练，真正地为广大习练群众带来了福音，而杨福生也将继续发挥正能量，更好地为全民健身贡献力量。

2013 年在天津市举办的华北地区武术比赛、2014 年天津市第五届体彩杯全民健身运动会以及 2015 年宏舜杯京津冀传统武术交流大赛中，杨福生皆荣获佳绩。尤其在 2014 年第一届全国武术运动大会中，太极拳通过评比参加了开幕式的表演，受到了国家体育总局和天津市体育局领导的表扬，并受到外省市代表队的赞扬和鼓励。

由于杨福生在中华武林的威望，1997 年入选《中国民间武术家名典》，2000 年入选《中国人才世纪献辞(第二卷)》，2006 年由中国武术文化发展研究中心授予“中华武坛精英奖”，2008 年被《当代中国传统武术名家大典》授予“当代中华武术名人名家拳师”，2013 被评为天津市武术名家名林百杰。

(3)程树梅

程树梅,1962 年出生于天津,1998 年拜无极武术名师高金华先生为师,习练无极武术,后又拜杨氏第五代传人魏宝仲老师为师,成为杨氏第六代传人。经过多年习练太极,获得太极武术四段段位,及段位考评员、指导员资格,国家社会体育一级指导员的资质。

程树梅由于其习练太极拳的经历,主要贡献是通过普及太极拳,弘扬我国传统太极文化,为广大群众带来了福音。

程树梅于 2009 年 3 月在西青区梨秀园成立了梨秀园太极队,开始带领广大群众健身,同时组织传授辅导 24 式太极拳、42 式拳,32 太极剑、杨氏 37 式太极拳、杨氏 48 式太极拳、杨氏 51 剑、太极扇及健身气功八段锦、五禽戏等太极拳、器械套路和气功要领。几年来,太极拳队每天的练习已经成了雷打不动的约定,练习太极拳的群众人数也越来越多,队员们的身体及身心都有不同的提高。

2012 年,程树梅任职天津大寺中心小学体育教师,负责教学太极拳。最初是对全校 53 名教师进行 24 式太极拳的普及培训。2015 年按照国家体育总局的要求对 160 名学生进行段位制的培训教学工作。三年来,程树梅先后对全校 960 名小学生进行了培训教学,并按照国家体育总局的国标及段位制规定套路进行培训教学。每学期都要制定合理的教学计划和培训教程。如今一千多名师生都较熟练掌握了两套规范的太极拳。太极拳走进小学课堂是一项较新课题,程树梅响应国家号召太极拳“六进”从娃娃抓起,在小学太极拳教学及段位制培训普及积累了一些教学经验和体会,为更多的推广太极拳进学校奠定了良好基础。

程树梅一边如火如荼地开展群众健身活动,同时也注重理论和实践的结合,为了更好的将所学理论知识更好的结合实践,提高自己的认知。她除进入天津市老年大学学习外,还先后参加俱乐部组织的天津市太极拳骨干理论学习班、天津市气功骨干培训班、天津市体育局组织的国家级指导员继续教育培训班。这一系列的学习培训为其日后的太极拳教学工作打下了良好的基础。

程树梅用自己独特的习练优势,通过传播传统体育文化太极拳,感召了一批批群众参与到体育活动中,不仅给大家带来了身心健康,更将体育活动积极向上的体育精神传承下来,为稳定社会、构建和谐社会作出了突出贡献。

五、天津体育大事记整理（1949年至2020年）

将时光回溯，1949年11月12日至14日，天津市举办首届秋季体育运动大会，这是天津市新中国成立后第一次举办全市级的运动大会；1994年，第二届亚洲乒乓球锦标赛在天津举行，这是首次在天津举办的洲际大赛。从1949阔别到今已经有72个年头了，天津体育在这72个年头里有了质的飞跃。2000年，桑雪为天津获得第一块奥运金牌，2013年9月13日，天津在辽宁接过全运会会旗，全运会的“天津时间”开始运转。这座承载百年历史的城市，载着厚重，闪耀着光辉，稳步向前。72年风雨同舟，72年荣辱兴衰，竞技体育的成绩史也正是天津体育的奋斗史，承办赛事的足迹史也正是天津城市文明不断发展的光辉史。笔者通过查询档案馆资料、查阅《中国体育年鉴》《天津体育志》《天津体育年鉴》等书籍，将长期以来搜集整理的天津承办的赛事，天津代表队参与赛事取得的成绩做一个梳理，由于编者水平有限，再加上资料久远当时存储资料有限，所以所搜集到的资料难免有不全之处，恳请同行和读者批评指正。

（一）新中国成立后在天津举办的国际赛事（截至2020年初）

1.1994年9月20日至27日，爱普生第12届亚洲乒乓球锦标赛在天津市人民体育馆、和平区体育馆举行。这是首次在天津举办的洲际大赛。

2.1994年6月10日至11日，中国天津芙莱世界跳水四强对抗赛在天津跳水馆举行，德国、俄罗斯、美国、中国共50名运动员参加了8个项目比赛。

3.1995年5月1日至14日第43届世界乒乓球锦标赛在天津举行。这是天津第一次举办国际大赛。

4.1997年6月7日至8日，世界男子排球联赛在天津体育馆进行。

5.1997年2月22日国际室内田径邀请赛在天津体育馆举行。

6.1998年9月24日，中国杯国际体操赛在天津体育馆开幕。

7.1998年9月21日至26日，中国杯国际体操赛在天津举行。

8.1998年10月2日，98世界特技飞机大奖赛（天津站）在韩家墅航空运动基地举行。

9.1999年10月7日至16日，第34届世界体操锦标赛在天津举行。

10.2002年5月20日至26日，国际女子网球挑战赛在泰达网球馆举行。

11.2002年5月27日至6月2日，国际女子网球卫星赛在天津市网球中心室外场举行。

12.2002年8月23日至25日，首届世界大学生滑水锦标赛在天津东丽湖举行。

13.2003年9月19日至10月5日，首届国际山野运动大会在天津蓟州阳光户外营地举行。

14. 2003 年 9 月 30 日至 10 月 1 日,中国天津国际大学生龙舟赛在天津举行。

15. 2004 年 5 月 25 日至 27 日中国国际女子排球赛在天津体育馆举行。

16. 2004 年 10 月 24 日,中国・天津国际市民马拉松比赛于天津举行。

17. 2005 年 8 月 14 日至 24 日,由国家体育局、天津市政府主办的 2005 年第 29 届万科杯世界滑水锦标赛组委会在东丽湖国际水上运动公园举行。

18. 2007 年 6 月 1 日至 3 日,国际剑联女子佩剑世界杯大奖赛在天津体育馆举行。

19. 2007 年女足世界杯于 2007 年 9 月 10 日至 30 日在上海、成都、广州、武汉和天津五个城市举行。9 月 18 日在天津赛区举行。

20. 2008 年 5 月 12 日至 16 日,2008 年国际体联体操世界杯在天津体育馆举行。

21. 2008 年 5 月 12 日至 16 日,国际剑联女子佩剑世界杯大奖赛在天津举行。

22. 2008 年 8 月 7 日至 23 日,北京奥运会足球赛区在天津奥林匹克中心体育场举行。

23. 2009 年 8 月 6 日至 16 日在中国天津市举行第 25 届亚洲男篮锦标赛。

24. 2010 年 6 月 15 日,首届中国海河龙舟节暨世界大学生龙舟锦标赛在天津海河举行。

25. 2011 年 5 月 21 日,2011 年国际剑联世界杯女子佩剑大奖赛在天津市体育中心举行。

26. 2011 年 5 月 22 日,第十二届中国·天津黄崖关长城国际马拉松赛在蓟州黄崖关长城鸣枪。

27. 2011 年 6 月 14 日,2011 年世界女子水球联赛总决赛在天津奥林匹克中心游泳跳水馆拉开战幕。

28. 2011 年 9 月,天津滨海杯世界男子桥牌精英赛在滨海高新区举办。

29. 2011 年 9 月 30 日,2011 世界汽车漂移赛天津大奖赛在天津奥林匹克体育中心开赛。

30. 2011 年 10 月 2 日,天津第二届国际拳击表演赛在天津人民体育馆开赛。

31. 2012 年 5 月 12 日至 13 日,由中国乒乓球协会主办、天津市体育局承办总奖金为 9 万欧元的“2012 年亚洲—欧洲全明星乒乓球挑战赛(亚洲站)”在天津市人民体育馆举行。作为东道主的天津球员郝帅也将在家门口迎战欧洲诸强,一展球技。

32. 2012 年 5 月 12 日,渤海银行 2012 亚洲—欧洲全明星挑战赛(亚洲站)在天津市人民体育馆拉开战幕。

33. 2012 年 5 月 19 日,中国建筑六局 2012 年国际剑联女子佩剑世界杯大奖赛在天津体育中心举行。

34. 2012 年 5 月 19 日,2012 世界汽车飘移系列赛天津大奖赛在本市奥体中心体育场圆满结束。

35. 2012 年 5 月 26 日,第一届天津国际马拉松赛在武清区举行。

36. 2012 年 7 月 5 日至 7 日,由天津市体育局主办,天津市体育竞赛管理中心和天津国际体育发展有限公司承办的第二届“渤海银行杯”中美超级女排对抗赛天津站比赛在天津人民体育馆举办。

37. 2012 年 9 月 22 日至 23 日,第三届环中国国际公路自行车赛在中新天津生态城举行计时赛和绕圈赛。

38. 2013 年 5 月 18 日，第十四届中国·天津黄崖关长城国际马拉松旅游活动在天津市蓟州黄崖关长城隆重举行。

39. 2013 年 5 月 19 日，2013 世界汽车飘移系列赛（WDS）天津大奖赛在天津奥体中心体育场（水滴）举行。

40. 2013 年 5 月 25 日至 26 日，“2013 年女子佩剑世界杯赛”在天津外大体育馆举行。

41. 2013 年第二届天津国际马拉松赛，经国家体育总局和天津市人民政府批准，于 5 月 25 日在武清区举行。

42. 2013 年 8 月 10 日至 18 日，2013 年 ITF 国际男子网球巡回赛（天津站）在天津国际网球中心举行。

43. 2013 年 8 月 12 日，第 12 届中国杯国际软式网球比赛在天津网球中心开幕。

44. 第六届东亚运动会于 2013 年 10 月 6 日至 15 日在天津举行，这是天津首次承办大型国际性综合运动会。共获得 134 枚金牌、79 枚银牌、51 枚铜牌，不仅连续六届排名榜首，而且金牌数与奖牌总数都创造历史最好成绩。本届东亚运动会也是最后一届东亚运动会，从下届起，东亚运动会将改为东亚青年运动会。

45. 2014 年 5 月 14 日，2014 天津健康产业园 ITF 国际女子网球巡回赛天津站在天津国际网球中心举行。

46. 2014 年 10 月 6 日至 12 日，2014 年 WTA 天津公开赛在天津国际网球中心举行。

47. 2014 年 10 月 25 日在天津市武清区举行第三届天津国际马拉松赛。

48. 2015 年 5 月 20 日，在天津举办 2015·亚洲杯女子排球锦标赛。

49. 2015 年 7 月 11 日，“天津健康产业园区”2015 年 ITF 女子巡回赛——天津站在天津团泊国际网球中心拉开帷幕。

50. 2015 年 9 月 13 日,第四届天津武清开发区杯国际马拉松赛在武清区政府前广场正式鸣枪开赛。

51. 2015 年 12 月 12 日,中国天津 IDSA 首届世界体育国标舞蹈锦标赛暨天津首届体育国标舞蹈锦标赛在天津市津南区葛沽体育馆举行。

52. 2016 年 3 月 28 日,2016 年天津“武清开发区杯”国际马拉松赛暨全国马拉松锦标赛新闻发布会在武清召开。该年是武清区连续第五次承办天津国际马拉松赛。

53. 2016 年 5 月 28 日,在天津市举行的国际女子网球赛上,天津队的王妍与四川队的李怡红配合,在决赛上以 2:1 战胜中国的鲁晶晶和刘婉婷夺得女子双打冠军。

54. 2016 年 9 月 9 日,2016 环中国国际公路自行车赛揭幕战在天津市武清区行政中心前广场鸣枪开赛。

55. 2017 年 4 月 29 日,第十三届全运会马拉松赛暨 2017 天津(武清)国际马拉松赛在武清区鸣枪开跑,正式拉开 2017 年天津全运会的大幕。

56. 2017 年 10 月 7 日至 15 日,国际女子网球 2017 年“WTA 天津公开赛”在位于静海区的团泊国际网球中心成功举办。

57. 2017 年 1 月 1 日,2017 全国新年登高健身大会暨天津市首届国际登高赛在滨海新区中心商务区开赛。

58. 2018 年 6 月 24 日,2018 权健天津海河世界名校水上系列赛在天津海河水上运动中心隆重开幕。

59. 2018 年 10 月 6 日至 14 日,第五届 WTA 天津公开赛在团泊国际网球中心举行。

60. 2018 年 10 月 21 日,2018 天津(武清)马拉松赛在本市武清区行政中心前鸣枪开赛,共有来自 10 个国家和全国 28 个省市(地区)的 8996 名选手同场竞技,为广大观众和体育爱好者呈现了一场精彩纷呈的马拉松盛会。

61. 2019年4月27日,SMM2019亚洲“格林酒店杯”女排俱乐部锦标赛在天津武清体育中心拉开战幕,来自亚洲10支俱乐部球队争霸津门。

62. 2019年4月27日至5月5日,2019年亚洲女排俱乐部锦标赛在天津市武清体育中心举行。

63. 2019年7月1日至7日,ITF世界网球巡回赛·天津站在位于天津健康产业园区的团泊国际网球中心举办。

64. 2019年10月7日至13日,2019WTA天津公开赛在团泊国际网球中心举行,由世界排名第四位的2019澳网冠军大坂直美(日本)、七座大满贯奖杯拥有者维纳斯·威廉姆斯以及大满贯球员穆古拉扎(西班牙)、阿扎伦卡(白俄罗斯)、斯蒂芬斯(美国),2018WTA天津公开赛冠军法国选手加西亚、首届冠军美国选手里斯克及本土选手王蔷、张帅、郑赛赛、王雅繁等共同组成了赛事有史以来的最强阵容。

65. 2019年11月19日,2019年F.C.I.世界信鸽锦标赛在天津举行。

66. 2019年12月10日,第二届中俄青少年冰球友谊赛在天津奥林匹克中心滑冰馆拉开帷幕。

67. 2019年12月10日,2019举重世界杯暨2020东京奥运会资格赛在天津市人民体育馆正式拉开战幕。

68. 2019年12月13日,2019中国天津国际冰壶公开赛在天津体育馆启幕。来自中国、美国、加拿大、德国、俄罗斯、瑞士等10个国家的16支男女冰壶战队,在一周内上演巅峰对决。

69. 2019年12月15日,2019国际雪联城市越野滑雪中国巡回赛·天津站在天津奥林匹克中心体育场成功举行。此次比赛邀请了包括雪上强国挪威、瑞典、俄罗斯在内的14个国家的50名顶级国际运动员参加。

70. 2020年1月1日,2020年“中国体育彩票”天津市新年登高健身大会暨天津国际垂直马拉松比赛在天津国际金融中心举行。

71. 2020 年 2 日至 3 月，2020ITF 世界网球巡回 · 天津站（M15）于（第一站）2 月 16 日至 2 月 23 日，（第二站）2 月 23 日至 3 月 1 日在天津网球中心举行。

（二）新中国成立后在天津举办的全国赛事（截至 2020 年底）

1. 1951 年 5 月 16 日，全国篮、排球比赛大会在津举行。

2. 1951 年 12 月 1 日至 9 日，全国足球比赛大会在天津举行。

3. 1953 年 5 月 2 日至 13 日，全国篮球、排球、网球、羽毛球四项球类运动大会。

4. 1953 年 11 月 8 日至 12 日，在天津市举行了全国民族形式体育表演及竞赛大会。后来即把这次体育运动会定为第一届全国少数民族传统体育运动会。

5. 1956 年 5 月 20 日至 6 月 5 日，全国排球联赛在天津举行。

6. 1956 年 8 月 5 日至 9 日，全国体操冠军赛在天津举行。

7. 1958 年 10 月 5 日至 13 日，全国摔跤锦标赛在天津举行。

8. 1960 年 4 月 2 日至 9 日，全国乒乓球表演赛在天津举行。

9. 1963 年 6 月 5 日至 20 日，全国初级滑翔冠军赛在天津举行。

10. 1963 年 10 月 10 日至 15 日，全国无线电收发报锦标赛在天津举行。

11. 1972 年 7 月 21 日至 8 月 2 日，全国少年游泳比赛在天津举行。

12. 1973 年 5 月 13 日至 20 日，全国体操比赛在天津举行。

13. 1979 年 3 月 7 日至 20 日，全国羽毛球分区赛在天津举行。

14. 1979 年 4 月 1 日至 10 日，全国举重分区赛在天津举行。

15. 1979 年 4 月 25 日至 5 月 14 日，第四届全运会男子排球预赛在天津举行。

16. 1979 年 5 月 3 日至 10 日，全国田径分区赛在天津举行。

17. 1979 年 7 月 1 日、8 日、15 日，全国足球甲级队联赛（第一循环第二阶段）在天津举行。

18. 1979 年 8 月 2 日至 30 日，全国足球甲级队联赛（第二循环第一阶段）在天津举行。

19. 1979 年 9 月，第四届全运会乒乓球决赛、男子游泳及少年足球决赛在天津举行。

20. 1980 年 7 月 25 日至 8 月 5 日，全国十二城市男子少年棒球邀请赛在天津举行。

21. 1987 年，第 24 届世界体操锦标赛“核环杯”热身赛在天津举行。

22. 1987 年 9 月，第七届全国老年网球邀请赛在天津举行。

23. 1988 年 4 月 3 日，全国马拉松比赛在天津举行。

24. 1988 年 10 月，全国首届花毽邀请赛在天津举行。

25. 1992 年，天津市共承办击剑、男子篮球、女子排球、青年足球、网球单项、马拉松、足球甲 B 联赛。

26. 1994 年 5 月 5 至 10 日，“兰带杯”全国游泳冠军赛在天津举行。

27. 1994 年 7 月 2 至 9 日，全国青年女子垒球锦标赛在天津举行。

28. 1994 年 10 月 20 至 22 日，全国老年“天地杯”地掷球邀请赛在天津举行。

29. 1995 年 5 月 28 日，全国女子地掷球比赛在天津举行。

30. 1995 年 7 月 8 至 18 日，全国棒球锦标赛在天津举行。

31. 1995 年 7 月 22 日至 25 日，全国女子柔道冠军赛在天津举行。

32. 1996 年 10 月 23 日至 10 月 25 日“德塔杯”全国体操冠军赛在天津举行。

33. 1996 年 10 月 24 日至 29 日,“三环杯”全国女子柔道冠军赛在天津举行。

34. 1996 年 7 月 2 日至 11 日,全国青年击剑锦标赛在天津举行。

35. 1996 年 9 月 24 日至 25 日,全国武术锦标赛(套路个人赛)女子赛区。

36. 1997 年 4 月 12 日,举办天津 NEC 杯马拉松赛。

37. 1998 年 9 月 23 日至 18 日,’98 全国跳水锦标赛。

38. 1998 年 8 月 24 日,在天津举办’98 全国男篮乙级联赛。

39. 1998 年 9 月 18 至 21 日,在天津举办’98“辛口杯”全国武术锦标赛(套路个人赛)。

40. 2001 年 12 月至 2002 年 2 月,全国女排甲 A 联赛在天津举行。

41. 2002 年 3 月 2 日至 3 月 3 日,全国室内田径锦标赛在天津举行。

42. 2002 年 3 月 3 日,中日室内田径对抗赛暨天津国际室内田径邀请赛在天津体育馆举行。

43. 2002 年 8 月 29 日至 9 月 3 日,全国跳水锦标赛在天津跳水馆举行。

44. 2002 年 10 月 15 日至 20 日,全国蹦床冠军赛、全国技巧锦标赛在天津市武清区体育馆举行。

45. 2003 年 1 月 25 日,天津市女子排球队在 2002—2003 年度全国联赛的决赛中,夺得冠军。

46. 2003 年 2 月 17 日至 18 日,在天津举办 2003 年全国室内田径锦标赛第一站比赛。

47. 2004 年 5 月,在天津举办全国体操锦标赛暨雅典奥运会选拔赛。

48. 2004 年 6 月 27 日,在天津举办首届全国女排大奖赛。

49. 2005 年 3 月 1 日至 2 日,亚洲室内田径公开赛暨中日室内田径对抗赛在天津体育馆举行。

50. 2005 年 5 月 7 日,“今晚报·荣程钢铁杯”全国女子足球超级联赛开幕式在天津市河东体育场举行。

51. 2007 年 5 月 17 日,中国足协会女子杯赛决赛中,天津汇森女子足球队夺得冠军,这是天津女足时隔 22 年之后再次获得全国冠军。

52. 2007 年 5 月,全国女排锦标赛在天津举行。

53. 2007 年 8 月,在天津举行全国田径锦标赛。

54. 2007 年 11 月 13 日,在天津举行第九届全国救生锦标赛。

55. 2009 年 3 月 8 日,在天津举行 2008—2009 赛季全国女排联赛总决赛。

56. 2009 年 6 月 21 日,由中国奥委会主办、天津市体育局承办的“2009 年第 23 届奥林匹克日长跑”在天津市银河广场举行。

57. 2011 年 4 月 3 日,在天津举行 2010—2011 赛季全国女排联赛总决赛。

58. 2011 年 4 月 13 日,2011 年全国女子自由式摔跤锦标赛在天津大港体育馆揭开战幕。

59. 2011 年 5 月 18 日,2011 年全国跳水冠军赛在天津奥林匹克中心游泳跳水馆举行。

60. 2011 年 6 月 18 日,由中国奥委会主办、天津市体育局承办的 2011 年第 25 届奥林匹克日长跑活动在天津奥林匹克中心体育场鸣枪。

61. 2011 年 7 月 23 日,2011 年中国棒球联赛总决赛在天津体工大队棒球场展开第 4 场对决,天津雄狮队战胜广东猎豹队获得冠军。

62. 2011 年 9 月 10 日,天津市举办第九届全国少数民族传统体育运动会。

63. 2011 年 11 月 19 日,2011 赛季足协杯决赛在天津举行。

64. 2012 年 5 月 12 日至 13 日,2012 年“博森市政杯”全国田径大奖赛系列赛(天津站)在天津财经大学体育场举行。

65. 2012 年 9 月 8 日至 22 日,在天津举办全国第九届大学生运动会。

66. 2013 年 1 月 26 日,在天津举行 2012—2013 赛季全国女排联赛总决赛。

67. 2014 年 7 月 20 日至 9 月下旬,天津市第十三届运动会在天津市体育馆隆重举行。

68. 2015 年 6 月 12 日,2015 年全国马拉松游泳冠军赛在天津市武清区南湖开赛。

69. 2015 年 6 月 14 日,2014—2015 年全国拉拉操联赛(天津站)暨中国拉拉操之星争霸赛在天津市滨海新区大港体育馆举行。

70. 2015 年 6 月 27 日至 28 日,2015 年全国 7 人制橄榄球冠军赛在天津师范大学举行。

71. 2016 年 5 月 11 日,由国家体育总局自行车击剑运动管理中心主办、天津市体育局承办的 2016 年全国场地自行车冠军赛第一站的比赛在市团泊体育训练中心自行车馆开赛。本次比赛不仅是第十三运场地自行车项目的测试赛,也是第十三运场地自行车预赛的首站赛事。这也是天津历史上首次举办国内最高水平的场地自行车赛。

72. 2016 年 8 月 28 日至 9 月 3 日,2016 年全国蹦床锦标赛在天津市海河教育园体育中心体育馆举行。

73. 2016 年 9 月 9 日,在天津举行 2016 年中国棒球联赛总决赛第三场比赛。

74. 2016 年 9 月 15 日,2016 全国女子水球冠军赛在天津海河教育园体育中心游泳馆开赛。

75. 2017 年 1 月 7 日,天津市第十二届冬季冰雪运动大会启动仪式暨首届京津冀滑雪邀请赛活动在天津市蓟州盘山滑雪场隆重举行。

76. 2017 年 7 月 2 日,“我要上全运”第十三届全运会群众比赛决赛暨第三届全国老年人体育健身大会开幕式在天津人民体育馆举行,标志着第十三届全运会群众比赛项目决赛阶段比赛正式开启大幕。

77. 2017 年 8 月 27 日至 9 月 8 日，中华人民共和国第十三届运动会在天津市举行。

78. 2018 年 1 月 1 日，2018 全国新年登高健身大会暨天津市第二届国际登高赛在滨海新区开赛。

79. 2018 年 5 月 7 日至 9 日，2018 年“天津食品集团杯”全国蹦床锦标赛在天津科技大学滨海校区体育馆开赛。

80. 2018 年 5 月 11 日至 13 日，2018 年全国马术三项赛锦标赛在天津环亚国际马球会举行。全国马术三项锦标赛是国内最高级别的马术三项赛事，本届锦标赛还是亚运会的选拔赛，赛事级别按照 FEI 一星级水平设计。

81. 2018 年 5 月 20 日，第十四届市运动会群众组比赛仪式启动，群众组公路自行车赛暨第十届环团泊湖自行车赛在天津健康产业园体育大道举行。

82. 2018 年 6 月 21 日至 29 日，2018 年全国残疾人田径、游泳锦标赛分别在天津奥林匹克中心体育场及游泳跳水馆举行。本次承办两项全国残疾人锦标赛是天津市近年来首次承接全国性重要残疾人体育赛事。

83. 2018 年 7 月 8 日，天津市第十四届运动会在天津体育馆开幕。

84. 2018 年 9 月 22 日，天津市第八届少数民族传统体育运动会在东丽区开幕。

85. 2018 年天津市第十四届运动会秉承“快乐运动、健康生活”的主题，于当年 6 月至 9 月在全市范围举行。

86. 2018 年 10 月 12 日，2018 年全国棒球锦标赛在天津市团泊体育中心棒球场举行。该赛事是国内竞赛水平最高的棒球赛事之一。

87. 2019 年 1 月 1 日，由市体育局主办的“中国体育彩票”2019 年全国新年登高健身大会暨天津市第七届全民健身大会国际登高比赛活动在天津滨海新区华夏金融中心举行。

88. 2019 年 2 月 22 日至 24 日，2018—2019 年度中国杯短道速滑精英赛总决赛在天津体育馆进行。

89. 2019 年 4 月 13 日，由中国残疾人联合会、体育总局主办，市人民政府承办的以“同心同梦幸福中国”为主题的全国第十届残运会暨第七届特奥会田径马拉松比赛在武清区鸣枪开赛。

90. 2019 年 5 月 23 日，2019 年全国蹦床锦标赛在天津科技大学滨海校区体育馆拉开帷幕。

91. 2019 年 6 月 14 日至 16 日，全国马术三项赛锦标赛在天津市环亚国际马球会举行。

92. 2019 年 8 月 21 日至 23 日，2019 年全国马拉松游泳锦标赛在天津海河水上运动中心举行。

93. 2019 年 10 月 12 日至 13 日，2019 全国全民体能大赛再度开启，首站城市赛在天津津湾广场举行。

94. 2020 年 10 月 1 日至 3 日，2020 年全国蹦床锦标赛在天津市团泊体育中心蹦床馆拉开帷幕。

95. 2020 年 12 月 27 日至 29 日，2020—2021 赛季全国短道速滑锦标赛在天津蓟州国家冰上项目训练基地举行，这是疫情暴发后国内恢复举办的第一项短道速滑高水平赛事，也是天津首次承办全国高水平短道速滑赛事。

（三）新中国成立后在天津举办的市内赛事（截止 2020 年底）

1. 1949 年 5 月 15 日，天津第二体育场举行了慰问人民解放军、庆祝天津解放足球赛,这是天津解放后首次足球赛。

2. 1949 年 11 月 12 日至 14 日,天津市举办首届秋季体育运动大会(后追认为第 1 届市运动会)。时任天津市市长黄敬出席开幕式并为大会题词“人民的、集体的、普及的体育运动、为建设与国防服务”。

3. 1950 年 12 月 10 日,天津市体育界举行抗美援朝越野赛,时任中共天津市委文教部部长黄松龄接见全体运动员。

4. 1951 年 1 月 21 日,宁园冰场举行滑冰竞赛,项目有 400 米、800 米、1400 米竞赛、化妆表演及抗美援朝生产竞赛等项目。

5. 1951 年 10 月,天津举办了“庆祝国庆节”国术表演赛。其内容除刀、枪、棍、剑和拳术外,还有中国式摔跤、爬杆和举重。

6. 1952 年 10 月 4 日至 5 日,举办民族形式运动会,选拔参加华北区民族形式运动会的代表队。

7. 1954 年 1 月 15 日,天津市冰上运动会在第一人民体育场冰场举行。

8. 1955 年 8 月 27 日,举办了首届全市航空模型比赛大会。

9. 1956 年 1 月 9 日,天津市冰上运动大会在铁路工人文化宫西湖冰场举行。

10. 1956 年 9 月 2 日,天津市自行车比赛在第五体育场举行。

11. 1956 年,天津市垒球比赛有 17 个队参加,天津大学男、女垒球队分获冠军。同年在天津北站体育场选拔组建天津市第一支男子垒球队。

12. 1957 年 1 月 27 日,天津冰上运动会在佟楼冰场举行。

13. 1958 年 7 月 12 日,天津举办男子 5000 米单项对抗赛。

14. 1958 年 8 月 17 日日至 9 月 16 日天津举办全民体育运动大会(第二届市运会),设有 22 个竞赛项目,8 个表演项目,14 个单位近万名运动员参加。

15. 1958 年 9 月,天津举办庆国庆举重表演赛。

16. 1958 年,全市开展了以十万弹射为中心的航模运动。

17. 1961 年 6 月 11 日至 21 日天津市举行全国田径分区运动会。

18. 1962 年 11 月 24 日至 30 日优秀乒乓球运动员邀请赛在天津举行。

19. 1963 年,天津举办三级滑翔教学法全国比赛。

20. 1965 年 6 月 4 日,举办天津市航模比赛。

21. 1973 年 10 月 7 日至 11 月 10 日,举办第三届天津市运动会。

22. 1978 年 6 月至 9 月,举办第四届天津市运动会。

23. 1981 年 10 月 2 日至 8 日,在北站体育场田径场举行天津市万米冠军赛。

24. 1982 年 5 月至 9 月,天津市举办第五届市运动会。

25. 1985 年 3 月 24 日至 7 月 25 日,天津市第 1 届大学生运动会在天津体育学院举行。

26. 1986 年 9 月 15 日至 10 月 5 日,天津市第六届运动会于分别在人民体育馆等 11 个体育场隆重举行。

27. 1987 年,天津东郊高尔夫球国际俱乐部举行了首届"市长杯"高尔夫球赛。

28. 1987 年,天津市举办首届红十字游泳救生比赛。

29. 1987 年 4 月至 10 月,天津市第 2 届大学生运动会在天津市民园体育场举行。共有 29 所院校,1500 多名运动员参加比赛。

30. 1988 年 4 月 3 日,天津举办 NEC 杯马拉松比赛。

31. 1988 年 9 月 10 日至 20 日,天津市第二届青少年运动会于在民园体育场、河北体育场、和东体育、付村体育训练基地、游泳运动中心、市体育馆举行。

32. 1990 年,首届全市少数名族运动会有 15 个民族的 3000 名运动员参加比赛和表演。

33. 1990 年 5 月至 9 月,天津市举办第七届市运动会。

34. 1991 年 3 月至 9 月天津市第 3 届大学生运动会在天津召开。

35. 1994 年 5 月至 9 月,天津市举办第八届市运动会。

36. 1997 年 4 月 12 日,天津 NEC 杯马拉松赛在天津举行。

37. 1998 年 5 月 16 日至 10 月 19 日,天津市第九届运动会在天津体育馆举行。

38. 2002 年 6 月 9 日至 10 月下旬,在天津市体育中心举行天津市第十届运动会。

39. 2005 年 7 月 22 日,由市体育局、天津经济技术开发区管委会和今晚报社联合主办的"天津体彩杯"2005 皇马中国·天津训练表演赛在开发区泰达足球场举行。

40. 2006 年 6 月 10 日至 10 月下旬,天津市第十一届运动会在天津市体育中心举行。

41. 2006 年 10 月 29 日,第五届天津市少数民族传统体育运动会在天津体育馆举行。来自全市各区县及部分高等院校、企业集团的 25 个代表团的 1500 多名运动员参赛。

42. 2010 年 1 月 16 日,2010"百能俱乐部杯"天津市斯诺克排名赛举行在百能台球俱乐部举行。

43. 2010 年 5 月 16 日,"双街杯"2010 年天津市中小学田径运动会在北辰区第四十七中学拉开帷幕。

44. 2010 年 6 月 12 日,天津市第十二届运动会暨首届全民健身大会在天津市体育中心隆重开幕。

45. 2010 年 9 月 11 日,天津市首届全民健身大会暨"滨海团泊新城杯"第二届环团泊湖自行车邀请赛在天津市静海县团泊湖周边公路举行。

46. 2010 年 9 月 23 日,天津市第六届少数民族传统体育运动会在河北区铁道职业技术学院开幕。

47. 2011 年 6 月 10 日,天津市第二届全民健身运动会开幕式在天津市人民体育馆隆重举行。

48. 2012 年 2 月 18 日,天津市首届滑雪锦标赛暨第二届天海风雪上狂欢旅游节,在东丽湖万科城天海风俱乐部冰雪大世界举行。

49. 2012 年 5 月 13 日,由天津市人民政府主办,市体育局承办的天津市第三届“体彩杯”全民健身运动会开幕式在天津体育馆举行。

50. 2012 年 9 月 1 日,2012 年天津市第八届“王朝杯”业余网球公开赛在天津市网球运动中心拉开战幕。

51. 2013 年 5 月 5 日,天津市举办第五届“团泊新城杯”环湖自行车赛。

52. 2013 年 6 月 2 日,天津市第四届“体彩杯”全民健身运动会“光威杯”钓鱼比赛在奥体中心垂钓园举行。

53. 2013 年 8 月 8 日,“迎东亚运动会,庆全民健身日”环北辰郊野公园自行车骑行活动在天津北辰郊野公园举行。

54. 2014 年 5 月 10 日,天津市第五届“体彩杯”全民健身运动会开幕式在天津滨海新区塘沽体育馆举行。

55. 2014 年 5 月 25 日,2014 年中国・海河龙舟节暨天津市第五届“体彩杯”全民健身运动会龙舟比赛在海河河畔津湾广场拉开帷幕。

56. 2014 年 5 月 25 日,由红桥区共青团主办的“金地地产杯”天津市首届市内六区共青团足球锦标赛在天津市第五中学开幕。

57. 2014 年 7 月 30 日,“2014 天津市‘大顺花卉杯’农民乒乓球比赛”在东丽区全民健身活动中心举行。

58. 2014 年 7 月 31 日,“庆八一”武警天津总队体育健身大比武活动启动仪式在武警天津总队机关体育场举行。

59. 2014 年 9 月 20 日,天津市 2014 年“健康与美丽同行”暨中北镇第五届9193人健步走活动在西青区中北镇启动。

60. 2014年9月21日,天津市第七届少数民族传统体育运动会在河东区东局子体育馆隆重开幕。

61. 2015年6月13日,中华全国体育总会在天津奥林匹克体育中心举行纪念毛泽东题词63周年暨2015年“我爱足球”中国足球民间争霸赛。

62. 2016年1月3日,2015年“盛世中体菜鸟体育杯”天津市少儿乒乓球年度总决赛在三源益康文体中心体育馆举办。

63. 2016年4月9日,2016年天津市首届高校联盟网球精英赛在南开大学津南新校区开赛。

64. 2016年5月5日,天津市第六届“体彩杯”全民健身运动会承办单位申办推介会在市人民体育馆举行。

65. 2016年9月15日,“2016天津海河国际龙舟赛暨首届中华学子龙舟大赛”在海河大光明桥水域隆重开幕。

66. 2016年9月23日,迎接第十三届全运会·2016年天津城市乐跑赛在海河沿岸盛大启动。

67. 2017年1月1日,2017全国新年登高健身大会暨天津市首届国际登高赛在滨海新区中心商务区开赛。市民以新年登高的方式,激情迎接2017年的到来。新年登高赛以“我要上全运全运惠民健康天津”为主题,成为天津2017年首个全民体育健身运动赛事。

68. 2017年4月至5月,2017年天津市青少年足球冠军杯赛拉开帷幕。

69. 2018年6月10日,在毛泽东同志发表“发展体育运动,增强人民体质”题词66周年纪念日,天津首届公园健身大会拉开了序幕。

70. 2018年11月11日,以“扬帆新时代,健身健步行”为主题的2018全国老年人健步走大联动天津站暨天津首届水上公园徒步行活动在水上公园举行,近500名老年徒步爱好者参与了本次活动。

71. 2019年1月26日,2019年天津市“健身大拜年”系列活动启动仪式在静海区举行,拉开了全市“健身大拜年”活动的帷幕。

72. 2019年1月20日,天津市第二届“迎冬奥、上冰雪”系列活动启动仪式在天津体育馆举行,同时也拉开了天津市第七届“体彩杯”全民健身运动会的序幕。

73. 2019年3月31日,天津市“体彩杯”第38届“三八”健康杯妇女健身展示赛在天津科技大学体育馆举行。

74. 2019年8月25日至9月1日,由中国残疾人联合会、国家体育总局主办,天津市人民政府承办的全国第十届残运会暨第七届特奥会在天津举行。

75. 、2019年9月8日,“盛鑫杯”2019天津团泊湖国际铁人三项赛暨天津市第七届“体彩杯”市民运动会铁人三项赛在团泊湖畔举行。

76. 2019年10月7日,2019天津网球公开赛正赛在天津团泊国际网球中心开拍。

77. 2019年11月23日,2019年天津市第三套市民广播体操展演活动在东丽区体育馆隆重举行。

78. 2020年6月12日至18日,天津市妇女联合会、天津市体育局等单位联合举办“抗疫情　展风采”天津市第39届“三八”健康杯妇女健身操网络展示大赛。

79. 2020年10月18日,天津市第十届山野运动大会暨“多威”杯长城十英里越野挑战赛在蓟州区黄崖关长城风景区鸣枪开跑。

80. 2020年10月31日,由天津市足球运动协会主办、天视体育传媒有限公司协办的2020年天津市足协杯赛,在东丽区体育中心举行开幕式。

81. 2020年11月30日,由天津市体育局主办,天津市体操武术射击射箭运动管理中心、天津市武术协会承办,天津金蜂群众体育运动俱乐部协办的2020年天津市“体彩杯”大众太极拳网络视频大赛正式启动。

(四)天津体育人在国际赛事中取得的成绩
(截止2020年10月)

1. 1954年8月,天津选手穆祥雄在布达佩斯参加第12届世界大学生夏季运动会游泳比赛,以1分14秒9的成绩打破男子100米蛙泳全国纪录。

2. 1958年11月20日,赵庆奎在北京参加中、苏、波举重友谊赛中,以177.5公斤成绩再次打破轻重量级挺举世界纪录。

3. 1959年9月19日至21日,郭可愚入选中国体操队,在莫斯科参加第1届世界大学生体操比赛,获女子跳马第3名,五星红旗第一次在世界体操赛场上升起。

4. 1963年4月5日,王志良在捷克斯洛伐克举行的第27届世界乒乓球锦标赛上获男子单打第3名;并与张燮林合作获男子双打冠军,这是天津市第一位获世界冠军的选手。

5. 1963年11月,张秀伟在雅加达举行的第1届新兴力量运动会上,分别以83.70分和121.87分的成绩,荣获女子10米跳台跳水冠军和女子跳板跳水季军,受到印度尼西亚总统苏加诺接见并颁奖。

6. 1963年11月,天津选手赵庆奎、王立钧参加在雅加达举行的第1届新兴力量运动会举重比赛,分别以430公斤的成绩获轻重量级、重量级第1、4名。

7. 1980年,刘树华在国际少年网球邀请赛中获男单、男双两冠。

8. 1982年,在第十届国际青年游泳赛上,天津运动员严红获得3枚金牌。

9. 1982 年,天津运动员李会荣在第 5 届国际青年田径比赛中获得女子跳远冠军。

10. 1983 年,天津运动员刘树华代表中国出战第 2 届亚洲加法尔杯网球赛,并和队友获得团体冠军,多家报纸刊登此消息。

11. 1984 年 7 月 28 日至 8 月 12 日,第 23 届夏季奥运会在美国洛杉矶举办,高秀敏为天津获得首枚奥运奖牌。

12. 1985 年,第 2 届世界青年垒球锦标赛在美国举行,天津女垒李金霞、刘娟、唐会喜入选中国青年垒球队参加比赛获得冠军。

13. 1986 年 12 月 14 日至 23 日,第 6 届亚洲女子足球锦标赛在中国香港举办,天津市赵梅、姚建玲进入国家女子足球队并获得冠军。

14. 1986 年 9 月 20 日至 10 月 5 日,第 10 届亚运会在韩国汉城举办,3 人获得体操(王惠莹)和击剑女花(朱庆元、张建秋)团体金牌。

15. 1987 年,天津田径运动员李会荣创亚洲三级跳纪录。

16. 1987 年,天津举重运动员张淑玲打破女子 82. 5 公斤级抓举世界纪录。

17. 1989 年,第 10 届乒乓球世界杯在肯尼亚内罗毕举行,天津运动员马文革获得男单冠军。

18. 1989 年 3 月 17 日至 26 日,世界航海模型锦标赛在民主德国举行,天津选手史金利获得航海模型 C3 级金牌。

19. 1990 年 9 月 22 日至 10 月 7 日,第 11 届亚运会在北京举行,张丽在女子标枪中打破亚洲纪录,并获得天津籍运动员在亚运会上的首枚单项金牌,马文革获得乒乓球男单、男双两金,翟秀敏获得女子重剑个人和团体两金,其他金牌名单:孙洪云、王会凤、杨震、刘树华、安仲欣、刘娟。

20. 1990 年,李会荣在日本札幌举行的国际比赛中以 14. 54 米的优异成绩创造了女子三级跳远世界纪录,是当时我国田径运动员保持的唯一一项世界纪录。

21. 1994 年 3 月 13 日至 15 日,天津女子游泳选手白秀玉在意大利和瑞典参加世界杯短池游泳系列赛女子 50 米仰泳比赛中,分别以 27 秒 64 和 27 秒 62 创造 50 米仰泳世界最好成绩并荣摘桂冠。

22. 1999 年 1 月 15 日,天津跳水小将桑雪在新西兰世界杯跳水比赛中,获得女子 10 米跳台跳水和女子双人 10 米跳台跳水两枚金牌。

23. 2001 年 7 月 23 日,桑雪在日本福冈举行的第九届世界游泳锦标赛上与段青合作获得女子十米双人跳水比赛冠军。

24. 2003 年 11 月 15 日,中国女排在日本大阪举行的世界杯女子排球赛上夺得冠军。来自的天津女排运动会有张娜、李珊、张平。

25. 2004 年 8 月,在第 28 届雅典奥运会上,天津女排选手张萍、张娜、李娜等作为女排的成员,获得冠军。

26. 2005 年,天津女排在亚洲俱乐部杯女子排球锦标赛上,以六战六胜的记录,获得冠军,这是天津女排首次代表国家参加洲际比赛,为天津排球项目夺得的第一个洲际冠军。李珊获最有价值球员、最佳得分手两项大奖,王莉莉获最佳扣球奖。

27. 2005 年 9 月,世界柔道锦标赛,天津选手佟文获 78 公斤以上级别冠军。

28. 2006 年,在丹麦阿胡斯举行的世界体操世锦赛,陈一冰勇夺团体、吊环二枚金牌。

29. 2007 年 3 月,第 23 届国际象棋公开赛在法国卡佩里举行,天津国际象棋特级大师王玥以 9 轮 5 胜 4 和、积 7 分的成绩,首次为中国队夺得该项赛事的冠军。

30. 2012 年 2 月 22 日,第 18 届跳水世界杯在英国伦敦举行,汪皓获女子双人 10 米跳台第一名。

31. 2012 年 3 月 25 日至 30 日,在蒙古乌兰巴托亚洲拳击锦标赛,苑美庆获-81公斤级第一名。

32. 2012年4月23日至30日，在乌兹别克斯坦亚洲柔道锦标赛，秦茜获得+78公斤级第一名。

33. 2012年4月27日，在日本和歌山举办击剑亚洲锦标赛，王敬之代表天津队获得男子佩剑团体第一名。

34. 2012年5月11日至20日，在中国秦皇岛举行世界女子拳击锦标赛。苑美庆获81公斤级第一名。

35. 2012年6月18日至19日，在阿根廷举办女柔世界杯，王蕊获得78公斤级第一名。

36. 2012年7月27日至2012年8月12日，在英国首都伦敦举办第30届奥运会。天津代表队共获得以下成绩：

（1）2012年7月31日，在2012年伦敦奥运会体操男子团体决赛中，陈一冰领衔的中国体操男团演绎强者归来，以275.997分的总成绩技压群雄，零失误成功卫冕奥运会体操男团冠军。

（2）2012年7月31日，2012年伦敦奥运会跳水双人十米台冠军由汪皓与队友搭档获得，为中国代表团在本届奥运会上再添一金。津门小将汪皓拿到了她的首枚奥运金牌。

（3）2012年8月2日，在伦敦奥运会举重男子77公斤级比赛中，中国天津选手吕小军以379公斤的总成绩打破世界纪录并且夺得冠军，同时吕小军还以175公斤的成绩打破了抓举世界纪录。

37. 2012年8月23日，在越南胡志明市举行亚洲武术锦标赛，于萌萌获得女子太极剑第一名。

38. 2012年9月6日，在伦敦残奥会上，津门健儿夏东和冯雅竹各摘一金。9月8日，天津市残疾人运动员在伦敦残奥会上又添两金。杨博尊在男子200米个人混合泳SM11级决赛中，以2分22秒40的成绩夺得冠军，并创造新的世界纪录，成为“三冠王”。刘萍在女子100米T53级别决赛中奋力拼搏,以 15.44 秒的成绩夺得冠军,并创造了新的世界纪录,成为“双冠王”。

39. 2012 年 9 月 29 日,由天津足协举办,梅赛德斯·奔驰天津之星协办的“中超青少年垫场赛”在水滴球场举行。

40. 2012 年 11 月 25 日,在阿联酋迪拜举办第九届游泳亚洲锦标赛,天津水球队员张濛、何金、刘萍、孙雅婷、孙玉君、杨珺、腾飞、朱雅婧获女子团体第一名。

41. 2012 年 11 月 25 日,在阿鲁巴举行跆拳道世界杯比赛,刘晶代表天津队获女子团体第一名。

42. 2013 年 8 月 19 日,在美国举行的 WTA 超 5 系列赛(240 万),女双决赛中,彭帅获第一名。

43. 2013 年 10 月 5 日,2013 年 U23 女排世界锦标赛在墨西哥举行,在女子排球 U23 比赛中,姚迪、王佳敏获第一名。

44. 2013 年 10 月 5 日,在新加坡举行的 2013 女子水球比赛中翟梓君、刘萍、孙雅婷、孙玉君、夏群、杨珺、张濛、朱雅婧获女子团体第 1 名。

45. 2013 年 10 月 25 日,在 2013 年世界举重锦标赛在波兰举行,男子 77 公斤级决赛中,我市举重名将吕小军以 176 公斤、204 公斤、380 公斤包揽抓举、挺举和总成绩三枚金牌,同时打破了自己保持的抓举和总成绩两项世界纪录。

46. 2013 年 10 月 27 日,在土耳其 WTA 年终总决赛(相当于网球最高级别)女双决赛中,彭帅获第一名。

47. 2013 年 10 月 30 日至 11 月 1 日,2013 年世界柔道大奖赛(中国站)在青岛举行。津门小将陈飞在女子 70 公斤级比赛中发挥出色,为中国队夺得首枚金牌。秦茜和张洁在大级别较量中分别摘取女子 78 公斤级和女子 78 公斤级冠军。

48. 2014 年 3 月 16 日,巴黎银行网球公开赛女双决赛中,头号种子、

"海峡组合"彭帅、谢淑薇直落两盘击败布莱克和米尔扎,获得冠军。

49. 2014 年 3 月 11 日至 19 日,在土耳其安塔利亚举行的第五届世界青少年武术套路锦标赛上,我市霍元甲文武学校李雪娜摘得女子青少年组南拳金牌。

50. 2014 年 3 月 21 日,在 ITF 国际男子网球巡回赛云南玉溪站比赛中,我市天津联通网球队选手李喆和上海队选手吴迪配合,在男双决赛中以两个 6:4 战胜一对韩国组合,获得男双冠军。

51. 2014 年 4 月 11 日,在 ITF 国际男子网球巡回赛成都站比赛中,天津联通队李喆和江苏队公茂鑫配合,获得男子双打冠军。

52. 2014 年 6 月 8 日,在 2014 年法国网球公开赛女双决赛上,头号种子天津选手彭帅和中国台北选手谢淑薇以 6:4、6:1 强势胜出,首次获得法网女双冠军。

53. 2014 年 6 月 30 日,在第十三届世界健美操锦标赛上,代表中国健美操队参赛的天津工业大学学生韩明哲、杨光、王錁、潘立鋉勇夺有氧踏板冠军、有氧舞蹈亚军、集体操季军。

54. 2014 年 9 月 19 日至 10 月 4 日,在韩国仁川举行第十七届亚运会,在仁川亚运会女子太极拳剑全能赛场上,于萌萌以两个 9. 75 的全场最高分,总分 19. 50 分为中国代表团添一金,这也是津门健儿在本届亚运会上夺得的首枚金牌。男子 77 公斤级举重比赛中,天津选手吕小军在男子举重 77 公斤级争夺中以抓举 175 公斤,挺举 200 公斤,总成绩 375 公斤夺得金牌。在女子水球末轮争夺战中,卫冕冠军中国队以 11:6 轻取哈萨克斯坦队,从而以 5 战全胜的佳绩夺得冠军。男子 4×100 米混合泳接力比赛中,李响获第一名。

55. 2014 年 10 月 4 日,WTA 皇冠赛中国网球公开赛结束了双打决赛的争夺,赛会 5 号种子彭帅/赫拉瓦科娃状态神勇,以两个 6:4 完胜卫冕冠军 2 号种子布莱克/米尔扎捧起了冠军奖杯。

56. 2014 年 11 月 10 日，2014 年世界蹦床锦标赛在美国举行，天津蹦床小将李萌与队友刘灵玲凭借出色的发挥，勇夺本次比赛双人同步项目的冠军。

57. 2014 年 11 月 16 日，在澳大利亚的国际女子网球赛上，天津小花刘方舟经过五轮激烈角逐，一举夺得女单冠军。

58. 2015 年 4 月 12 日，在安宁结束的国际男子网球赛上，高鑫携手欧阳博文出战，二人以 7:6、6:4 击败赛会头号种子中国台北的黄亮奇和西班牙的洛佩兹佩雷斯，一举夺得男双冠军。

59. 2015 年 5 月 3 日，在日本名古屋进行的国际女子网球赛上，天津选手包揽了单、双打冠军。其中，郑赛赛夺得女单冠军，徐一璠搭档另一名中国选手王雅繁夺得女双冠军。

60. 2015 年 5 月 25 日，在武汉结束的国际女子网球比赛上，天津选手张宇璇夺得单打冠军。

61. 2015 年 6 月 7 日，在韩国举行的男子国际网球职业 ATP 挑战赛中，天津队的李喆与新西兰的斯塔汉姆合作，以 6:4、6:2 战胜一对南非组合，一举夺得男双冠军。

62. 2015 年 6 月 11 日，在在波兰举办的世界青年举重锦标赛女子 63 公斤级争夺中，天津选手韦露反以 98 公斤获得抓举银牌、以 120 公斤获得挺举银牌、以 218 公斤夺得总成绩金牌。

63. 2015 年 6 月 14 日，在国际网球青少年比赛中，天津联通队小将刘虎/陈栎然以一盘不失的战绩闯入决赛，一举夺得男子双打冠军。

64. 2015 年 7 月 12 日，在泰国进行的国际女子网球比赛上，天津联通网球队的王蔷在女子单打决赛上，以 6:2、6:4 战胜中国选手张凯琳，一举获得冠军。

65. 2015 年西部银行精英赛女双决赛中，天津市网球运动管理中心运动员郑赛赛/徐一璠配合默契，最终以 6:1、6:3 的比分战胜赛会 2 号种子加里奎斯/桑通加，首夺顶级赛女双冠军。这是徐一幡和郑赛赛首次拿到顶级赛冠军，她们也成为继郑洁和彭帅之后，又一对拿下顶级赛女双冠军的中国球员。

66. 2015 年 9 月 13 日，在大连举行的国际女子网球比赛决赛中，天津选手郑赛赛以 2:1 击败以色列选手格鲁什科，夺得女单冠军。与此同时，郑赛赛与湖北的张凯琳配合，夺得女双冠军。

67. 2015 年 9 月 14 日，在印度结束的国际男子网球比赛中，天津选手欧阳博文与队友高鑫搭档，先后战胜 4 对本土选手，最终获得双打冠军。

68. 2015 年 9 月 20 日，在印度进行的国际男子网球赛上，欧阳博文与队友高鑫搭档，经过 4 轮角逐，一举夺得男双冠军。这是两人配合后今年取得的第 3 个国际赛事双打冠军。

69. 2015 年 10 月 1 日，在澳大利亚进行的国际男子网球赛上，李喆/高鑫一路过关斩将闯入决赛，并以 3:6、6:3、10:1 逆转战胜头号种子——东道主组合亚力克斯·博尔特/乔丹·汤普森，一举夺得男双冠军。

70. 2015 年 10 月 2 日，2015 年环中国国际公路自行车赛在天津武清拉开战幕。

71. 2016 年 2 月 28 日，在美国进行的国际女子网球赛上，津花张帅一路过关斩将闯入决赛，并以 1:6、7:5、6:4 逆转战胜美国选手金久慈，一举夺得女单冠军。

72. 2016 年 2 月 29 日至 3 月 9 日，2016 年里约奥运会女足亚洲区预选赛在日本大阪长居陆上竞技场及长居球技场两大赛场举行。中国女足 1 :0 战胜韩国，中国女足提前一轮获得里约奥运会资格。天津籍球员王姗姗攻入一球。

73. 2016 年 3 月 10 日至 13 日，第五届世界女子锦标赛将在观澜湖·东莞高尔夫度假区奥拉沙宝球场举行，16 岁的天津小将金蔓以 288 杆的总成绩获得本次赛事的业余个人赛冠军。

74. 2016 年 3 月 27 日，在泉州结束的国际女子网球比赛上，天津队的王蔷以两个 6:2 的比分战胜自己的队友，夺得了女子单打冠军。

75. 2016 年 4 月 17 日，在 2016 年 ITF 巡回赛深圳赛女单决赛的争夺中，头号种子津花王蔷发挥出色，凭借比赛后段连下 9 局的气势，以 6:2、6 :0 横扫 8 号种子日本小将日比万叶，豪取女单 10 连胜的同时也斩获生涯第 12 个 ITF 女单冠军。

76. 2016 年 4 月 17 日，在 2016 年亚洲击剑锦标赛暨里约奥运会亚太地区资格赛女子佩剑团体赛决赛中，天津籍女子佩剑运动员邵雅琦与队友配合获得冠军。

77. 2016 年 7 月 3 日，在韩国举行的第三届中日韩田径对赛（金泉站）上，我市田径男子标枪运动员马群不畏强手、顽强拼搏，以 78. 82 米勇夺金牌并创造了 2016 年全国男子标枪项目最好成绩。

78. 2016 年 7 月 9 日，在韩国进行的国际女子网球巡回赛上，天津银行网球队的王妍以 4:6、6:2、6:4 战胜韩国选手，夺得女单冠军，这是她代表天津队出战收获的首个国际赛事单打冠军。

79. 2016 年 7 月 9 日，在云南安宁进行的国际男子希望赛上，天津银行网球队的王傲然与孙发京配合，以 6:3、6:4 战胜宁宇清/丘卓阳，夺得男双冠军。

80. 2016 年 7 月 16 日，在韩国进行的国际女子网球巡回赛上，津花王妍一路过关斩将闯入决赛，并最终以 6:4、7:6 击败韩国选手，一举夺得女子单打冠军。

81. 2016 年 7 月 30 日，在武汉进行的国际女子网球赛上，津花王蔷一路过关斩将横扫对手，顺利闯入决赛，并最终以 7:5、6:2 战胜泰国选手，一举夺得女单冠军。

82. 2016 年 10 月 23 日，在越南结束的国际男子希望赛中，天津网球运动管理中心运动员王傲然/常雨以 5:7、6:3、10:5 的比分战胜菲律宾/泰国组合，获得男双冠军。

83. 2016 年 11 月 12 日，在 2016 年中国足球协会女子超级杯赛上，凭借 20 号刘艳梅在点球决战中的制胜进球，天津汇森队以总比分 7:6 战胜大连权健队，夺得比赛冠军。

84. 2016 年 11 月 17 日，在日本东京进行的 2016 年亚洲游泳锦标赛上，天津籍运动员李响发挥出色，以 27 秒 84 获得 50 米蛙泳第三名并打破赛会纪录，与队友配合以 2 秒多的优势战胜东道主日本队获得了男子 4×100 米混合泳接力的冠军，同时打破赛会纪录。

85. 2017 年 5 月 15 日，在世界女子网球超级赛事上，天津女子网球队员王蔷以 6:2 和 6:4 的比分战胜了皇冠赛冠军、当时世界女子排名第十五的俄罗斯选手维斯尼娜。经此一役王蔷的世界排名进入了世界前五十（第四十六名）。这是中华人民共和国成立后，第六位进入世界前五十名的中国女子网球选手。目前在现役的世界女子网坛排名前五十名的女队员中，彭帅、张帅和王蔷都是来自天津网球队。这也是天津网球中心自 1993 年成立以来，又一次创造了天津三位选手同时进入世界前五十名的中国网球历史。

86. 2017 年 10 月 8 日，在 2017 年世界杯蹦床赛西班牙站上，天津队队员朱雪莹显现出了强劲的实力，力压其他选手夺得女子网上个人金牌。

87. 2017 年 11 月 10 日（保加利亚时间），在保加利亚首都索菲亚举办的第 32 届世界蹦床锦标赛上，我市运动员朱雪莹以国家队主力队员身份代表中国队出战，以团体成绩 167. 495 分，斩获女子网上团体冠军。

88. 2017 年 11 月 11 日（保加利亚时间），在第 32 届世界蹦床锦标赛的第三个比赛日上，我市运动员朱雪莹携手国家队队友钟杏平，表现出色，技压群芳，以 50. 2 分的成绩，获得女子双人同步冠军，为中国队再添一枚金牌。

89. 2018 年 8 月 21 日，在第十八届亚运会女子水球比赛中，中国女子水球队 16:3 战胜中国香港队,以五战全胜的成绩夺得金牌。代表中国女子水球队出战的天津选手张潆、梅笑寒继 4 年前在仁川亚运会上夺金后在雅加达亚运会上卫冕成功。

90. 2018 年 8 月 23 日,在第十八届亚运会赛艇女子双人双桨决赛中,天津籍运动员李晶晶与队友江燕合作以 7 分 33 秒 55 的成绩获得冠军。

91. 2018 年 8 月 24 日,在第十八届亚运会网球女子单打决赛中,天津网球选手王蔷直落两盘战胜队友张帅成功卫冕。

92. 2018 年 8 月 25 日,在第十八届亚运会网球女子双打决赛上,天津网球金花徐一璠与北京的杨钊煊配对,以 6:2、1:6、11:9 击败中国台北组合詹咏然/詹皓晴,夺得冠军,这是中国队时隔 12 年再夺亚运会女双冠军,也是历史上第三次获得女双冠军。

93. 2018 年 9 月 1 日,在第十八届亚运会女排比赛中,天津籍运动员姚迪、李盈莹助力中国女排,以八场比赛不失一局的傲人战绩夺得队史上的第八枚亚运会金牌,也是天津健儿在雅加达亚运会上夺得的第五枚金牌。

94. 2018 年 9 月 2 日,第十八届亚运会闭幕。天津共有 26 名运动员参赛,共取得了 5 金 5 银 2 铜,所获金牌项目为女水(2 人)、女排(2 人)、网球女单、网球女双(1 人)以及赛艇;银牌项目为女子佩剑个人、女子佩剑团体、男子游泳、网球女单以及女足(2 人);铜牌项目为女子柔道和女曲(2 人)。总计共有 15 名运动员取得奖牌,占天津总参赛人数的 57. 7%,总体表现可打高分。

95. 2018 年 11 月 5 日,我市举重选手吕小军在 2018 年举重世界锦标赛男子 81 公斤级比赛中,以 374 公斤夺得总成绩冠军并刷新该项目总成绩世界纪录,还获得了抓举和挺举的两项亚军。

96. 2018 年 11 月 7 日,天津选手朱雪莹在 2018 年世界蹦床锦标赛上发挥出色,与队友合作获得男女混合团体比赛冠军。

97. 2018 年 12 月 7 日(德国当地时间),天津选手闫文港在欧洲杯钢架雪车项目中获得该项目金牌,这是我市冬季项目运动员在国际比赛的首枚金牌,也是我国历史上的第一枚钢架雪车欧洲杯金牌。

98. 2019 年 1 月 25 日,在 2019 澳网女双决赛的争夺赛上,张帅携手澳洲名将斯托瑟迎战卫冕冠军巴博斯和梅拉德诺维奇的跨国组合,最终张帅/斯托瑟以 6:3、6:4 击败巴博斯/梅拉德诺维奇,夺得澳网女双冠军。这是张帅首次跻身大满贯女双决赛,时隔五年再度有 4 位中国选手登上大满贯冠军领奖台。张帅为中国女网捧回第 2 座澳网女双冠军、第 6 座大满贯双打冠军,以及第 8 座大满贯冠军。

99. 2019 年 4 月 22 日,在 2019 年蹦床世界杯白俄罗斯站比赛中,我市优秀运动员朱雪莹代表中国出战,以 56. 955 的高分获得冠军。

100. 2019 年 4 月 25 至 28 日,在第二届亚太女子高尔夫球锦标赛上,由天津队员叶雷、殷晓雯和王嘉怡领军的中国队再创佳绩。其中,叶雷取得个人第六名成绩,刷新了中国队参加该项赛事的历史最好成绩,也完成了中国队冲击前六名的目标。

101. 2019 年 4 月 28 日,在 2019 年 WTA125 系列赛(安宁站)女单决赛上,赛会 2 号种子天网金花郑赛赛最终以 6:4、6:1 战胜头号种子张帅,斩获 2019 年首冠,成就了四冠王伟业(2014 年、2015 年、2017 年、2019 年)。在同日举行的女双决赛中,赛会 2 号种子彭帅携手杨钊煊以 7:5、6 :2 战胜了头号种子段莹莹及她的搭档韩馨蕴,继年初深圳赛后再度携手夺冠,这是彭帅继 2014 年法网后再夺红土女双冠军。

102. 2019 年 5 月 5 日,在 SMM2019 亚洲“格林酒店杯”女排俱乐部锦标赛决赛中,天津渤海银行女排以 3:1 战胜卫冕冠军泰国春武里至尊队,夺得队史上的第 5 座亚俱杯冠军奖杯,并获世俱杯资格。

103. 2019 年 5 月 11 日至 12 日,在 2019 年国际田联世界接力赛上,莫有雪、骆文熠、别舸和林俊泓(天津籍)组成的中国男子 4×200 米接力队在预赛中以1分21秒70打破亚洲纪录。

104. 2019年6月16日，在2019年亚洲击剑锦标赛团体项目的比赛上，由傅颖、钱佳睿、邵雅琦（天津）和杨恒郁组成的中国女子佩剑队连续战胜新加坡、日本和韩国队夺得冠军。

105. 2019年6月，在2019年国际泳联跳水大奖赛（西班牙、意大利）站的比赛中，天津跳水队的杨凌在西班牙站男子10米跳台的比赛中，获得冠军，并在男子双人10米跳台的比赛中，与八一队的袁松组合获得冠军；在意大利站的比赛中，获得男子10米跳台亚军，并且又一次和八一队的袁松组合在男子10米双人跳台获得冠军。

106. 2019年7月5日，在意大利那不勒斯举行的第30届世界大学生运动会跳水项目比赛中，我市跳水健儿曹李智和黄子淦不畏强手、顽强拼搏、团结协作，在男子双人十米跳台比赛中夺得冠军，为中国大学生代表团增添一枚宝贵的金牌。

107. 2019年7月28日，第71届全美USGA青少年锦标赛（71st U. S. Girls´ Junior）在威斯康星州斯蒂文斯波恩特哨兵世界（Stevens Gibbons Sentry World, WIS）落下帷幕，天津高尔夫球队球员叶雷在经过6天9轮马拉松式的比赛后，在36洞决赛中，以一洞优势击败美国选手吉莉安·波德奇（Jillian Bourdage），将冠军奖杯揽入怀中。该赛事是全美乃至全球最高级别的女子青少年高尔夫比赛（年龄小于18周岁）。

108. 2019年8月5日，2019年WTA圣何塞顶级赛展开决赛争夺，郑赛赛以6:3、7:6(3)力克2号种子、世界排名第十名的萨巴伦卡，摘得生涯WTA女单首冠，成为又一位问鼎WTA女单的中国金花。

109. 2019年9月28日，中国女排在2019女排世界杯上提前一轮成功卫冕，队中三名天津选手李盈莹、姚迪和王媛媛也随国家队出征，天津新晋三名世界冠军。

110. 2019年9月22日，在2019年世界举重锦标赛男子81公斤级的比赛中,35 岁的天津老将、伦敦奥运会冠军吕小军带伤作战、顽强拼搏,以 171 公斤、207 公斤和 378 公斤的成绩分别夺得抓举、挺举和总成绩的冠军,并且打破了该级别的挺举和总成绩两项世界纪录。

111. 2019 年 8 月 12 日,国际最高级别健身气功赛事——第八届世界健身气功交流比赛大会在澳大利亚墨尔本圆满结束。我市健身气功代表队以突出的表现,共获得了 2 个团体一等奖,13 个单项冠军,3 个单项亚军。

112. 2020 年 1 月 24 日,王蔷在 2020 年澳大利亚网球公开赛女单第三轮争夺中以 2:1 力克拥有 23 个大满贯赛冠军头衔的美国名将小威廉姆斯,职业生涯首次闯进澳网女单 16 强。

113. 2020 年 9 月 10 日,2020 年美国网球公开赛结束女双半决赛争夺,徐一璠与美国选手梅里查尔搭档,以 2:1 险胜美国组合汤森德 · 穆罕默德,首次携手打进大满贯女双决赛。这是徐一璠职业生涯第二次打进大满贯决赛,她也成为美网历史上第一位打进女双决赛的中国内地选手。

114. 2020 年 10 月 3 日,在 2020 年法国网球公开赛上,张帅以 2:0 力挫法国新星布雷尔,成功晋级法网女单 16 强,创造职业生涯个人最佳法网战绩。

(五)天津体育人参与全国性赛事取得的成绩（截止 2020 年底）

1. 1953 年 10 月 2 日至 7 日,全国田径、体操、自行车运动大会在京举行。天津体操选手杨健民、鲍乃健分获男子双杠第一名和第二名。

2. 1954 年 10 月 2 日至 10 日,全国篮球联赛在北京举行。天津队获得第一名。

3. 1954 年 1 月 15 日，天津市冰上运动会在第一人民体育场冰场举行。女子组 500 米，男子组 500 米，1500 米、3000 米、5000 米均打破天津市纪录。穆秀珍、穆秀英姐妹在这次冰上运动中分获 1500 米和 3000 米冠军。

4. 1955 年 4 月 9 日至 10 日，全国田径测验在上海市举行。200 米低栏项目的第一名为天津选手张仲河，成绩为 26 秒 1；手榴弹项目的第一名为天津选手马长路，成绩为 64. 11 米。

5. 1955 年 8 月 20 日至 23 日，全国游泳竞赛大会在上海市举行。

100 米自由泳，第一名为天津选手张家瑞成绩为 1 分 3 秒 2。

6. 1955 年 11 月 15 日至 18 日，全国体操测验比赛在北京市举行。

【女子乙组】

高低杠　第一名　王尚芬　天津　9. 40

跳　马　第一名　杨波紫　天津　9. 70

7. 1955 年 4 月 9 日至 10 日，全国田径测验在上海举行。

200 米栏　第一名　张仲河　天津　26 秒 1

手榴弹　第一名　马长路　天津　64. 11 米

8. 1956 年 9 月 2 日，天津市自行车比赛在第五体育场举行。杨长清打破男子 5000 米全国纪录；张玉兰、杨家荣、张志勤、王淑瑞分别打破女子 1500 米、3000 米、5000 米全国纪录。

9. 1956 年 4 月 1 日至 5 日，七单位游泳对抗赛在北京市举行。

【男子成年组】

100 米蛙泳　第一名　穆祥雄　天津　1 分 10 秒 6

200 米蛙泳　第一名　穆祥雄　天津　2 分 42 秒 4

10. 十五城市少年游泳运动会，1956 年 8 月 5 日至 6 日在北京市举行。

【男子甲组】

100 米自由泳　第一名　穆祥杰　天津　1 分 3 秒 5

400 米自由泳　第一名　穆祥杰　天津　5 分 11 秒 7

50 米蛙泳　第一名　梁石府　天津　38 秒 3

4×100 米自由泳接力　第一名　天津队　4 分 37 秒 5

4×100 米混合式接力　第一名　天津队　5 分 14 秒。

【女子甲组】

100 米蛙泳　第一名　柳玉森　天津　1 分 33 秒 3

200 米蛙泳　第一名　柳玉森　天津　3 分 20 秒 6

11. 1956 年 5 月 23 日至 27 日，全国举重冠军赛在北京市举行。

轻重量级　第一名　赵庆奎　天津　370(110+115+145)

12. 1956 年 8 月 5 日至 9 日，全国体操冠军赛在天津市举行。

【男子甲组】

团体　第一名　天津　419. 29

全能　第一名　鲍乃健　天津　110. 18

自由体操　第一名　杨健民　天津　18. 75

单杠　第一名　鲍乃健　天津　19. 00

双杆　第一名　杨健民　天津　18. 85

吊环　第一名　鲍乃健　天津　19. 05

13. 1956 年 4 月 1 日至 5 日，七单位游泳对抗赛在北京举行。

100 米蛙泳　第一名　穆祥雄　天津　1 分 10 秒 6

14. 1956 年 8 月 5 日至 9 日，全国体操冠军赛在天津举行。

【男子甲组】

团体　第一名　天津队　419. 29 分

全能　第一名　鲍乃健　天津　110. 18 分

自由体操　第一名　杨建民　天津　18. 75 分

吊环　第一名　鲍乃健　天津　19.05 分

双杠　第一名　杨建民　天津　18.85 分

单杠　第一名　鲍乃健　天津　19.00 分

【女子甲组】

团体　第一名　天津队　256.46 分

15. 1957 年 10 月 6 日至 10 日，全国田径运动会在南京市举行。

【男子甲组】

10000 米　第一名　赵宝荣　天津　32 分 3 秒 2

110 米高栏　第一名　高济桥　天津　15 秒 9

标枪　第一名　殷晋武　天津　53.14 米

【女子甲组】

铅球　第一名　冼少梅　天津　12.98 米

16. 1957 年 8 月 25 日至 28 日，全国游泳、跳水锦标赛(游泳部分)在北京市举行。

100 米蛙泳　第一名　穆祥瑞　天津　1 分 13 秒 6

200 米蛙泳　第一名　穆祥雄　天津　2 分 47 秒 2

100 米自由泳　第一名　张家琛　天津　1 分 2 秒 1

200 米自由泳　第一名　张家琛　天津　2 分 25 秒

200 米蝶泳　第一名　胡志祥　天津　2 分 59 秒 5

400 米自由泳　第一名　张树田　天津　5 分 10 秒 5

17. 1957 年 10 月 19 日至 24 日，全国举重锦标赛在广州市举行。

轻重量级　第一名　赵庆奎　天津　390(120+120+150)

18. 1957 年 3 月 21 日至 23 日，十七城市体操单项个人冠军赛在北京市举行。

【男子】

鞍马　第一名　张玉琨　天津　8.30

双杠　第一名　林楷　天津 9.25

【女子】

高低杠　第一名　王尚芬　天津　9.35

19. 全 1957 年 9 月 22 日至 29 日,国体操锦标赛在上海市举行。

单杠　第一名　乔振英　天津　9.25

【男子一级】

团体总分　　第一名　天津　430.95

全能　第一名　林楷　　天津　107.95

【女子一级】

高低杠　第一名　马雯娟　天津　18.75

20. 1957 年 10 月 6 日至 10 日,全国田径运动会在南京举行。

【女子】

铅球　第一名　冼少梅　天津　12.98 米

21. 1957 年 8 月 25 日至 28 日,全国游泳、跳水锦标赛(游泳部分)在北京举行。

【男子甲组】

100 米蛙泳　第一名　穆祥雄　天津　1 分 13 秒 6

200 米蛙泳　第一名　穆祥雄　天津　2 分 47 秒 2

22. 1958 年 7 月 12 日,天津市工人运动员赵宝荣在天津举办的男子 5000 米单项对抗赛中以 15 分 3 秒 2 的成绩打破 15 分 9 秒 4 的全国纪录。

23. 1958 年 7 月 28 日,高霆坤、杨国瑞、杨长清、李宽 4 人在自行车测验赛中打破 10000 米全国纪录。

24. 1958 年 8 月 17 日至 9 月 16 日,天津举办全民体育运动大会(第二届市运会),田径选手卢宝祖以 10 秒 9 打破保持 20 年之久的天津市男子 100 米纪录。

25. 1958 年 9 月,天津选手赵庆奎在庆国庆举重表演赛中,以 176. 5 公斤成绩打破轻重量级挺举世界纪录。

26. 1958 年 12 月 30 日,穆祥雄在北京优秀运动员冬季游泳比赛中,以 1 分 11 秒 4 的成绩打破男子 100 米蛙泳世界纪录。

27. 1958 年 2 月 22 日至 25 日,全国春季田径运动会在广州市举行。

铅球　第一名　冼少梅　天津　13. 62 米

28. 1958 年 4 月 19 日至 21 日,全国一级、健将级游泳比赛在广州市举行。

100 米蛙泳　第一名　穆祥雄　天津　1 分 13 秒 5

200 米蛙泳　第一名　穆祥雄　天津　2 分 42 秒 6

29. 全国体操锦标赛 1958 年 10 月 22 日至 29 日在南京市举行。

【一级】

全能　第一名　李月明　天津　108. 50

双杠　第一名　李月明　天津　18. 45

【女子健将级】

全能　　第一名　郭可愚　天津　74. 95

高低杠　第一名　郭可愚　天津　19. 20

30. 1958 年 2 月 22 日至 25 日,全国春季田径运动会在广州举行。

【女子】

铅球　第一名　冼少梅　天津 13. 62 米

31. 1958 年 4 月 19 日至 21 日,全国一级、健将级游泳比赛在广州举行。

【男子】

100 米蛙泳　第一名　穆祥雄　天津　1 分 13 秒 5

200 米蛙泳　第一名　穆祥雄　天津　2 分 42 秒 6

32. 1958 年 9 月 30 日,赵庆奎在北京举行的国庆举重表演赛中以

176.5 公斤的成绩打破了美国运动员乔治保持的轻重量级挺举世界纪录。成为天津市第一个创造世界纪录的举重运动员，并于同年 11 月 30 日在中、苏、波友谊赛中以 177.5 公斤的成绩再次刷新轻重量级挺举世界纪录。

33. 1959 年 9 月 13 日至 10 月 3 日，第一届全运会在北京举行。天津选手 200 人入选河北省体育代表团参赛。天津选手获 12 个第一名，16 个第二名。20 个第三名，1 人 1 次打破 1 项游泳世界纪录，7 人打破 7 项全国纪录，获中国式、古典式、自由式 3 项摔跤团体总分第一名。

34. 1960 年 7 月 1 日至 10 日，全国女子游泳通讯比赛举行。

【少年甲组】

100 米蛙泳　第一名　王秀珍　天津　1 分 30 秒 2

200 米蛙泳　第一名　王秀珍　天津　3 分 8 秒 5

100 米蝶泳　第一名　高爱琴　天津　1 分 29 秒 5

200 米蝶泳　第一名　高爱琴　天津　3 分 24 秒 3

100 米仰泳　第一名　梁石泓　天津　1 分 22 秒 8

200 米仰泳　第一名　梁石泓　天津　3 分 3 秒 9

400 米个人混合泳　第一名　韩彬　天津　6 分 44 秒 1

35. 1961 年 6 月 11 日至 21 日，天津卢宝祖和北京选手组成的接力队在天津市举行的全国田径分区运动会上以 41 分 9 的成绩打破男子 400 米接力 42 分的全国纪录。

36. 1961 年 10 月 15 日至 17 日，天津市选手参加全国田径运动会，高济桥在 110 米栏、马长路在标枪、王秀芬在女子 800 米比赛中均获第 1 名。

37. 1963 年 5 月 1 日至 15 日，全国一级、健将级游泳通讯比赛举行。

100 米仰泳　第一名　柳利森　天津　1 分 20 秒

200 米仰泳　第一名　柳利森　天津　2 分 58 秒

38. 1964 年 11 月 1 日至 30 日,全国青年举重通讯比赛在各地举行。

次轻量级　第一名　于万有　天津　282. 5(85+85+112. 5)

轻量级　　第一名　冯洪江　天津　297. 5(82. 5+95+120)

39. 1965 年 6 月 4 日,郭浩洲在天津市航模比赛中,以 3 小时 15 分 32 秒 8 的成绩打破发动机直升机留空时间的世界纪录。

40. 1965 年 6 月,沈阳,全国田径分区赛,刘景堉以 23 秒 5 的成绩打破男子 200 米栏项目全国纪录。

41. 1965 年 9 月 11 日至 28 日,天津选手代表河北省参加第二届全运会游泳比赛,陈大伏 400 米混合泳以 5 分 10 秒 1 破全国纪录。女子 4×100 米混合泳接力以 5 分 8 秒 7 破全国纪录。

42. 1971 年 6 月 15 日至 30 日,在北京举行的“文化大革命”后第一次田径集训赛中,天津市选手张豹以 72. 54 米的成绩获男子标枪第一名。同年 11 月在广东地区田径表演赛上,张豹以 76. 84 米的成绩打破男子标枪全国纪录。

43. 1971 年 6 月 30 日至 7 月 15 日,全国游泳、跳水、水球集训比赛(游泳部分),在武汉举行。徐锦柱以 2 分 10 秒 1 的成绩打破男子 200 米个人混合泳的全国纪录。

44. 1972 年 7 月 21 日至 8 月 2 日,天津市举办全国少年游泳比赛,天津市选手吴诚获男子 200 米仰泳第 1 名。

45. 全国游泳比赛,1972 年在广州举行。

【成年男子】

200 米仰泳　第一名　吴诚　天津　2 分 27 秒 5

【少年男子】

100 米蝶泳　第一名　徐平　天津　1 分 4 秒 6

100 米自由泳　第一名　熊发洲　天津 1 分 4 秒 2

【少年女子乙组】

团体总分　第一名　天津队　72 分

46. 1973 年 7 月 27 日,李建民在北京游泳表演赛中,以 17 分 38 秒 6 的成绩打破男子 1500 米自由泳全国纪录。

47. 1973 年 9 月 21 日至 29 日,全国游泳比赛在南宁举行。

【成年男子】

100 米仰泳　　第一名　陈建源　天津　1 分 5 秒 4

【少年男子】

团体总分　第一名　天津队　68 分

400 米自由泳　第一名　李健民　天津　4 分 28 秒 4

【少年女子】

800 米自由泳　第一名　初运华　天津　10 分 56 秒 9

200 米仰泳　第一名　朱文晶　天津　2 分 47 秒 7

400 米个人混合泳　第一名　曹墨霞　天津　5 分 56 秒

48. 1973 年 10 月 12 日至 18 日,全国举重比赛在连云港举行。

轻重量级　第一名　刘宝泉　天津　237. 5(100+137. 5)

49. 1973 年 10 月 7 日至 11 月 10 日,第 3 届天津市运动会,吴世仓以 2524 分打破 2483 分男子五项全能市纪录。

50. 1974 年 8 月 25 日至 31 日,全国游泳比赛在南京举行。

200 米个人混合泳　第一名　徐平　天津　2 分 23 秒

200 米个人混合泳　第一名　曹墨霞　天津　2 分 44 秒 5

51. 1974 年 10 月 23 日至 29 日,全国举重比赛在南昌举行。

轻重量级　第一名　朱奎　天津　270(117. 5+152. 5)

52. 1975 年 9 月,天津举重队参加第 3 届全运会,田树林获 90 公斤级第二名,朱奎以 160 公斤的成绩打破 82. 5 公斤级挺举的全国青年纪录。

手球金牌　天津女子手球队　队员:王丰兰、李秀琴、王春英、杨淑

红、吴萍、刘三强、李春芝、傅云英、尹文华

棒球金牌　棒球队男子　队员：张志刚、徐富民、王金铭、王建明、蔡平志、王悌、徐宝刚、梁俊杰、王铭、袁广亮、张金生、于春恒、穆志义

垒球金牌　女子垒球队　队员：马丽华、贾克森、梁秋华、许桂香、郑桂珍、韩淑清、岳建玲、陈玉香、陈凤琴、李秀云、张祥珍、王玉荣、何梅、信玉凤、段素春

击剑金牌　赵晓岩　男子花剑

举重金牌　朱奎　青年组轻重量级挺举

53. 1976 年 4 月 16 日，. 全国青少年举重比赛在武汉举行。

次最轻量级	第一名	何树兴	天津	210(90+120)
次重量级	第一名	马汝璥	天津	285(120+165)

54. 1977 年 4 月 26 日，参加全国游泳比赛，队员郭瑞山获 100 米、200 米自由泳两项第 1 名。全队以 3 分 42 秒 8 打破男子 4×100 米自由泳接力全国纪录。

55. 1978 年 6 月至 9 月，第四届市运会，其中游泳队初运华连破三次市纪录，田径队马秀云打破保持十九年的天津市女子铅球纪录(13. 84 米)，何建华打破保持十八年的天津市三级跳远纪录(15. 27 米)。

56. 1979 年 9 月 15 日至 9 月 30 日，第四届全国运动会在北京举行。

附 1：第四届全国运动会破全国纪录(天津)

男子游泳

100 米自由泳　郭瑞山　成绩 53 秒 94　原纪录 54 秒

200 米自由泳　郭瑞山　成绩 1 分 59 秒 2　原纪录 1 分 59 秒 7

女子游泳

100 米仰泳　张岚　成绩 1 分 09 秒 45　原纪录 1 分 09 秒 9

男子举重

100公斤级抓举　田树林　成绩138公斤　原纪录137.5公斤

航空模型

橡筋动力模型飞机直线速度　陶象乾　成绩100.84公里/小时　原纪录92.78公里/小时

航海模型

2.5毫升内燃机动力空气桨竞速艇洪文华13秒/500米　原纪录13秒15/500米

2.5毫升内燃机动力空气桨竞速艇(第一轮)　洪文华12秒6/500米　原纪录13秒15/500米

57. 1980年,全国优秀运动员比赛,天津乒乓球队的王继建、马小静获男女单打冠军,女团、女双获得冠军。

58. 1982年,全国网球单项赛,天津男子网球队获得团体冠军和男双冠军(刘树华、倪长宏)。

59. 1982年,全国男子足球甲级联赛,天津足球一队获第三名,二队挺进前八。

60. 1982年,天津女子手球队获得全国女子手球联赛亚军。

61. 1982年,全国击剑锦标赛,天津女子花剑获得团体亚军。

62. 1983年9月18日至10月1日,第五届全国运动会在上海举行,女子游泳严红一人四次打破三项全国纪录;刘树华获得网球男单冠军;男子射击队打破小口径步枪靶射全国纪录。

63. 1984年,全国击剑锦标赛,天津女子花剑队包揽女花团体和个人前三名。

64. 1984年,全国网球锦标赛,天津队刘树华蝉联网球男单冠军,并与倪长宏再获男双冠军。

65. 1984年,全国体操锦标赛,天津男子体操队获吕明获得鞍马冠军。

66. 1985 年,全国女子垒球联赛,天津女子垒球队获得冠军。

67. 1985 年,全国女子足球联赛,天津女子足球队获得冠军。

68. 1985 年 9 月 17 日至 26 日,全国乒乓球锦标赛在浙江杭州举行,天津队的马文革获得男子单打冠军。

69. 1985 年,全国网球锦标赛,天津网球队的倪长宏、刘树华获得男子双打冠军。

70. 1985 年,全国体操锦标赛,天津队获得男子团体前六,吕明独得男子跳马、鞍马两块金牌,全能亚军,曹瑛获得女子跳马金牌。

71. 1985 年 10 月,首届全国青少年运动会在郑州举行,王惠莹一人包揽体操三枚金牌,谢红女子手枪成绩仅比奥运会少两环。

72. 1987 年 11 月 20 日至 12 月 5 日,第六届全国运动会在广州举行,其中金牌成绩为:击剑:孙洪云(女花个人)、朱庆元、孙洪云、张建秋、路桂霞、王会凤(女花团体);体操:王惠莹(女子跳马、自由体操)、吕明(男子鞍马);游泳:詹江(男子 200 米蝶泳);航模:冯爱明(F1C)。

73. 1989 年,天津队在第二届全国花毽邀请赛上获得两金一银两铜,两个第四,三个第六。1989 年 3 月天津市毽球协会授予邱明宽、邱明德、齐贵明、魏玉平"花毽四大名腿"荣誉。

74. 1992 年 9 月 29 日至 10 月 5 日,第四届全国大学生运动会在武汉举行。南开大学硕士研究生谭莹荣夺得女子七项全能冠军,并被全国大学生田径协会评为全国高校十佳运动员。

75. 1992 年,在全国最高水平的年度比赛中,天津市运动员共获得 16 枚金牌(击剑:王会凤、张建秋、唐广芬、张静秀、宁宪奎、周建秋;田径:李会荣、张玲、陈兆静、王达;乒乓球:马文革;举重:王宝福;国际摔跤:田雷、马槟;技巧:黄浩;自行车:张浩;男子曲棍球队;航空模型队)。

76. 1993 年 9 月 4 日至 15 日,第七届全国运动会在北京举行,张瑜以

100 米栏 12 秒 64 的成绩列世界第三位。

77. 1998 年 12 月 6 日至 20 日，第 13 届亚运会在泰国曼谷举行，天津市选手刘云涛作为中国队队员在 13 届亚运会男子花剑团体赛中勇夺金牌。天津市武术运动员郎荣标在亚运会南拳赛中勇夺金牌，实现了天津武术亚运会金牌“零”的突破。安仲欣、秦学静、穆霞夺得垒球金牌。

78. 2001 年 5 月 16 日至 10 月 19 日，第九届全国运动会，八运会冠军女子柔道运动员沈君再夺 57 公斤级金牌。天津武术夺得 1. 5 枚金牌。张晓鹏勇夺男子刀棍全能金牌。体操运动员董震又一次蝉联吊环金牌。女子跆拳道运动员张会景摘取 67 公斤级金牌。

79. 2003 年 9 月 6 日，第七届全国少数民族运动会在宁夏自治区银川市开幕。天津理工学院为主的天津武术队的尤金钰和王海涛分别在女子和男子拳术 A 组比赛中获得金银牌。天津体院的回族学生王寰羽和蒙古族预科生赛音巴雅尔托别在绊跤 74 公斤级比赛中和 90 公斤级的决赛中获得金牌。

80. 2005 年 12 月 12 日至 23 日，第十届全运会在江苏省举行，天津女排以 3∶0 战胜解放军女排，夺得十运会女排冠军，这也是天津体育史上第一枚三大球全运会金牌。

81. 2005 月 1 月 15 日，在湖南益阳举办的 2004—2005 年步步高全国女子排球联赛总决赛，天津女排蝉联冠军。实现了全国联赛“三连冠”的历史性突破，并六次获得全国大赛桂冠。

82. 2007 年 8 月，全国田径锦标赛中，孙太凤在女子铁饼比赛中，以 63. 92 米成绩获得冠军。成为天津田径历史上参加世界锦标赛第一人。

83. 2009 年 10 月 16 日至 28 日，第十一届全运会在山东省举行，佟文、吕小军、王鑫、李平、王冠寅在世界锦标赛上夺得女子柔道、男子举重、女子 10 米双人跳水、乒乓球混双、双杠等项目 6 个冠军。吕小军打破男子 77 公斤级抓举和总成绩两项世界纪录。

84. 2009 年 3 月 8 日，在 2008—2009 赛季全国女排联赛总决赛中，主场作战的天津女子排球队经过五局激战以 3:2 击败上海队成功卫冕，成为在职业联赛中第一支获得“六冠王”的球队。

85. 2010 年 5 月 16 至 26 日，第四届全运会在安徽省合肥市举行。健美操选手黄晋萱获竞技组女子单人操一等奖。

86. 2011 年 4 月 3 日，天津女排夺得 2010—2011 赛季全国女排联赛冠军，创造了九年八冠和“五连冠”成绩。

87. 2012 年 3 月，在河北廊坊举办全国跆拳道锦标赛，夏孝存获得 68 公斤第一名，董梅获得 73 公斤第一名。

88. 2012 年 4 月 10 日至 13 日，在福建举办的全国男子举重锦标赛 77 公斤挺举比赛中，吕小军获得第 1 名。

89. 2012 年 4 月 15 日，在 2012 年全国女子拳击锦标赛 81 公斤级决赛中，天津姑娘苑美庆勇夺冠军，天津队也以一金两铜的好成绩实现了本项赛事的历史突破。本次全国锦标赛是国内最高水平的拳击赛事。

90. 2012 年 5 月 11 日，在 2012 年全国体操锦标赛暨奥运会选拔赛吊环决赛中，天津选手陈一冰以 15. 925 分的成绩获得冠军。

91. 2012 年 5 月 20 日至 29 日，在无锡举办全国棒球锦标赛，陈伟、许云龙、苏长龙、吕建刚、李梓踉、商亚澎、李文明、李鑫、张振旺、杨顺意、于海超、张皓玥、侯凤连、杨国刚、张春轩、闻磊、王靖超、贾龙、李洪鑫、刘若律、古汶鑫、郑显龙、王凯、孟凡祥获团体第一名。

92. 2012 年 7 月 12 日，在为期四天的“全国青少年武术套路锦标赛暨第四届世界武术锦标赛选拔赛”上，代表天津市赴广州参赛的霍元甲文武学校学生孙万兴、赵大振、付贵华获男子三人对练（空手夺双枪）项目金牌。

93. 2012 年 8 月 16 日，在 2012 年全国网球团体锦标赛上，天津男、女网球队分别以 2:0 的比分战胜江苏男队和北京女队夺得冠军。这是天津网球女队连续12年夺得该项赛事的冠军，创造了中国竞技体育运动连续夺冠的历史。天津网球男队也是连续3年并第7次夺得该项赛事的冠军。

94.2012年9月15日，2012年全国女子柔道冠军赛在湖南衡阳落幕。天津队共摘得3枚金牌。佟文夺得78公斤以上级冠军，陈飞夺得70公斤级冠军，天津队摘得团体桂冠，实现了天津女子柔道队建队18年来团体冠军"零的突破"。

95.2012年9月21日至23日，在山西晋中全国武术套路冠军赛中，女子太极拳、女子太极剑项目中于萌萌获第一名，女子二人对练，刘晓慧、赵兰兰获第一名。

96.2013年3月24日至27日，在淄博举办的全国男子举重锦标赛，男子77公斤级总成绩和男子77公斤级抓举比赛中吕小军获得第一名。

97.2013年3月27日至4月4日，全国女子水球冠军赛广西南宁举行，徐露、张濛、孙玉君、李韦羽、杨珺、滕飞、林琳、夏群、朱雅婧、孙雅婷、何金、刘萍、张佳琪、常怡、翟瑞(翟梓君)获第一名。

98.2013年3月28日，全国跳水冠军赛在湖北武汉举行，男女混合全能，汪皓/胡起源第一名。

99.2013年4月1日至8日，全国游泳冠军赛河南郑州举行，女子1500米自由泳，庞玟贤获得第一名。

100.2013年4月3日，2013年全国游泳冠军赛暨全运会预选赛上，天津队小将庞玟贤以16分6秒1的成绩夺得女子1500米自由泳冠军，并且刷新了全国纪录，为天津军团摘得首金。

101.2013年4月4日，2013年全国女子水球冠军赛暨全运会预赛在广西南宁江南训练基地游泳馆落下帷幕。在最后的决赛中，天津女子水球队以10:8战胜东道主广西队，夺得冠军，并顺利拿到2013年全运会决赛阶段的入场券。

102. 2013 年 4 月 6 日，在为期 3 天的 2013 年全国女子柔道锦标赛暨第十二届全运会预赛上，天津女子柔道队力压群雄，取得了 3 金 4 银 3 铜的优异成绩，为打好第十二届全运会奠定了坚实的基础。

103. 2013 年 5 月 6 日至 11 日，全国室外射箭锦标赛在辽宁沈阳举行，女子个人单轮 50 米比赛中，龚海芬获第一名。

104. 2013 年 5 月 29 日至 6 月 1 日，全国田径锦标赛在苏州举行，男子跳高，王臣获第一名。女子铁饼，孙太凤获第一名。

105. 2013 年 6 月 1 日至 3 日，全国古典式摔跤锦标赛在山东淄博举行，男子 55 公斤级，宝力日获第一名。

106. 2013 年 9 月，在沈阳举办第十二届全国运动会，天津女子排球队以 3:1 战胜辽宁女排，荣获第十二届全运会女排成年组冠军，为天津代表团夺取 3 枚宝贵的金牌，实现了全运会赛场的三连冠。在 7 月 28 日进行的网球（单项）混合双打决赛中，彭帅/李喆组合以 2:0 战胜上海队的周弈妙/吴迪组合勇夺金牌，成功卫冕混双冠军。7 月 29 日，在网球（单项）女双决赛中，彭帅/张帅获得冠军，为天津代表团再添一金。7 月 30 日，网球（单项）女子单打决赛中，彭帅以 2:0 战胜队友段莹莹，夺得冠军，段莹莹获得银牌。9 月 3 日，在武术套路女子太极拳太极剑决赛中，于萌萌以总分 19.46 的成绩，为天津代表团夺得开赛以来的首枚金牌。柔道女子 78 公斤级比赛中，天津名将佟文在决赛中获得全运会冠军。孙超领衔的天津女子花剑队在团体赛中，再获得一金。天津选手陈建新以 46 秒 19 的成绩获得男子 400 米项目的冠军。这枚金牌的获得，实现了天津短跑项目零的突破。李响在男子 200 米蛙泳项目上，打破全国纪录，仅以 0.3 秒的微弱劣势屈居亚军。陈建新以 46.19 的成绩打破 400 米天津市纪录。

全运会奖牌榜：

网球 4 枚：彭帅、张帅、段莹莹、郑赛赛（女子团体）、彭帅/李喆（混

双)、彭帅/张帅(女双)、彭帅(女单)

女排3枚:天津女排成年组冠军

女足1枚:天津女足成年组季军

击剑1枚:天津女子花剑团体

武术1枚:于萌萌(女子太极拳、太极剑全能)

女子水球2枚:天津女子水球队冠军

女子柔道1枚:佟文(+78公斤级)

男子举重1枚:吕小军(77公斤级)

男子田径1枚:陈建新(男子400米)

107. 2013年9月25日至29日,江苏常熟举行全国武术冠军赛,女子南拳,李奕萱获第一名,女子二人对练,赵兰兰、刘晓慧获第一名。

108. 2014年4月10日至15日,广西区体育局江南训练基地游泳馆举行全国女子水球冠军赛,(天津队)杨珺、杜雨笑、刘萍、孙玉君、闫菁、孙雅婷、朱雅婧、张濛、宋冬伦、林琳、夏群、张蕾、李韦羽、李沛扬获第一名。

109. 2014年4月12日,在2014全国男子柔道锦标赛上,建队仅3年的天津男子柔道队队员张俊发扬顽强拼搏、敢打必胜的精神,勇夺100公斤级冠军,实现了天津男子柔道二十五年来金牌零的突破。

110. 2014年4月18日,在云南临沧举行的2014年全国女子柔道锦标赛的比赛中,天津选手刘洋奋勇拼搏,夺得57公斤级冠军。陈飞夺得70公斤级冠军,秦茜获得78公斤以上级亚军,朱峰获得78公斤级第三名。

111. 2014年4月19日,2014年全国U20女排联赛在福建漳州训练基地落幕。天津队在决赛中以3:0击败实力不俗的山东队,勇夺冠军。

112. 2014年5月14日,在全国游泳冠军赛暨亚运会选拔赛上,天津运动员李响在200米以2分10秒84的成绩击败获得金牌。在接连拿下

200 米蛙泳、100 米蛙泳后，又在 50 米蛙泳中以 28 秒 19 的成绩收获金牌。

113. 2014 年 5 月 27 日至 30 日，在安徽合肥举行全国男子古典式摔跤锦标赛 80 公斤级比赛，陈维炜获第一名。

114. 2014 年 5 月 29 日，在为期四天的 2014 年全国武术套路锦标赛（女子赛区）比赛上，天津武术队于萌萌夺得女子太极拳和女子太极剑冠军，郑少谊夺得女子刀术和女子棍术冠军，赵兰兰和陈磊夺得女子对练冠军。

115. 2014 年 7 月 13 日，在台州举行全国网球团体锦标赛，张帅、段莹莹、徐一璠、郑赛赛获得女团第一名。

116. 2014 年 8 月 21 日，在南京奥体中心体操馆，天津籍运动员朱雪莹不负众望，以全场最高的 55.425 分夺得本届青奥会女子蹦床冠军。这也是天津籍运动员在南京青奥会上夺得的首枚金牌。

117. 2014 年 9 月 4 日至 7 日，在云南玉溪举行的全国武术套路冠军赛中，郑少谊获得女子刀术、女子棍术（均为非全运项目）的第一名。

赵兰兰/陈磊获女子二人对练（非全运项目）第一名

118. 2014 年 10 月 23 日至 26 日，在山西太原举行全国女子柔道冠军赛中，林媛媛获-57 公斤级第一名；朱峰获-78 公斤第一名；王蕊获无差别级第一名；郭旭、王小会、刘洋、唐婧、陈飞、徐佳凝、秦茜、王蕊获女子团体第一名。

119. 2014 年 10 月 26 日，在代表国内网球单项最高水平的 2014 年全国网球单项锦标赛上，天津联通队的王蔷以 3:6、6:3、6:4 逆转战胜安徽队的朱琳，一举夺得女单冠军。

120. 2014 年 10 月 30 日，在 2014 年全国女子水球锦标赛中，天津女子水球力压强敌，夺得冠军。

121. 2014 年 11 月 14 日，在 2014 年全国跆拳道冠军赛上，我市选手董梅一路过关斩将,一举夺得 73 公斤级冠军。

122. 2015 年 4 月 1 日,2015 全国田径投掷项群赛系列赛(第一站)上,天津市男子标枪选手马群以 79. 39 米的成绩破天津市纪录,夺得该项目冠军。这是时隔 13 年天津男子标枪项目的新突破。

123. 2015 年 4 月 10 日,在 2015 年全国游泳冠军赛男子 100 米蛙泳决赛中,天津市选手李响以 1 分 0 秒 13 的成绩打破全国纪录,夺得冠军。

124. 2015 年 4 月 10 日至 13 日,2015 年全国武术套路冠军赛(传统项目赛区)在重庆举行,天津选手顽强拼搏,取得两金、三银、三铜的好成绩,天津队还被评为精神文明运动队。

125. 2015 年 4 月 14 日,在长沙举办 2015 年全国女子水球冠军赛,天津队以 12:5 轻取广西队勇夺冠军。这是天津女子水球队连续 11 年在该赛事中夺冠。

126. 2015 年 4 月 9 日至 16 日,2015 年全国游泳冠军赛暨世锦赛选拔赛在宝鸡市宝鸡文理学院游泳跳水馆举行,在全国游泳冠军赛 200 米蛙泳决赛中,天津的李响拿到个人本次比赛第二金。

127. 2015 年“临沧茶马古镇杯”全国女子柔道锦标赛在云南省临沧市举行,天津柔道队在最后一天的比赛中第三次蝉联团体冠军。本次比赛名列金牌、总分、团体三项第一。

128. 2015 年 4 月 19 日至 24 日,2015 年全国棒球锦标赛在广东省黄村体育训练中心举行,上届冠军天津队在决赛中以 7:2 力克强敌北京队,再次成功卫冕。

129. 2015 年 4 月 18 日至 24 日,2015 年全国赛艇冠军赛在浙江省千岛湖举行,天津选手表现出色,收获一金三银。

130. 2015 年 5 月 3 日,在大连进行的全国青少年 16 岁组网球比赛中,天津小将王懿继前一周的女单冠军后,再次夺得女单冠军,同时收获女双冠军,第一次成为双料冠军。

131. 2015 年 5 月 6 日，在 2015 年全国击剑冠军赛第二站北京站的比赛中，由杨萧畅、邵雅琦、刘珊和白文秀出战的天津女子佩剑队一路过关斩将闯入决赛，并最终以 45:42 力克广东队，一举夺得团体冠军。

132. 2015 年 6 月 7 日，在湖北十堰结束的国际青少年网球比赛中，天津队的刘虎/陈栎然以 6:3、6:4 战胜崔杰/刘师右，获得男子双打冠军。

133. 2015 年 6 月 8 日，在 2015 年“将军石杯”全国帆船帆板冠军赛中，天津帆船队运动员在男子帆船激光级场地赛中勇创佳绩，施健夺得冠军。

134. 2015 年 6 月 17 日，在在福州举行 2015 全国夏季游泳锦标赛暨青运会游泳资格赛上，天津游泳队员杨金潼继续保持稳定发挥，在男子 1500 米自由泳比赛中，以 15 分 28 秒 94 夺得冠军。

135. 2015 年 7 月 9 日至 14 日，2015 年全国青年跳水锦标赛在山东省济宁市举行，天津游泳小将胡起源在男子 3 米跳板决赛中以 523. 70 分获得第一名。天津游泳小将黄子淦在男子跳台决赛中以 594. 40 分获得第一名。

136. 2015 年 8 月 22 日，在 2015 年全国网球团体锦标赛上，由郑赛赛、段莹莹、王蔷、徐一璠组成的天津联通网球女队不负众望，以大比分 2 :0 战胜北京队，连续第 15 年夺得该项赛事的冠军，同时再一次刷新了中国竞技体育连续夺冠的历史。李喆、高鑫、欧阳博文、曹兆义组成的天津联通男队则以 2:1 战胜江苏队，第 8 次坐上了全国冠军的宝座。

137. 2015 年 8 月 18 日至 23 日，2015 年全国女子水球锦标赛在广西桂林举行，天津队发挥出色，以 10 战全胜的战绩夺得冠军，实现了 11 年来每次参赛均包揽冠军赛和锦标赛冠军的伟业。孙玉君凭借出色的个人突破能力荣膺最有价值球员。

138. 2015 年 8 月 28 日，在广州举行的 2015 年全国蹦床锦标赛上，首次配对参赛的天津选手李萌、朱雪莹发挥出色，以 47. 3 分夺得女子双人同步冠军。

139. 2015 年 9 月 12 日，第九届全国残疾人运动会暨第六届特殊奥林匹克运动会在天府之国四川正式拉开大幕，这也是“全国残疾人运动会”和“全国特殊奥林匹克运动会”第一次合并举办，同时也是第一次取消了金牌和奖牌的排名。

140. 2015 年 9 月 20 日，“京都 · 人和杯”2015 年全国体操冠军赛在六盘水举行，天津体操队夺得 2 枚金牌。在女子跳马比赛中，小将厉琳盼以 14. 250 分夺冠，黄泽楠一举夺得男子双杠冠军。

141. 2015 年 9 月 13 日至 20 日，2015 年全国赛艇锦标赛暨首届全国大学生赛艇锦标赛在顺义奥林匹克水上公园举行。天津张芮夺得女子八人单桨有舵手金牌，徐磊、李晶晶被评为优秀运动员，天津市赛艇队获得体育道德风尚奖。

142. 2015 年 9 月 22 日至 25 日，2015 年全国田径锦标赛在苏州市举行，天津选手马群以 77. 34 米的成绩一举夺得男子标枪冠军。

143. 2015 年 9 月 26 日，2015 年“迁安九江线材杯”全国女子柔道冠军赛在河北省迁安市开赛，天津队在团体赛上一路过关斩将，夺得冠军。

144. 2015 年 10 月 19 日，中华人民共和国第一届青年运动会在福建省福州海峡奥体中心体育场隆重开幕。天津滨海新区代表队杨金潼在男子 400 米自由泳决赛中，以 3 分 49 秒 57 的佳绩获得冠军。

145. 2015 年 11 月 1 日至 8 日，2015 年全国室外射箭锦标赛在浙江省德清县举行，天津射箭队运动员李岩夺得男子反曲弓 70 米单项冠军。

146. 2015 年 10 月 31 日，2016 年 2015—2016 赛季全国女排联赛总决赛在江苏举行，第五回合的较量中，天津女排 3:1 逆转战胜实力强劲的江苏女排，从而以总比分 3:2 的成绩问鼎联赛桂冠，斩获“十冠王”佳绩。

147. 2016 年 3 月 18 日至 24 日，2016 年全国青年跳水冠军赛在重庆市举行，在混合双人三米板跳水决赛上，天津队胡起源、梁毅娴力挫群雄，以291.09分的夺得冠军,实现开门红。

148.2016年4月17日,在浙江衢州江山市举办2016年全国举重锦标赛暨里约奥运会选拔赛上,天津名将吕小军以抓举174公斤、挺举207公斤、总成绩381公斤一举夺得三项冠军,同时打破了全国纪录,并超过了他自己保持的380公斤的世界纪录。

149.2016年4月25日,在武汉结束的全国14岁组青少年网球比赛中,天津小将董伯华以2:6、6:2、6:2逆转深圳队的曾姚杰,一举夺得男子单打冠军。

150.2016年4月21日至26日,2016年全国赛艇冠军赛在浙江省淳安县千岛湖国家水上运动训练基地举行。天津运动员李晶晶、武梦婵勇夺女子双人双桨项目冠军。

151.2016年4月25日至28日,2016年全国青年男女柔道锦标赛在陕西省西安市举行,郭宗英在女子48公斤级比赛中技压群芳,为天津队摘得首枚金牌。李瑞轩在男子+100公斤级比赛中以绝对优势获胜。

152.2016年5月14日,在"抚顺体彩杯"2016年全国山地自行车冠军赛(第三站·抚顺站)上,天津市选手董晓艳获得成年女子越野赛冠军。

153.2016年5月16日至17日,2016年全国击剑冠军赛(第二站佩剑)在佛山岭南明珠体育馆举行。由白文秀、刘珊、邵雅琦和杨萧畅出战的天津女子佩剑队最终以45:25大胜贵州队,一举夺得团体冠军。

154.2016年5月17日至20日,在广州举行的2016年全国青少年武术套路锦标赛暨第六届世界青少年武术锦标赛选拔赛上,天津运动员张梦丽、牛肖肖和杜洪杰、韦琪康分别获得男女对练冠军。

155.2016年5月24日至25日,2016年全国公路自行车冠军赛总决赛在我迁安赛段举行男女个人赛,天津选手毕文辉夺得了男子个人赛冠军。这是我市运动员首次夺得此项目冠军。

156. 2016 年 6 月 2 日至 5 日,2016 全国场地自行车冠军赛第二站在北京老山自行车馆举行,天津自行车选手张虹洁、王素素、靳家丽、李欣蓓战胜国内众多强手勇夺女子团体追逐赛冠军,这是我市运动员首次在此项目上夺得冠军。

157. 2016 年 6 月 1 日至 8 日,2016 年全国柔道锦标赛中在内蒙古呼和浩特举行,天津女子柔道队勇夺团体赛冠军,女子柔道选手徐佳凝、张洁、王蕊战胜全国众多强手,分别夺得女子 70 公斤级、78 公斤级和+78 公斤级冠军,天津男子柔道选手张俊夺得-100 公斤级冠军。

158. 2016 年 7 月 3 日,在福建龙岩举行的男子国际网球挑战赛上,天津银行网球队的李喆和柏衍搭档一路过关斩将闯入决赛,并最终以 7:6、6:4 战胜队友王傲然和孙发京组合,一举夺得男双冠军。

159. 2016 年 7 月 16 日至 22 日,在内蒙古乌兰察布举行的全国 23 岁以下拳击锦标赛上,天津队张辉浩获得 52 公斤级冠军。

160. 2016 年 7 月 18 日,参加里约奥运会的中国体育代表团在北京正式成立。来自天津的 24 名运动员入选。他们是举重运动员吕小军,排球运动员魏秋月,女子网球运动员彭帅、张帅、王蔷、徐一璠、郑赛赛,女子水球运动员孙雅婷、杨珺、宋冬伦、张濛、梅笑寒,游泳运动员李响、董洁、曹玥(与山西联合培养),跳水运动员施廷懋(与重庆联合培养),女子曲棍球运动员德娇娇,女子篮球运动员赵志芳、吴迪,女子自由跤运动员孙亚楠、张凤柳(与辽宁联合培养),女子足球运动员王珊珊、韩鹏、李冬娜。他们分别参加了 10 个项目的比赛角逐。

161. 2016 年 8 月 5 日至 21 日,第 31 届夏季奥林匹克运动会在巴西里约热内卢举行,津门"蛙王"李响在里约奥运会男子 100 米蛙泳比赛中,进入半决赛的成绩 59 秒 55 打破了全国纪录。女子双人 3 米板的比赛中,中国组合吴敏霞/施廷懋以总分 345. 60 的高分获得冠军。施廷懋是天津和重庆联合培养的跳水运动员,她这枚金牌也是天津运动员在本届奥运会上的首金。中国女排在第31届里约奥运会女排决赛中夺得冠军。天津选手王君以13.91米的个人最好成绩夺金。

162.2016年7月29日至31日,在新疆维吾尔自治区克拉玛依市举行的第31届全国速度轮滑(场地)锦标赛暨2017年世锦赛资格赛上,我市运动员史毅在少年男子丙组500米比赛中取得冠军。

163.2016年8月23日至26日,在2016年全国武术套路冠军赛上,于萌萌获得女子太极拳冠军和女子太极剑冠军;郑少谊获得女子刀术冠军、女子棍术冠军;苏保成获得男子枪术冠军;李奕萱获得女子南刀冠军;赵兰兰和陈磊获得女子二人对练冠军;李红娟、周艺颖、管亚男获得女子三人对练冠军。在全运会比赛项目上,天津武术队夺得两金一铜。于萌萌获得女子太极拳、剑全能冠军;苏保成、郑少谊、赵兰兰、陈磊、张欣欣、秦林飞、陈相印获得混合团体冠军。

164.2016年9月3日,在商洛市商山物流园举行的2016"森弗杯"中国环秦岭公路自行车赛暨全国公路自行车锦标赛上,天津自行车队运动员孙雪以1小时26分17秒的成绩获得女子城市绕圈赛冠军。

165.2016年9月23日至25日,在新疆维吾尔自治区库尔勒市文化路巴音体育馆举行的2016年全国跆拳道冠军赛上,天津队运动员闰国普获男子54公斤级金牌,任珂获男子74公斤级金牌。

166.2016年10月13日至21日,2016年全国赛艇锦标赛将在厦门市集美区水上运动场举行。天津赛艇运动员武梦婵夺得女子单人艇冠军,李晶晶、武梦婵夺得女子双人双桨亚军,李晶晶获得女子单人艇季军。

167.2016年11月2日,2016年全国古典式摔跤冠军赛在安庆市体育馆正式开赛。80公斤级天津选手陈维炜战胜了山西选手钱海涛,夺得2016年全国古典式摔跤冠军赛80公斤级全国冠军。

168.2016年11月6日,在2016年WTA珠海超级精英赛女双决赛的争夺中,2号种子津花徐一璠携手索伊鲁以6:4、3:6、10:7战胜外卡组合杨钊煊/尤晓迪,夺得女双冠军。

169. 2016 年 11 月 21 日至 27 日,在深圳罗湖网球中心举行的 2016 年全国网球单项锦标赛暨中国网球大奖赛上,王蔷以 6:4、6:2 战胜段莹莹,继 2014 年后再次夺得女单冠军。这是天津队自 2011 年以来连续第六年夺得女单冠军。段莹莹/徐一璠以 6:3、6:4 战胜河南的田然/唐好辰,继 2013 年后再度夺得女双冠军。

170. 2017 年 5 月 8 日,在 2017 武汉 · 中国车都全国体操锦标赛暨全运会预赛上,天津市运动员穆济勒在男子自由体操的决赛中,以难度 6. 1 完成分 8. 6 的成套动作,稳定和出色的发挥,最终凭借 14. 700 的得分,斩获金牌。

171. 2017 年 5 月 17 日至 19 日,第十三届全运会花样游泳比赛在天津奥林匹克中心游泳跳水馆进行。天津花游队获得双人项目第六名、自由组合项目第五名以及集体项目第七名的好成绩,实现了突破。

172. 2017 年 6 月 18 日,第十三届全运会网球团体赛女子组决赛在天津网球中心进行。天津队张帅、彭帅分别在两场单打中战胜对手,以 2:0 战胜浙江队,连续三届夺得全运会网球团体女子组金牌。同时,也为天津代表队夺得了本届全运会首枚金牌。

173. 2017 年 7 月 7 日,在第十三届全运会群众项目太极拳决赛上,东道主天津队选手解乒乒获得女子组规定孙式太极拳 73 式冠军。这枚金牌也是天津队在本届全运会群众比赛中收获的首枚金牌。

174. 2017 年 7 月 8 日,在第十三届全运会群众比赛桥牌决赛阶段上,天津队斩获了三枚团体金牌中的公开团体、青年团体两枚金牌,成为最大赢家。

175. 2017 年 7 月 9 日,在 2017 年“高飞杯”全国蹦床冠军赛上,天津市选手朱雪莹以 56. 295 分的成绩,获得女子网上个人金牌。

176. 2017 年 7 月 10 日,在第十三届全运会群众比赛桥牌决赛上,天津队获得青年双人的冠军。

177. 2017 年 7 月 11 日，在第十三届全运会群众项目健身气功团体赛比赛中，天津队以 27. 89 分夺得金牌。

178. 2017 年 7 月 15 日，第十三届全运会轮滑冰球项目女子组冠军争夺战在天津体育馆进行，东道主天津队以 1∶0 战胜黑龙江队，获得轮滑冰球列入全运会正式比赛项目后的首枚金牌，这也是天津代表团在本届全运会竞技比赛项目中获得的第二枚金牌。

179. 2017 年 7 月 16 日，第十三届全运会群众比赛主赛阶段的 13 个项目比赛在天津圆满落幕。在 13 天的赛程中，37 个代表队参加了 13 个大项、73 个小项目的角逐，产生的 73 枚金牌被 24 个代表团分得。天津市代表队参加了主赛阶段全部项目的竞争，在已经结束的群众比赛项目中，天津队共获得了 5 枚金牌、3 枚银牌和 6 枚铜牌。

180. 2017 年 7 月 23 日，在 2017 年全国青年女排冠军赛上，天津青年女排以八战全胜的战绩夺得冠军。

181. 2017 年 8 月 9 日，在第十三届全运会柔道项目女子 63 公斤级的比赛中，天津选手唐婧战胜辽宁选手苏畅夺得金牌；在女子–70 公斤级的比赛中，天津选手陈飞战胜河北选手周超获得金牌。天津柔道队为天津代表团一举拿下两块金牌。

182. 2017 年 8 月 19 日，在第十三届全运会网球项目比赛中，天津选手张帅、王蔷顺利会师决赛，最终王蔷以 2∶1 战胜张帅，取得网球女子单打金牌。天津网球女队包揽金银牌，在第十三届全运会上实现了女子单打“三连冠”。

183. 2017 年 8 月 28 日，天津赛艇选手李晶晶与来自山东和上海的三名选手合作，夺得女子四人双桨冠军，为天津代表团在第十三届全运会开幕式后夺得首个冠军。

184. 2017 年 8 月 28 日，天津运动员于萌萌在武术套路项目太极拳太极剑比赛中,凭借着稳定的发挥,一举夺得金牌,成功卫冕。

185. 2017 年 8 月 28 日,在第十三届全运会女子花剑决赛中,天津队员孙超战胜了同队的张赫男,获得了冠军。

186. 2017 年 8 月 30 日,在第十三届全运会女子水球项目决赛上,天津女子水球队以 8:6 战胜上海水球队,获得全运会"三连冠",为天津赢得了荣誉。

187. 2017 年 8 月 30 日,在第十三届全运会武术套路团体项目冠军的争夺中,天津队以 58.125 的总成绩一举夺魁收获团体金牌。

188. 2017 年 8 月 31 日,在第十三届全运会场地自行车女子团体追逐赛中,天津小将王素素与山东、山西选手组成的联合代表队,击败了以奥运班底出战的河南联合队,获得了宝贵的金牌。王素素就此实现了天津自行车运动"零"的突破,在全运会场地自行车的冠军榜上终于出现了津门骑手的名字。

189. 2017 年 9 月 3 日,在第十三届全运会举重项目男子 77 公斤级比赛中,天津名将吕小军以压倒性的优势收获金牌,也在这个项目上实现了卫冕。

190. 2017 年 9 月 4 日,在第十三届全运会 BMX 越野赛男子比赛决赛中,天津选手李晓刚夺得男子 BMX 越野赛冠军。

191. 2017 年 9 月 4 日,第十三届全运会棒球决赛在团泊体育中心棒球场举行。东道主天津队 4:1 战胜上海队,时隔 12 年再次赢得全运会金牌。

192. 2017 年 9 月 6 日,在第十三届全运会体操项目个人单项赛男子自由体操决赛中,天津选手穆济勒和孙冰发挥出色,其中穆济勒以 15.067 分获得金牌,老将孙冰以 14.900 分获得银牌。

193. 2017 年 9 月 6 日,在第十三届全运会公路自行车男子个人计时赛中,19 岁的天津选手史航以 48 分 15 秒 727 的成绩夺得冠军。这也是天津自行车队在该项目上取得的第一个冠军和历史最好成绩,实现了突破。

194. 2017 年 9 月 7 日,在第十三届全运会田径压轴大戏男子 4×400 米决赛中,津沪赣粤联队以 3 分 5 秒 28 的成绩强势夺冠。

195. 2017 年 9 月 8 日,第十三届全运会进入最后一个比赛日的争夺,在排球女子 21 岁以下组决赛中,东道主天津青年女排与辽宁青年女排展开激烈争夺,最终实力更胜一筹的天津青年女排不负众望,3:1 取胜对手,将沉甸甸的金牌收入囊中。

196. 2017 年 10 月 11 日,全国女排锦标赛在江苏太仓展开决赛争夺,天津女排以 3:1 击败山东队斩获冠军。

197. 2018 年 4 月 3 日,天津女子排球队在 2017—2018 赛季全国女排联赛中,顽强拼搏,努力奋斗,战胜挑战,以全新阵容,荣获全国冠军,时隔两年第十一次夺得联赛冠军,为天津赢得了新荣誉。

198. 2018 年 5 月 9 日,在 2018 全国蹦床锦标赛女子网上个人决赛中,天津选手朱雪莹以 56. 290 分夺得冠军。

199. 2018 年 6 月 24 日,2018 全国网球团体锦标赛在郑州落幕,天津队包揽男女团冠军成为大赢家。这也是天津女网第 17 次夺得团体锦标赛冠军,创造中国网球历史。

200. 2018 年 7 月 2 日至 3 日,在 2018 全国竞走冠军赛上,天津市田径竞走运动员罗东坡以 4 小时 1 分 18 秒的成绩夺得冠军。全国竞走冠军赛是全国竞走水平最高的赛事之一。

201. 2018 年 9 月 7 日至 9 日,在 2018 年全国竞走锦标赛上,天津市田径竞走运动员罗东坡以本年度最好成绩 3 小时 57 分 25 秒获得男子成人组 50 公里冠军。本人取得了 2018 年全国竞走冠军赛和全国竞走锦标赛双料冠军。

202. 2018 年 10 月 27 日,天津男子手球队在 2018 年全国男子手球锦标赛决赛中以 29:20 战胜山东队，勇夺冠军。这是天津男子手球队建队 45 年来首次夺得全国冠军，实现了历史性的突破。

203. 2019 年 2 月 2 日，在 2018—2019 赛季中国乒乓球超级联赛总决赛上，天津乒乓球俱乐部一举夺得联赛男团冠军。这是自 1995 年首届中国乒乓球俱乐部比赛以来天津首次夺冠，是历史性的突破。

204. 2019 年 3 月 21 日至 24 日，在全国速度滑冰冠军赛上，首次组队参赛的天津队以一金三银一铜的佳绩收官，实现了天津冰上项目从无到有再到登上领奖台的一系列重大历史突破。

205. 2019 年 3 月 24 日，在 2019 全国柔道锦标赛上，天津柔道队共夺得三金两铜。女子 78 公斤级决赛，老将陈飞以寝技一本战胜去年柔道世锦赛第五名、山东名将马振昭，首次在本项赛事中夺得该级别冠军。女子 63 公斤级决赛，唐婧以投技一本战胜山东名将杨俊霞，成功卫冕。

206. 2019 年 4 月 13 日，在结束的 2019 年全国男子举重锦标赛上，天津男子举重队发挥出色，共夺得三金五银。伍超在男子 67 公斤级的比赛中，以 328 公斤、183 公斤分别夺得总成绩冠军、挺举冠军。周瑞华在男子 55 公斤级的比赛中，以 153 公斤的成绩夺得挺举冠军并打破全国纪录。

207. 2019 年 4 月 13 日，在 2019 年全国网球团体锦标赛上，天津网球队夺得了男、女团体冠军，女子团体亚军和男、女团体季军的优异成绩。这也是天津女子网球第 18 次取得全国网球团体锦标赛女子团体冠军，再次创造了天津网球的历史。

208. 2019 年 5 月 19 日，在 2019 年全国女排冠军赛决赛中，年轻的天津女排以 3:1 力克上海女排勇夺冠军。

209. 2019 年 6 月 27 日，在 2019 年第二届全国青年运动会田径项目体校乙组（16—17 岁）决赛首日比赛中，我市田径运动员刘二荣不畏强手、顽强拼搏，战胜众多强手，以 12 秒 03 的成绩荣获女子 100 米冠军，为天津代表团增添一枚宝贵的金牌。

210. 2019 年 6 月 27 日，在 2019 全国国际象棋锦标赛(团体)比赛上，天津男队异军突起，接连战胜本次比赛的冠军和亚军，最终以 5 胜 3 和 1 负战绩夺得季军，女队则以 3 胜 3 和 2 负(第五轮轮空)获得第四名。

211. 2019 年 6 月 27 日至 30 日，在 2019 年中国公路自行车联赛右玉站上，天津选手史航不负众望以领先第二名 45 秒 903 的成绩夺得冠军。

212. 2019 年 6 月 28 日至 30 日，在“联冠杯”2019 全国柔道大奖赛上，天津柔道队取得了三金一银两铜的佳绩。

213. 2019 年 6 月 30 日，天津高尔夫球队在 2019 年第二届青年运动会高尔夫球项目的比赛中一举夺得 7 枚金牌、2 枚银牌、2 枚铜牌。其中丁文一、杜让知、白翔瑞获得体校男子甲组团体金牌，殷小雯、孙嘉泽、王嘉怡获得体校女子甲组团体金牌，范双双、薛梓萱、庞润芝获得体校女子乙组团体金牌，丁文一获得体校男子甲组个人金牌，殷小雯获得体校女子甲组个人金牌，范双双获得体校女子乙组个人金牌，李淑英获得社会组女子甲组个人金牌。

214. 2019 年 7 月 12 日，在第二届全国青年运动会冰壶男乙体校组决赛上，市体校队以 12:3 战胜北京朝阳体校队，获得冠军。

215. 2019 年 8 月 8 日，在第二届全国青年运动会的场地自行车体校甲组女子团体追逐赛比赛中，由巩现冰、李慎莲、叶佳薇、赵晓悦组成的天津队以 4 分 33 秒 258 的成绩夺得冠军。

216. 2019 年 8 月 16 日，在第二届全国青年运动会柔道体校乙组女子 +78 公斤级决赛中，天津选手贾春迪以一本战胜辽宁选手王亚楠夺得冠军。

217. 2019 年 8 月 17 日，在第二届全国青年运动会的比赛中，天津代表团再获两金。天津青年女排在体校组女子排球决赛中以 3:2 力擒江苏队，成功卫冕，为天津代表团贡献一枚分量最重的金牌。天津选手郑木岩以 2 分 26 秒 72 的成绩夺得体校甲组女子 200 米蛙泳冠军。

218. 2019 年 8 月 25 日,在刚结束的 2019 全国蹦床冠军赛上,天津选手朱雪莹以 56. 580 的高分斩获女子网上个人项目冠军。

219. 2019 年 9 月 6 日,在 2019 年全国射箭奥林匹克项目锦标赛上,天津射箭队赢得了建队以来首个奥运会项目女子团体项目金牌。本项比赛是全国重要射箭项目赛事之一。

220. 2019 年 10 月 25 日至 30 日,第十四届全国冬季运动会钢架雪车比赛在挪威利勒哈默尔雪车雪橇赛道举行。天津选手闫文港经过四轮滑行获得 32 秒 07 的成绩并以 0. 3 秒的优势勇夺男子单人项目金牌,这是天津选手参加全国冬运会历史上获得的首枚金牌。

221. 2019 年 11 月 24 日,在 2019 年全国网球单项锦标赛暨中国网球大奖赛上,天津网球队包揽了全部项目的四枚金牌。刘方舟和李喆分获男、女单打冠军,张帅搭档四川队的王雅繁染指女双桂冠,李喆联手河北队的柏衍斩获男双金牌。这是天津网球队自征战中国网球大奖赛以来,在该项赛事中取得的最好成绩。

222. 2020 年 1 月 12 日,2019—2020 赛季全国速度滑冰锦标赛在吉林省速滑馆落幕,天津选手阿合娜尔·阿达克连续获得女子 3000 米、女子 5000 米和女子全能第一名。

223. 2020 年 1 月 14 日,2019—2020 赛季中国女排超级联赛决赛第三回合比赛在上海卢湾体育馆上演,天津渤海银行女排以 3∶1 逆转战胜上海队,在决赛中连胜三场击败对手,并以赛季全胜的战绩夺得队史上的第十二个联赛冠军。

224. 2020 年 10 月 2 日,2020 年全国女排锦标赛在广东江门落幕,天津渤海银行女排在决赛中以 3 比 1 击败山东队,第六次夺得全国女排锦标赛冠军。

225. 2020 年 10 月 16 日,2020 年全国网球团体锦标赛在山东省日照市落幕，在女子团体决赛中，天津华夏队以 2:1 战胜天津队夺得冠军，天津队获得亚军。

226. 2020 年 10 月 21 日，在 2020 年中超联赛第二阶段比赛中，天津泰达队以 1:1 战平深圳佳兆业队，从而以两回合总比分 3:1 战胜对手，提前完成本赛季中超联赛的保级任务。2020 年 12 月 1 日，天津泰达队在 2020 年中国足协杯赛第三轮比赛中以 5:1 大胜中甲联赛冠军长春亚泰队，闯入半决赛。

227. 2020 年 10 月 23 日，在浙江开化举行的 2020 年全国男子举重锦标赛暨东京奥运会模拟赛中，36 岁的天津名将吕小军以 201 公斤和 371 公斤的成绩分别获得 81 公斤级挺举和总成绩冠军，并以 170 公斤的成绩获得抓举亚军。

228. 2020 年 11 月 26 日，2020 年全国柔道锦标赛暨全国柔道冠军赛在江苏溧阳落幕，天津选手在赛场上顽强拼搏、不畏强手，共夺得两金两银两铜，实现两大突破：一是在赛事首次设立的混合团体项目中夺得冠军；二是小将郭宗英夺得女子 48 公斤级冠军，这也是天津选手时隔 19 年再次在全国柔道锦标赛上夺得该级别冠军。

229. 2020 年 11 月 29 日，2020 年中国网球巡回赛职业级总决赛暨全国网球单项锦标赛女单决赛在四川成都举行，刘方舟以 2:0 击败安徽名将朱琳，成功卫冕。

230. 2020 年 12 月 18 日，2020—2021 赛季中国女排超级联赛决赛第三回合比赛在广东江门体育中心体育馆上演，天津渤海银行女排以 3:1 击败江苏队，从而在三场两胜制的决赛中以总比分 2:1 胜出。卫冕的同时，天津队也夺得队史上的第十三个联赛冠军。

231. 2020 年 12 月 27 日至 29 日，2020—2021 赛季全国短道速滑锦标赛在天津蓟州国家冰上项目训练基地举行，这是 2020 年疫情暴发后国内恢复举办的第一项短道速滑高水平赛事，也是天津首次承办全国高水平短道速滑赛事。本次比赛天津不仅首次组队参赛,还在男女混合 2000 米接力比赛中获得一枚宝贵的铜牌,实现了办赛与参赛的双丰收。